TRAIÇÃO

RONALDO VAINFAS

Traição

*Um jesuíta a serviço do Brasil holandês
processado pela Inquisição*

Copyright © 2008 by Ronaldo Vainfas

Capa
João Baptista sobre *Batalha dos Guararapes* (1758). Ex-voto, óleo sobre tela, 122x217 cm. Museu Histórico Nacional/ IPHAN / MinC. Reprodução de Vicente de Mello

Índice remissivo
Luciano Marchiori

Preparação
Maysa Monção

Revisão
Daniela Medeiros
Valquiria Della Pozza

Dados Internacionais de Catalogação na Publicação (CIP)
(Câmara Brasileira do Livro, SP, Brasil)

Vainfas, Ronaldo
Traição : um jesuíta a serviço do Brasil holandês processado pela Inquisição / Ronaldo Vainfas ; — São Paulo : Companhia das Letras, 2008.

ISBN 978-85-359-1231-9

1. Brasil — História — Domínio holandês, 1624-1654 2. Inquisição — História 3. Jesuítas — Brasil 4. Moraes, Manoel de I. Título

08-03385   CDD-272.209

Índices para catálogo sistemático:
1. Inquisição : Processados : História   272.209
2. Processados pela Inquisição : História   272.209

[2008]
Todos os direitos desta edição reservados à
EDITORA SCHWARCZ LTDA.
Rua Bandeira Paulista 702 cj. 32
04532-002 — São Paulo — SP
Telefone (11) 3707 3500
Fax (11) 3707 3501
www.companhiadasletras.com.br

Para Evaldo Cabral de Mello

Sumário

1. Na casa negra do Rossio 9
2. Mameluco de São Paulo 15
3. Jesuíta na Bahia 22
4. Missionário em Pernambuco 29
5. Conquista holandesa 33
6. Capitão do gentio 40
7. Imbróglio indígena 46
8. Soberba do padre 54
9. A queda da Paraíba 59
10. A traição do jesuíta 68
11. Calabar, patriarca dos traidores 86
12. Desertores & colaboradores 92
13. O fantasma de Manoel 103
14. A vanglória do traidor 110
15. A serviço da WIC 116
16. Licenciado em Leiden 133
17. *Historia Brasiliensis* 137
18. Paixões flamengas 145

19. Manoel calvinista 159
20. Na igreja do Cordeiro Branco 166
21. Manoel e os judeus 172
22. Queimado em estátua 180
23. Manoel e a Restauração 188
24. Manoel e os diplomatas 197
25. O mistério do núncio 208
26. De volta a Pernambuco 216
27. Manoel *brasileiro* 223
28. Nhô Manoel & Sinhá Beatriz 231
29. Regresso ao catolicismo 237
30. Capelão da guerra divina 246
31. Das Tabocas ao Santo Ofício 258
32. Manoel delator 266
33. Delírio de inocência 272
34. Na teia da Inquisição 278
35. Manoel pertinaz 286
36. Na sala do tormento 298
37. No auto-de-fé 304
38. Infâmia e miséria 311
39. Manoel valentão 316
40. Réquiem para Manoel 325

Cronologia 337
Agradecimentos 343
Notas 345

1. Na casa negra do Rossio

Portugal, dezembro de 1645. Era o quinto aniversário da Restauração portuguesa após sessenta anos de dominação espanhola (1580-1640), mas não havia motivo para grandes celebrações. Tudo parecia ainda muito incerto, a crise permanente, a começar pela guerra contra a mesma Espanha, a sangrar os parcos recursos do reino, que só terminaria em 1668. Internamente a situação não era melhor. Portugal entrava desunido nesta guerra pela Restauração, pois boa parte da nobreza não apoiou a ascensão de d. João IV, duque de Bragança, considerada por muitos uma aventura temerária ou indesejável. Entre os poderosos adversários do rei português sobressaía nada menos que a Inquisição, que havia virtualmente compartilhado o poder com a dinastia filipina durante a União Ibérica. Os inimigos de d. João IV chegaram a urdir uma conspiração para apeá-lo do poder, em 1641, e dela participou o próprio inquisidor-geral, d. Francisco de Castro. A conjura não teve êxito e acabou desbaratada. Mas agravou os ressentimentos.

Ao lado do rei perfilavam facções da nobreza leais à causa restauradora, os jesuítas, alguns grandes mercadores, muitos deles cristãos-novos, e as classes populares. Nostálgicas, estas últimas, de um rei português desde o desaparecimento de d. Sebastião, em 1578, viam na ascensão de d. João IV uma espécie de retorno, quem sabe um remédio para suas fomes e misérias.

Na política externa, todo o esforço português se havia voltado para fazer "as pazes com a Holanda", objetivando reaver o que fosse possível dos territórios ultramarinos outrora conquistados pelos flamengos. Terras orientais e africanas. O Brasil açucareiro, principalmente. Tarefa dificílima, missão quase impossível, porque a Companhia das Índias Ocidentais não estava disposta a ceder nada. E, de quebra, com discreto apoio da Coroa portuguesa, havia estourado a insurreição pernambucana contra a dominação holandesa, em junho de 1645, também ela uma guerra de Restauração colonial.

Este ambiente de guerras descaradas e negociações fingidas era ainda adensado pela ação da Inquisição. No Pernambuco conflagrado, judeus portugueses que lutavam pelos holandeses, quando caíam prisioneiros de guerra, eram enviados pelo bispo da Bahia ao tribunal do Santo Ofício de Lisboa, num claro desafio aos acordos que o rei havia firmado com os holandeses, isentando da jurisdição inquisitorial os súditos da casa holandesa de Orange, independentemente de suas crenças.

Nesta leva de prisões foi enviado do Brasil ao tribunal de Lisboa Manoel de Moraes, que nada tinha de judeu ou cristão-novo, mas trazia um vasto currículo de traições e heresias que a Inquisição parecia ávida por esclarecer. Manoel de Moraes, que já tinha sido processado pelo Santo Ofício como réu ausente, nos idos de 1641, era agora obrigado a encarar o tribunal de perto.

Manoel de Moraes desembarcou em Lisboa em 25 de fevereiro de 1646. Veio na caravela do capitão Manoel Pinheiro, sob a custódia do mestre Antônio Ribeiro, a quem a justiça de Pernambuco havia incumbido de levá-lo preso ao Santo Ofício. Com ele desembarcou, também preso, o cristão-novo Miguel Francês, 34 anos, sobre o qual pesavam culpas de judaísmo. Já Manoel de Moraes, nas palavras do promotor da Inquisição, Domingos Esteves, vinha acusado de ter aderido à "seita de Calvino" e, ainda por cima, de ter se casado na Holanda, embora fosse sacerdote católico, ex-jesuíta.

Expulso da Companhia de Jesus cerca de dez anos antes, Manoel de Moraes tinha cinqüenta anos quando pela primeira vez pôs os pés em Lisboa. Estava alquebrado pela viagem, cerca de um mês no mar, e decerto apavorado com o que lhe podia acontecer no temível palácio dos Estaus, o prédio da Inquisição, conhecido como "a casa negra do Rossio".[1]

Seus últimos meses haviam sido extenuantes, pois tinha marchado como capelão das tropas luso-brasileiras na batalha do monte das Tabocas, em agosto de 1645, a primeira grande vitória daquela que, na versão pernambucana, ficou conhecida como a "guerra da liberdade divina". Batalha sangrenta, na qual tombaram pouco mais de duzentos homens, do lado holandês, e pouco menos de cem, entre os rebeldes da terra.

Apesar de ter aderido, logo no início, à luta pela Restauração pernambucana contra o domínio holandês, além de protegido por João Fernandes Vieira e André Vidal de Negreiros, nada menos que os dois principais chefes da rebelião, Manoel de Moraes caiu em desgraça pouco depois da batalha. Acusado de traição e heresia no tempo em que os holandeses haviam conquistado Pernambuco, nos anos 1630, foi preso por instâncias de Martim Soares Moreno, outro grande capitão da guerra restauradora, homem que nutria ódio visceral pelo ex-jesuíta.

A proteção de João Fernandes e André Vidal foi, portanto, menos eficaz do que supunha nosso personagem. Martim Soares Moreno acertou-se com o "Auditor da Gente da Guerra", em Pernambuco, Domingos Ferraz de Souza, e Manoel foi embarcado para Lisboa para responder por suas culpas de calvinismo no Santo Ofício. Uma operação misteriosa, que aparentemente não contou com o apoio de João Fernandes, o grande general da insurreição.

A situação de Manoel era no mínimo preocupante, pois nos idos de 1642 já tinha sido processado pela Inquisição, embora estivesse na Holanda, e por isso fora condenado à revelia. Agora parecia mesmo disposto a se apresentar ao Santo Ofício, uma vez que tinha dado mostras, como capelão da guerra restauradora contra os holandeses, de seu arrependimento pelos erros passados.

Tanto é que ele se preparou com esmero para responder ao Santo Ofício. Reuniu diversos papéis e certidões abonatórias num pequeno baú que levou consigo para Lisboa, sabedor de que o acusariam de tudo na Inquisição, em particular por ter, no passado, aderido aos holandeses e se convertido ao calvinismo. Não desgrudava desse baú na viagem, e, depois de encarcerado na Inquisição, suplicou diversas vezes para que os mesmos fossem considerados em sua defesa. Continha o baú sete folhas de papel, entre escritas e brancas, as escritas com várias letras e sinais, redigidas por diferentes autores, material que foi apensado ao processo.

Separado de seu precioso baú, Manoel de Moraes ainda se viu na iminência de ser transferido dos cárceres da penitência, menos assustadores, para os cárceres secretos da Inquisição. Foi o Promotor do Santo Ofício, Domingos Esteves, quem solicitou aos inquisidores encarcerar o réu nos *secretos* e proceder ao imediato seqüestro de seus bens, considerados a gravidade de sua culpa e seus antecedentes criminais em matéria de heresia.

A diferença entre os cárceres era considerável, nem tanto pelas suas condições internas, senão pelo significado que cada um deles tinha na máquina inquisitorial. Os cárceres da penitência, segundo o Regimento de 1640, eram os que abrigavam os réus penitenciados pelo Santo Ofício para receber instrução e sacramentos antes de cumprirem suas sentenças. Na prática, mal se distinguiam dos cárceres da custódia, que abrigavam suspeitos leves, ou no aguardo de diligências que permitissem saber se era caso de encarcerar o preso nos *secretos*. Estes últimos, que deviam ser "seguros e bem fechados", estavam reservados para aqueles cuja suspeita de heresia era forte.[2]

Seguros e bem fechados eram, na verdade, todos os cárceres do Santo Ofício, mas na custódia o réu se encontrava numa fase liminar, que incluía a possibilidade de soltura rápida, e na penitência se poderiam abrigar "delinqüentes privilegiados" ou, pelo menos, indivíduos que não tinham "culpas para serem presas no cárcere secreto". Neste último a perspectiva era sombria, pois ficava o preso numa espécie de purgatório, quando não no inferno, conforme o caso.

Ficar numa cela do *secreto* implicava incomunicabilidade total, mais rigorosa, na prática, do que a dos outros cárceres; implicava a possibilidade de viver ali vários meses, talvez anos; implicava a forte presunção da culpa e, portanto, a multiplicação de interrogatórios, quem sabe a tortura e, pior, o rigor da sentença. No limite, a fogueira. Ficar nos cárceres secretos representava para o réu a incerteza absoluta quanto ao próprio destino.

Manoel de Moraes presumia muito bem o que isso representava e deu um jeito de ficar preso onde estava, alegando a enfermidade de seu estado depois de tantos dissabores, e reafirmando que tinha inúmeras provas, inclusive escritas, de que era inocente de todas as culpas. Afinal, pessoas graduadas haviam passado certidão a seu favor, inclusive capitães da "guerra divina" que se travava contra o herege holandês no Brasil.

Os inquisidores examinaram o requerimento do promotor, leram os papéis do réu guardados no baú e, apesar de julgarem seu crime muito grave, considerando a sua precária saúde, decidiram que "não fosse ele mandado para os cárceres secretos". Ficasse em custódia nos cárceres da penitência, para que fosse "curado comodamente" e tratasse de "seu livramento". Assinaram esse despacho os inquisidores Pedro de Castilho, Belchior Dias Pretto e Luiz Álvares da Rocha, que acompanhariam o processo até a sentença final. Foi esta, sem dúvida, uma pequena vitória de Manoel de Moraes no combate que se avizinhava, possível sinal de que os inquisidores talvez estivessem dispostos a acolher facilmente seus álibis e protestos de inocência. Mas nosso Manoel de Moraes, que pelo visto se considerava um "delinqüente privilegiado", exagerava a própria importância e superestimava sua rede de protetores.

2. Mameluco de São Paulo

Os que conheceram Manoel de Moraes de perto, seja em Pernambuco, seja na Holanda, destacaram sempre sua tez amorenada. Mestiço, disseram uns; moreno, disseram outros; homem de poucas carnes e muito escuro, detalhou um depoente; "parece um chim", descreveu outro deles, sugerindo que seus olhos lembravam os de um chinês.

Padre Rafael Cardoso, ex-procurador da Companhia de Jesus que o conhecia desde moço, disse que Manoel "tinha parte de mameluco e na cor mostrava". Frei Tomás de Alagro, carmelita português que servira no Brasil e havia encontrado Manoel em Amsterdã, fez o retrato mais pleno de adjetivos: homem alto, magro, preto e feio.

À parte o gosto de frei Tomás, não resta dúvida de que Manoel era homem de estatura avantajada, magro, com feições amorenadas, olhos apertados e oblíquos de "chim" ou "chino", como os índios, cabelos negros, embora um pouco agrisalhados já no final dos anos 1630, como alguns notaram.

Manoel de Moraes era mameluco natural de São Paulo, nascido por volta de 1596, segundo a maioria dos registros. Não é confiável a idade de doze anos com que aparece no inventário da mãe, datado de 1616, sobretudo se confrontado com o testamento do pai, datado de 1619, onde figura com 28 anos.[1] Segundo o primeiro inventário, Manoel teria nascido em 1602, o que não se sustenta, e conforme o testamento do pai, nasceu em 1591, o que é menos improvável. Algum lapso do tabelião deve responder pelo erro do inventário de Ana de Moraes.

Afonso de Taunay sugeriu ter Manoel nascido em 4 de dezembro de 1586, embora sem grande fundamento, equivocando-se de ano, pois nosso homem era cinco ou dez anos mais novo.[2] Padre João Luiz fixou em 35 anos a idade de Manoel de Moraes, num parecer da Companhia de Jesus datado de 1631,[3] e o próprio Manoel estimou sua idade em cinqüenta anos, "pouco mais ou menos", quando interrogado pelos inquisidores, em 1646.

Manoel era o primogênito do casamento de Francisco Velho e Ana de Moraes, descendentes dos primeiros povoadores da capitania de São Vicente. No interrogatório genealógico a que os inquisidores costumavam submeter os prisioneiros, Manoel disse ser sua mãe natural da mesma vila de São Paulo, e seu pai português. Não conhecia, porém, quase nada de sua ascendência paterna, nem os avós, nem tios, nem tias, ao contrário da ascendência materna, de que deu detalhes, em parte confirmados pelos genealogistas de São Paulo.

O fato é que seu pai não era português, senão mameluco, provavelmente um dos muitos filhos que os primeiros povoadores portugueses costumavam ter com as índias tupiniquins de Piratininga. Seguiu o exemplo de João Ramalho, célebre aliado de Tibiriçá, nos anos 1530, marido de Bartira e de tantas outras índias, patriarca que foi dos mamelucos paulistas.

Poucos genealogistas tratam do pai de Manoel, embora refiram outros parentes, sobretudo alguns irmãos bandeirantes. Um dos raros historiadores antigos a mencionar Francisco Velho foi Joaquim Manoel de Macedo, no seu *Ano biográfico brasileiro*, publicado em 1876. Menciona-o em plena guerra contra franceses e tamoios pela conquista da Guanabara, Francisco Velho sob o comando de Estácio de Sá a liderar um espetacular combate de canoas.

Mameluco destro na arte da canoagem, Francisco Velho enfrentou os tamoios em condições adversas, na batalha de 17 de julho de 1566. Venceu-a, bradando "vitória São Sebastião", santo do qual era devoto, e foi muito festejado por Estácio de Sá. Diz o antigo historiador que, em honra dessa batalha, instituiu-se uma festa das canoas no Rio de Janeiro, celebrada em 20 de janeiro, dia do santo padroeiro da cidade.[4]

Morreu em 1619, após uma vida de muitas aventuras, cinco filhos com Ana de Moraes, um segundo matrimônio com Maria Luiz, e uma filha bastarda de nome Vitória, que vivia nas partes do Espírito Santo. Francisco Velho pediu para ser enterrado no mosteiro dos jesuítas, em São Paulo, e foi atendido no seu último desejo.

Ana de Moraes, mãe de Manoel, era filha de portugueses e este ramo da família é bem conhecido, graças ao trabalho de linhagistas como Pedro Taques, autor da *Nobiliarchia paulistana*,[5] ou de Silva Leme, autor de *Genealogia paulistana*,[6] empenhados em rastrear as raízes da "nobreza" paulista, verdadeira ou fictícia.

A confiar nesses registros, o pai de Ana, Balthazar de Moraes d'Antas, era nobre de grande cepa, tendo sido objeto de numerosas inquirições de *nobilitate probanda*, com feitos na África e na Índia. Sua linhagem remontava, no mínimo, a d. Mendo Alão, no remoto século XI, cavaleiro e senhor da vila de Bragança, contemporâneo de Afonso VI de Leão. O quarto neto deste Mendo Alão, d. Fernando Mendes, desposara d. Thereza Afonso, filha natural de ninguém menos que Afonso Henriques, o primeiro rei de Portugal.

É obviamente impossível comprovar essa ascendência real do

avô materno de nosso personagem, quiçá fantasiosa. Mas é certo que Balthazar de Moraes d'Antas era fidalgo português que chegou à vila de São Paulo do Campo de Piratininga no terceiro quartel do século XVI. Em 1579, ocupava o mais alto posto na adminstração municipal, o cargo de juiz, segundo informação constante das famosas *Actas da Câmara de São Paulo*, até hoje conservadas.

Casou-se Balthazar com Brites Rodrigues Annes, filha de um certo Joanne Annes Sobrinho, a quem os contemporâneos chamavam "Joannienes", por corruptela do nome. Foi um dos primeiros povoadores de São Paulo, trazendo consigo três filhas solteiras que, informa Silva Leme, desposaram varões de "conhecida nobreza". Do casamento de Balthazar com Brites nasceram pelo menos quatro filhos, Pedro de Moraes d'Antas, Balthazar de Moraes d'Antas (homônimo do pai), Isabel de Moraes e Ana de Moraes, mãe de nosso personagem.

Ana se casou duas vezes; a primeira com Pantaleão Pedroso, filho do bandeirante Estevão Ribeiro Baião Parente, com quem teve dois filhos; e em segundas núpcias com Francisco Velho, o pai mameluco de Manoel de Moraes. Percebe-se nisto uma relativa singularidade na história dos casamentos mistos do primeiro século colonial, pois o mais comum era o português casar-se ou amancebar-se com índias, gerando mamelucos, e não as portuguesas desposarem homens de origem indígena ou meio indígena. Mas, além de ser este o segundo casamento de Ana, sendo ela viúva, encontramos diversos outros registros de mamelucos aportuguesados, alguns com bens e notório engajamento nas ações colonizadoras, que desposaram mulheres portuguesas, fossem "órfãs da rainha" pobretonas, fossem "filhas de família" bem-dotadas. Em São Paulo, área de fronteira, isso era freqüente.

Manoel de Moraes conhecia um pouco desse seu passado familiar, sobretudo o materno, quando tratou do assunto com os inquisidores. Conhecia o tio Pero ou Pedro de Moraes e lembrava o nome de pelo menos um de seus primos, dentre os filhos de Pedro, no caso um certo Pero Policarpo, que vivia casado e com filhos em São Paulo. Conhecia também outro tio, o Balthazar de Moraes, homônimo de seu avô, embora não tenha conhecido os filhos deste. Não se lembrava, contudo, do nome da tia Isabel de Moraes, mas sabia que desposara um certo Luiz Fernandes, também morador em São Paulo, e conhecia os nomes de ao menos três filhos do casal: Heitor, Ana e Francisca, acrescentando que o primeiro lhe parecia ser já defunto.

Manoel de Moraes cresceu, portanto, em meio tipicamente paulista, filho de bandeirante mameluco, membro de parentela na qual despontavam bandeirantes. Cresceu em meio a apresadores de índios, jesuítas, aventureiros de todo tipo, numa vila onde a "língua geral" (o tupi, na versão que lhe deu Anchieta, em 1555) suplantava o português no trato diário. Vila onde as mulheres não raro viviam a maior parte do tempo sós e dirigiam as casas, estando os maridos nas costumeiras expedições sertão adentro. Onde os padres e os colonos viviam pelejando pelo controle dos índios, uns desejosos de retê-los nos aldeamentos para ministrar doutrina, outros empenhados em escravizá-los.

Viveu numa dessas casas de roça descritas por Alcântara Machado com base nos inventários de São Paulo. "Que desconforto e pouquidade", escreveu o autor de *Vida e morte do bandeirante*,[7] sem esconder o anacronismo da opinião, ao mencionar uma dessas casas quinhentistas de parede branca, dentro dela um colchão, um travesseiro, uma cadeira de espaldar, duas redes, dois caldeirões, um castiçal, um frasco de vidro, a maior parte dos utensílios feita de cerâmica, pau e pedra.

Dormiam em "redes de carijós", como se dizia, que se alternavam com catres rústicos nas moradas paulistas. Muito raramente tinham essas casas colchas de lã para proteger do frio, mesas de jacarandá ou quaisquer adornos, salvo alguma lâmina de Nossa

Senhora, um quadrinho de algum apóstolo. O primeiro espelho grande registrado nos inventários paulistanos data de 1619.

Manoel de Moraes nasceu numa dessas taperas paulistas, dormindo em rede ou num estreito catre, e logo se familiarizou com o modo de ser mameluco. Aprendeu desde cedo a se guiar pelos matos, em geral de pé no chão, cortando galhos com as mãos, decifrando pistas pela seqüência de varetas quebradas, pelas pegadas de homens ou feras, localizando posições pelo brilho do sol, marcando as horas da noite pela observação das estrelas ou pela sombra que o polegar deixa na mão.

Caçar, pescar, rastrear colméias, guerrear, eis habilidades que Sérgio Buarque atribuiu aos índios de São Paulo, herdadas pelos mamelucos.[8] Homens capazes de identificar plantas pelo gosto das folhas, sentir a presença das cobras pelo cheiro, descobrir água sob um rochedo ou simples tronco de árvore. Nas veredas dos sertões, quando a fome apertava e a farinha de mandioca era pouca, comiam literalmente cobras e lagartos, sapos, ratos, raízes variadas, grelos de samambaia, carne de jacaré, formiga torrada e mais "iguarias de bugre". Manoel de Moraes deve ter aprendido a manejar o arco-e-flecha e as lanças tupiniquins; e também pode ter aprendido a atirar com arcabuzes e mosquetões, que cedo se incorporaram aos usos indígenas na região, sobretudo na mão dos mamelucos.

Por alguma razão Manoel não falou de seus irmãos, onde viviam e o que faziam. Manoel nunca gostou de falar de suas origens. E nosso homem tinha muitos irmãos: quatro ou cinco do casamento de Ana de Moraes com Francisco Velho, chamados Francisco, Gregório, Maria e Paulo; dois meio-irmãos, filhos do primeiro casamento de Ana com Pantaleão Ribeiro, chamados João Pedroso e Maria de Moraes; uma meia-irmã ilegítima, Vitória, filha de seu pai Francisco Velho numa de suas aventuras como bandeirante.

Alguns deles se destacaram muitíssimo como bandeirantes, a exemplo do meio-irmão João Pedroso de Moraes, que se tornou um dos mais afamados sertanistas e caçadores de índios, homem que acabou conhecido no lugar como o "terror dos índios". O filho deste, Francisco Pedroso Xavier, sobrinho de nosso Manoel, também ganharia destaque nesse ofício, sendo conhecido pelas expedições que moveu contra os aldeamentos de além-Paraná, em 1675. Seu irmão Francisco Velho de Moraes também foi afamado bandeirante, integrante da expedição de Domingos Barbosa Calheiros às capitanias do norte, em 1658. Morreu em 1679, com testamento, sendo o mais bem dotado pelo pai, Francisco Velho.[9]

O jovem Manoel bem poderia seguir a carreira típica dos *paulistas*, cuja fama de sertanistas e apresadores fez com que a palavra *paulista* designasse tanto a naturalidade dos indivíduos como o ofício em que se destacaram ao longo da história colonial. Mas também poderia seguir a carreira religiosa, como fizeram, por exemplo, três sobrinhos seus, filhos da meia-irmã Maria de Moraes, filha do primeiro casamento de sua mãe. Pedro Taques informa, talvez com exagero, que todos os Moraes que ingressaram na Companhia de Jesus procedem do tronco de Pedro de Moraes, tio materno de Manoel.

Manoel de Moraes não era desse tronco, mas tinha forte vocação religiosa. Preteriu a carreira de bandeirante, ao contrário do pai e de alguns irmãos, e abraçou a de jesuíta. Ironia da história, pois é sabido que muito cedo os padres da Companhia de Jesus se tornaram inimigos figadais dos mamelucos. Adversários obstinados dos que assaltavam as aldeias inacianas, desafiando a obra missionária.

Entre ser bandeirante ou ser jesuíta, Manoel de Moraes escolheu a Companhia de Jesus. Nascido em São Paulo, terra "dos vícios e das virtudes",[10] Manoel não deixaria contudo de ser *paulista*, em várias passagens de sua vida, pois trazia essa vocação de berço. Melhor dizendo, da "rede de carijó".

3. Jesuíta na Bahia

Batizado na vila de São Paulo por um jesuíta cujo nome não lembrava, Manoel teve como padrinho Gonçalo Madeira, nela morador. Crismado pelo administrador Bartolomeu Simões Pereira, apadrinhado pelo carmelita frei Antônio, desde menino buscava a companhia dos religiosos.

"Tanto que teve uso da razão e idade conveniente, ia às igrejas, se confessava e comungava", contou Manoel aos inquisidores, falando de sua infância. Chegou a ser sacristão na igreja dos jesuítas de tanto que gostava dos padres. Manoel gostava dos padres e de religião. Estudou na Casa de São Paulo, em Piratininga, fundada em 1554, que não tardaria a abrigar a sede do próprio Colégio. Ali aprendeu a ler e escrever em português, em latim e na chamada "língua geral", embora esta ele conhecesse de cor. Ali aprendeu a contar nas classes de *algarismo*.

Manoel deve ter brincado muito nos matos, caçando e pescando entre índios e mamelucos, como ele, porque o regime de internato custou a pegar nos colégios da Companhia. Até fins do século XVII, os meninos viviam em regime de externato, morando com os pais ou outros vizinhos. Mas foi obrigado a se habituar desde cedo com a disciplina dos inacianos. Em caso de transgressão, os "menores" recebiam uns poucos açoites; os "médios" umas "palmatoadas"; os "maiores" (dezesseis anos em diante) uma admoestação verbal, particular ou pública. No limite eram expulsos da Companhia na forma do estatuto. Manoel deve ter tomado umas "palmatoadas" dos padres, que disso ninguém escapava nas casas do Menino Jesus.

Na rotina da escola, além das primeiras letras e algarismos, Manoel aprendeu a cantar no coro, quem sabe a tocar flauta, e a participar dos autos encenados nas festas religiosas. Cresceu acompanhando o calendário festivo da Companhia: o Natal, onde já não faltavam o presépio e a Missa do Galo, em dezembro; a festa do Nome de Jesus, em 1º de janeiro (data da circuncisão do Messias); as cerimônias de Endoenças, Paixão, Páscoa da Ressurreição e Ascensão, no ciclo da Semana Santa.

Acompanhou as mil festas consagradas à Virgem Maria Santíssima, baluarte da Contra-Reforma e da missionação jesuítica: as festas da Nossa Senhora da Concepção, da Assunção, da Ajuda, das Dores. Aprendeu a cultuar os santos venerados pelos inacianos, os apóstolos Pedro e Paulo, são João Evangelista, são Tiago, o português santo Antônio, e logo santo Inácio e são Francisco Xavier, jesuítas canonizados 1622. Seguiu inúmeras procissões em honra do Corpo de Deus e ouviu não sei quantos sermões em louvor à grandeza de Nossa Senhora.

Um dos objetivos fundamentais da Companhia era formar quadros missionários, selecionados entre os filhos da terra ou órfãos de Portugal que com eles estudavam desde meninos. E Manoel se enquadrou perfeitamente nesse perfil. Ingressou na Companhia em 1613, quando contava dezessete anos de idade, talvez um pouco mais, e foi enviado para o Colégio da Bahia.

A Companhia ainda era relativamente pobre naquela época,

mas já criava gado, tinha roças de mantimentos e logo teria os primeiros engenhos de açúcar com mão-de-obra indígena ou escrava, os "negros da Guiné", como eram vulgarmente chamados. A alimentação, se não era farta, era boa: carnes, pães, queijos, leite, frutas, conservas de abacaxi, marmeladas de ibás, abóboras e farinha de mandioca, é claro. Os estudantes viviam às custas da Companhia, mas não recebiam soldo algum.[1]

Viviam bem, no entanto, e o edifício do colégio era muito bem localizado, cercado de árvores frutíferas e plantas, quer do Brasil, quer da Europa, situado na parte alta da cidade, de frente para o mar. Os padres podiam contemplar as ondas que se quebravam na praia, embora confinados em seus cubículos, enquanto pensavam no Cristo e na Virgem.

No Colégio da Bahia, Manoel aprimorou sua formação religiosa baseada nos *Exercícios espirituais* de santo Inácio de Loyola (1548),[2] dedicando-se, como todo jesuíta, à oração mental ou oral, à contemplação e ao exame de consciência. Previstos para ocupar o mês inteiro, os exercícios implicavam, na primeira semana, as orações para eliminar da alma as deformações causadas pelo pecado; na segunda, orações para se conformar a Cristo na pobreza e no amor ao próximo; na terceira, orações para aderir de coração a Cristo e contemplar sua obediência até a morte na cruz; na quarta semana, orações para ressuscitar na nova vida revelada pelo Evangelho.

Manoel se dedicou a tais lides desde cedo, pois os estudantes eram obrigados a assistir diariamente à missa e fazer exercícios espirituais de três dias. Os dois anos de noviciado eram uma autêntica provação. Eram mantidos todo o tempo ocupados, quase sem relações com o exterior, praticando exercícios de memória, sempre decorando versículos do Antigo e do Novo Testamentos, além de exercícios de declamação e de postura. Recebiam instruções de boas maneiras, lições de como usar as mãos e a voz, aulas sobre o modo de olhar, de se vestir e de rir. Um autêntico processo civilizador à moda ocidental.³

Esta vivência de espiritualidade cristã tipicamente inaciana ficaria entranhada em Manoel de Moraes, a rivalizar, no futuro, com outros ânimos e tentações.

Dedicado à verdadeira "imitação de Cristo" presente nos exercícios inacianos, Manoel mergulhou, por outro lado, nos estudos mais aprofundados da *Ratio Studiorum*, o currículo dos jesuítas, adotado oficialmente em 1599, e seguiu o curso de filosofia e artes. Filosofia que, nesse currículo, não era mais do que um degrau para a teologia, com destaque para a Lógica. Tudo para adestrar a agudeza dos alunos em matéria religiosa, incluindo exercícios abstrusos para desmontar sofismas. Por exemplo, discutir se a Virgem Maria, considerada a inferioridade feminil, era mesmo mulher ou varão! Ou discutir se as almas das plantas e dos animais eram divisíveis!⁴

Além de discutir tais axiomas, Manoel estudou a sério a *Suma teológica* de santo Tomás de Aquino; aprimorou seu latim com a leitura de Virgílio, Ovídio e Cícero; estudou teologia moral com base no *Cursus Conimbricensis*, livro-texto sobre os "casos de consciência". Não chegou a estudar teologia dogmática ou teologia escolástica, pois essa fase do curso estava reservada aos futuros professores da Companhia. Aos candidatos ao sacerdócio e à função de coadjutores espirituais, bastava a teologia moral. Ele mesmo informou aos inquisidores, décadas depois, "que a ciência que tinha era a filosofia e a teologia moral".

Não obteve grau de licenciado porque o Colégio da Bahia não possuía *status* universitário, embora suas exigências fossem quase equivalentes. Serafim Leite, o grande historiador dos jesuítas, afirmou que Manoel tinha o título de mestre em artes e por isso, no futuro, se assinaria licenciado.⁵ Informação discutível, embora haja notícia segura de que o colégio baiano andou diplomando mestres em artes desde o século XVI. Mas o Colégio da Bahia, vale repetir, jamais alcançou equiparação com as universidades de Coimbra ou Évora, por mais que tentasse, nos anos 1660. Vale dizer que nele não se ministravam cursos de grego ou hebraico, salvo cursos muito sumários, sendo esta uma exigência da formação universitária inaciana. Nenhum jesuíta que houvesse cursado apenas os quatro anos de teologia no colégio baiano era reconhecido como licenciado, nem tampouco era tido por teólogo.

Licenciado em teologia, como Manoel no futuro diria de si mesmo, ele não foi no colégio baiano, sobretudo porque não completou os sete anos de estudos previstos na *Ratio Studiorum*.

Manoel era noviço em 1618, estudou gramática e filosofia até cerca de 1620 e, por volta de 1622 ou 1623, já havia feito três dos quatro votos exigidos pela Companhia. Isso equivale a dizer que Manoel de Moraes havia ultrapassado o grau de coadjutor espiritual e era jesuíta professo,[6] tendo feito os votos de pobreza, obediência e castidade. Jesuíta "professo de três votos" e já clérigo de ordens sacras, com poder para dizer missa, ouvir confissões e ministrar os demais sacramentos. Por pouco não fez o último voto solene, o voto de obediência ao Sumo Pontífice. Mas não resta dúvida de que era jesuíta por formação e, literalmente, por profissão de fé.

Aprendeu, portanto, pelo menos dois grandes princípios da Companhia de Jesus. Antes de tudo, o princípio do ataque ou do contra-ataque que a Igreja de Roma havia estabelecido, no Concílio de Trento (1545-1563), para fazer frente ao avanço da Reforma protestante, principalmente a luterana e a calvinista. A Companhia de Jesus foi realmente um expoente nessa "civilização de combate" que a Igreja construiu nos séculos XVI e XVII,[7] e não por acaso os inacianos se diziam "soldados de Cristo". O segundo princípio era a obediência, suprema virtude, cujo exercício, segundo santo Inácio, comportava três graus sucessivos: sobordinar a vontade individual à vontade do superior; identificar-se com esta vontade superior; pensar segundo esta nova vontade.[8]

Anular-se, em resumo, em favor da hierarquia. Combate e obediência, eis os valores máximos da ordem religiosa que formou Manoel de Moraes. Ele os introjetou, sem dúvida, embora viesse a desafiá-los mais tarde, frontal e decisivamente.

Durante essa fase de estudos no Colégio da Bahia, conviveu com alguns jesuítas célebres, a começar por Fernão Cardim (1549-1625), professor do colégio nesses anos, do qual viria a ser reitor em 1624, autor de *Tratados da terra e da gente do Brasil* (inédito em português até o século XIX). Foi colega de Simão de Vasconcelos (1597-1671), autor, entre outras obras, da *Crônica da Companhia de Jesus no Estado do Brasil* (1663). Por pouco não conheceu o então jovem Antônio Vieira (1609-1697), treze anos mais moço que Manoel, cujo noviciado começou em 1623 e somente fez a profissão de fé em 1635.

Manoel de Moraes adotou, portanto, a carreira religiosa, sendo dos poucos naturais do Brasil que, então, seguiram a profissão jesuítica. Ainda em 1610, apenas 17% dos padres da Companhia eram naturais do Brasil, índice que somente alcançaria os 34% em 1654. Ele estava, portanto, nos idos de 1623, entre os cerca de 20% de inacianos nascidos na colônia.[9]

Foi aluno destacado, embora não tenha sido encaminhado para a docência, talvez em decorrência de sua origem mestiça e tez amorenada, pois os jesuítas prefeririam portugueses ou estrangeiros, desde que brancos, para exercerem esses papéis. No regimento da província brasílica da Companhia constava o artigo segundo o qual os professores inclinados a novidades, ou de engenho demasiado livre, deviam ser excluídos da docência. A julgar pelo que Manoel faria anos depois, essa interdição parece caber como uma luva para seu caso.

Mas o destino de missionário que lhe foi reservado deveu-se, antes de tudo, ao fervor religioso que demonstrava. Da sujeição aos princípios da Companhia, Manoel deu inúmeras mostras desde cedo. Era ainda um jovem estudante de vinte anos quando abriu mão da parte que lhe cabia no inventário da mãe, Ana de Moraes, falecida em 1616, embora notificado de que fazia jus aos 8200 réis como um dos herdeiros.[10] A Companhia proibia que seus membros tivessem riqueza pessoal, de modo que a parte de Manoel ficou para ser rateada entre os irmãos ou sob a guarda de Francisco Velho de Moraes, o filho segundo. Anos depois, Manoel também ficou sem os 13 800 réis que lhe cabia, conforme o testamento do pai, Francisco Velho, moribundo em 1619, embora dele constasse que, caso Manoel deixasse a Companhia, teria direito a reivindicar sua parte. Francisco Velho de Moraes outra vez foi reconhecido como fiador do que cabia ao irmão jesuíta.[11] Ao menos nesse tempo, Manoel não tinha quaisquer ambições materiais.

Noviço aos 21 anos, teve experiência como missionário em Pernambuco, na aldeia de Itambé, e se saiu muito bem como intérprete, ofício a que denominavam vulgarmente de "língua" naquele tempo. Tanto é que ninguém menos que o provincial da Companhia na época, padre Domingos Coelho, resolveu recrutá-lo para uma visita que realizou aos aldeamentos de Pernambuco, em 1622.

Manoel possuía fortes qualidades de missionário. Grande energia, conhecimento de religião e teologia moral, fervor religioso, coragem, vivacidade, espírito de liderança. Além de tudo, era um exímio conhecedor da "língua geral" que, à diferença da maioria dos jesuítas, Manoel não aprendera somente na gramática de Anchieta, senão na infância paulista, no tempo em que passava os dias entre a escola dos padres, a aldeia de Piratininga e as matas de São Paulo.

Padre Domingos Coelho estava tão convencido de que Manoel já estava apto para missionar que lhe confiou o posto de superior de um aldeamento indígena em Pernambuco, antes mesmo que ele fizesse o último voto da Companhia. Ficaria amargamente arrependido dessa decisão no futuro.

4. Missionário em Pernambuco

Manoel de Moraes iniciou sua carreira de missionário numa das mais prósperas capitanias açucareiras do Brasil, senão a principal delas.

Vale mencionar a *Memória* que o brabantino Adriaen Verdonck, que vivia no Brasil desde 1618, enviou para os holandeses em 1630, exatamente para auxiliá-los na conquista.[1] Pernambuco possuía quase cem engenhos distribuídos por Alagoas, Una, Serinhaém, Cabo de Santo Agostinho, Nossa Senhora da Candelária, Guararapes, Jaboatão, Muriraba, Camassarim e Várzea do Capibaribe, sem contar os quase cinqüenta espalhados pelas capitanias adjacentes de Itamaracá, Paraíba e Rio Grande. Neles trabalhavam índios escravizados ou "administrados", pouco a pouco superados pelos escravos africanos trazidos da Guiné ou de Angola.

O trabalho dos missionários também avançava na capitania. Segundo Verdonck, em 1630 havia perto de doze aldeamentos, quase o mesmo número oferecido por Serafim Leite, que contabilizou dez. Segundo este último, as missões pernambucanas da Companhia eram as de São Miguel de Muçuí, Santo André de

Goiana, Itambé, Itapicirica, Ibatatã, Escada, Mucujé, Caeté, Ipojuca e Una.

A capitania ainda contava com elevado número de religiosos, seculares e regulares. Entre os últimos, predominavam largamente os jesuítas, seguidos dos franciscanos e beneditinos. Manoel de Moraes era um dos quase quatrocentos religiosos de Pernambuco.

Manoel foi promovido, em 1623, a superior da Companhia no aldeamento de São Miguel de Muçuí, antes chamada de São Miguel e Tabuçurana, distante duas léguas (doze quilômetros) de Igarassu e sete (42 quilômetros) de Olinda, onde tinha a seu cargo entre trezentos a seiscentos guerreiros. Em São Miguel coabitavam os índios tabajaras e potiguaras, com chefias diferentes, ambas subordinadas aos jesuítas.

O historiador Almir Diniz de Carvalho Júnior observou, com razão, o "caos étnico" presente nesses etnônimos, que muitas vezes "nada dizem sobre quem nomeiam". Mas o mesmo autor dá boa pista para se compreender esses grupos, sublinhando a identidade cristã que, com o tempo, se sobrepôs, sem negá-las, às identidades étnicas tradicionais.[2] Outra pista complementar nos dá Maria Regina Celestino de Almeida, ao destacar que o traço de identidade desses grupos residia na condição de "índios aldeados", na qual o *ethos* cristão se mesclava com forte sentido de territorialidade.[3]

Era essa a situação dos tabajaras e potiguaras da aldeia de São Miguel de Muçuí, considerando a delimitação de seu território e o pertencimento da aldeia à Companhia de Jesus. Mas nem por isso as identidades tradicionais foram abandonadas, como se pode perceber pela distinção entre os dois grupos e chefias no interior do aldeamento.

Manoel de Moraes foi protagonista desse arranjo potiguar-tabajara no aldeamento de São Miguel, seguindo ao máximo a "lei que se deve dar aos índios", preconizada por Manuel da Nóbrega, primeiro provincial inaciano, ainda em 1558.[4]

Nem tanto pela interdição da antropofagia ou da nudez, prevista nesta "lei", porque este gentio, transcorridos quase cem anos de catequese, se vestia de algodão e não comia mais os prisioneiros, senão pela proibição da chamada "feitiçaria" e da poligamia, que alguns ainda praticavam. E sobretudo pelo esforço, que todo jesuíta devia fazer, para "mantê-los em justiça entre si e para com os cristãos"; para "fazê-los viver quietos, tendo padres da Companhia para doutriná-los e terras repartidas que lhes bastem"; para impedi-los de "guerrear sem licença do governador".

Manoel de Moraes foi responsável pela catequese de Felipe Camarão, futuro líder dos potiguaras na guerra contra os holandeses, pelo que este índio ganharia hábito de Cavaleiro da Ordem de Cristo.[5] Se é verdade que Camarão chegou a ter noções de latim, como alguns escreveram, não resta dúvida de que as aprendeu com Manoel de Moraes.

Foi nesse tempo que Antônio Felipe Camarão tornou-se capitão dos potiguaras no aldeamento de São Miguel. Mas, para manter o equilíbrio interno, Manoel também deu força ao guerreiro Estevão, chamado Tebu entre os tabajaras, menos célebre que Camarão, porém igualmente leal ao jesuíta.

Manoel de Moraes ficou conhecidíssimo por sua competência na administração de São Miguel, respeitado pelos senhores de engenho de Pernambuco, membros da Câmara de Olinda, governança e religiosos. Sua fama se espalhou pelas demais capitanias da Paraíba, Itamaracá e Rio Grande, e não admira que mais tarde tenha chefiado índios de outras aldeias da região. Tinha a seu favor, além da competência de missionário, que aprendera na Bahia, o profundo conhecimento dos costumes e da língua indígena, num período em que a "tupinização" e a cristianização andavam juntas.

Manoel se destacava, então, como um abnegado e diligente missionário, "para a maior glória de Deus", dotado de sabedoria política diferenciada no governo dos potiguaras e tabajaras de São

Miguel. Não ganhava nada muito além da subsistência, exceto, a esmola de um cruzado (quatrocentos réis) que a Companhia dava aos jesuítas professos.

Nessa altura dos acontecimentos, o provincial Domingos Coelho devia exultar por tê-lo feito superior de aldeia antes do quarto voto. Manoel de Moraes era mesmo motivo de orgulho para a Companhia de Jesus no Brasil. Mas talvez tenha sido o padre João Luiz quem o tenha descrito, nos idos de 1631, da maneira mais exata. Descreveu-o como padre de "grande talento, juízo e prudência mediana, compleição colérica".[6]

5. Conquista holandesa

A Holanda, que se lançou com fúria à conquista do Brasil nos anos 1620, era a principal, de longe, dentre as sete Províncias Unidas dos Países Baixos. Compunha a União de Utrecht, formada em 1579, em meio à guerra contra a Espanha de Felipe II, da qual também faziam parte a Zelândia, Frísia, Gueldria ou Gelderland, Utrecht, Groningen e Overrijssel.

Conhecido como Guerra dos Oitenta Anos, esse conflito durou, entre massacres e tréguas, de 1568 até 1648, quando finalmente a Espanha reconheceu a independência dessas províncias, que outrora integravam os domínios do ramo espanhol da dinastia Habsburgo, resultado da partilha efetuada pelo imperador Carlos V (1516-1556).

Mas, na prática, a soberania das Províncias Unidas dos Países Baixos foi conquistada ainda no século XVI, sob a liderança da casa de Orange-Nassau, graças à força econômica e militar da Holanda e da Zelândia, que desafiaram a crescente intolerância religiosa e fiscal de Felipe II. Intolerância católica em províncias onde o calvinismo havia se espalhado. Intolerância fiscal contra províncias enriquecidas pelo comércio marítimo e pela atividade manufatureira, base da prosperidade de Amsterdã, principal cidade de toda a *república*.

A ofensiva espanhola comandada pelo duque de Alba, em 1567, precipitou os acontecimentos, de modo que não prevaleceu a chamada "Pacificação de Gand", em 1576, restabelecendo a convivência entre províncias católicas e protestantes nos Países Baixos. Consumou-se, em 1579, a dissidência das províncias calvinistas do norte, por meio da União de Utrecht, enquanto as dez províncias do sul (correspondentes, *grosso modo*, à atual Bélgica) formaram a União de Arras, fiéis ao catolicismo e a Felipe II.

As sete províncias protestantes se organizaram como república confederada somente na medida em que cada uma delas gozava de larga autonomia política, com governantes e instituições próprias. Mas sobre essa espécie de confederação de províncias reinava a casa de Orange-Nassau, cujo príncipe ocupava o cargo de *Stahouder*, máxima autoridade da República. Guilherme, o Taciturno (1533-1584), liderou a rebelião contra a Espanha e a fundação da república. O príncipe Maurício de Nassau (1567-1625), padrinho do conde João Maurício de Nassau (o *nosso* Nassau), consolidou o regime.

Espanha e Holanda, esta última à frente das províncias confederadas, estabeleceram, em 1609, uma trégua por doze anos, mas não seria exagero dizer que, desde 1580, o destino das colônias de Portugal estava marcado. A anexação do reino português à monarquia espanhola na chamada União Ibérica (1580-1640) fazia de Portugal também inimigo em potencial dos Estados Gerais dos Países Baixos.

Tanto é que, logo em 1602, as Províncias Unidas formaram a Companhia das Índias Orientais, que, se não chegou, de início, a promover conquistas no Índico, rompeu, na prática, o monopólio de comércio ibérico naquelas partes. No caso do Atlântico, iniciativa semelhante veio a ocorrer em 1621, com a criação da Companhia das Índias Ocidentais, retomando-se a iniciativa proposta por Willem Usselinx (1564-1647), brabantino natural de Antuérpia, mentor de um projeto expansionista holandês que conjugava o comércio com a religião.

Organizada como "sociedade por ações", a Companhia das Índias Ocidentais (West-Indische Compagnie/WIC) desafiava, nos seus próprios estatutos, os monopólios ultramarinos ibéricos. Tais estatutos autorizavam alianças com os naturais da África e da América e nelas permitiam construir fortificações, nomear governadores, enviar tropas e realizar comércio. A Companhia foi organizada em cinco câmaras regionais, prevalecendo a de Amsterdã, que possuía 4/9 das ações, seguidas da câmara de Middelburg, na Zelândia, com 2/9, a de Maas (Roterdã, também na Holanda) e mais duas outras, *grosso modo*, localizadas em cidades da Frísia e Groningen, todas com 1/9 do capital. Instituiu-se, porém, um orgão centralizador, composto de dezenove diretores, chamado de Conselho dos Dezenove Senhores – os *Heeren XIX*.

Predominavam largamente os capitais holandeses nessa empresa, e, mais particularmente, o dos comerciantes calvinistas da Flandres que tinham fugido para Amsterdã, por conta da intolerância católica, vindos do Brabante, sobretudo de Antuérpia. De modo que, pelo menos nesse ponto, a confusão vocabular que os portugueses faziam entre *holandeses* e *flamengos* tinha alguma razão de ser.[1] Os judeus portugueses de Amsterdã, ao contrário do que muitos supõem, entraram com apenas 1% dos capitais da Companhia.

A WIC, a exemplo da Companhia das Índias Orientais, organizou-se como sociedade acionária com propósitos comerciais articulados a objetivos políticos, militares e mesmo religiosos, como veremos a seu tempo. Era uma empresa tipicamente moderna para os padrões da expansão mercantil do século XVII. Os objetivos comerciais eram prioritários, mas não exclusivos.

O grande objetivo da WIC foi, desde o início, conquistar as áreas açucareiras do Nordeste do Brasil, então chamadas de "capitanias do norte", pois no negócio da distribuição do açúcar brasileiro na Europa os holandeses já estavam metidos desde, pelo menos, as últimas décadas o século XVI. A expansão da WIC para o Brasil seria, portanto, o primeiro capítulo de uma novela que Evaldo Cabral de Mello definiu muito bem como "as guerras do açúcar".[2]

Em dezembro de 1623, partiu da Holanda uma poderosa esquadra de 26 navios, 3300 homens e 450 bocas-de-fogo, comandada pelo almirante Jacob Willekens, secundado pelo vice-almirante Peter Heyn, cabendo ao coronel Jan van Dorth o comando das tropas terrestres. Objetivo da esquadra: a conquista da Bahia, sede do governo geral e uma das mais importantes regiões açucareiras do litoral brasileiro.

Em maio de 1624, estava Salvador conquistada, debelada a resistência do governador Diogo de Mendonça Furtado e a do bispo d. Marcos Teixeira. Mas o que era para ser o início da conquista holandesa das capitanias açucareiras do Brasil acabou num rotundo fracasso. El rei Felipe IV da Espanha enviou poderosa esquadra composta de 52 navios, 12 566 homens e 1185 bocas-de-fogo, comandada por d. Fradique de Toledo Osório.

No início de 1625 a esquadra chegou à Bahia e os holandeses se retiraram. Estava a força flamenga muito desfalcada, pois a maioria dos navios tinha sido enviada a outras partes ou regressado à Holanda, restando apenas onze para combater as 52 naus de d. Fradique. Por outro lado, os moradores da Bahia se levantaram contra o conquistador, no episódio conhecido como "Jornada dos Vassalos". A tentativa holandesa de conquistar o Brasil açucareiro viu-se forçada a esperar melhores dias.

Reunindo informações mais concretas sobre as áreas produtoras de açúcar no Brasil, bem como sobre o estado das fortificações

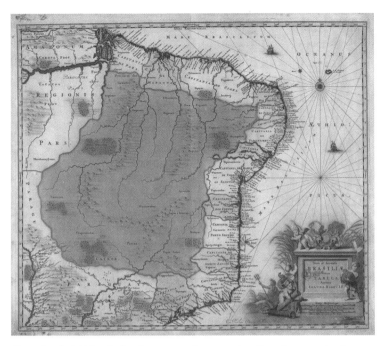

Por volta de 1640, os holandeses controlavam todo o litoral açucareiro do nordeste, exceto a Bahia, que resistiu à tentativa de Nassau, em 1638.

litorâneas, a WIC mudou o alvo da segunda invasão, elegendo agora Pernambuco, base de uma futura expansão para as demais capitanias açucareiras. Favoreceu essa decisão a captura da frota espanhola carregada de prata, façanha do almirante Peter Heyn, em 1627, enchendo os cofres da WIC com o espólio da combalida Espanha.

    A decisão de assaltar Pernambuco foi tomada pelos *Heeren XIX* entre fins de 1628 e inícios de 1629. O melhor da oficialidade holandesa ou flamenga foi posta no comando. À frente da esquadra, o almirante Hendrik Cornelioszoon Loncq, e no comando das tropas terrestres, o coronel Jonckheer Diederick van Waerdenburgh, que, seria, na prática, o primeiro governador do Brasil holandês.

Em dezembro de 1629, estava já a esquadra reunida na altura de Cabo Verde, pronta para navegar rumo a Pernambuco. Era poderosíssima e muito maior que a primeira: 67 navios, 7 mil homens e 1170 bocas-de-fogo. A tardança dos holandeses em reunir essa poderosa força fez com que a notícia da invasão chegasse a Madri. E foi incumbido Matias de Albuquerque de organizar a resistência, com promessa do conde-duque de Olivares de que, tão logo fosse possível, a Espanha mandaria poderosos reforços para a defesa. Matias de Albuquerque partiu de Lisboa, em agosto de 1629, e cuidou de fazer o possível para entrincheirar a capitania.

De nada adiantou. Em 15 de fevereiro de 1630, Loncq meteu-se com a maior parte da esquadra na entrada do Recife, enquanto Waerdenburgh desembarcou com suas tropas na baía de Pau-Amarelo. Em 16 de fevereiro, Matias de Albuquerque retirou-se do Recife e foi organizar suas defesas na várzea do Capibaribe. Recife ainda resistiu até o fim do mês, mas Olinda foi conquistada no mesmo dia 16. Conquistada, queimada, arrasada.

Os holandeses custaram, no entanto, a avançar para o coração açucareiro da capitania, limitando sua conquista a Olinda e ao Recife. A guerra estava só começando. Madri soube da derrota em abril e Olivares decidiu mandar reforços. Nada, porém, que mudasse o quadro. A lerdeza e a ineficiência espanhola para reforçar a resistência pernambucana foram, aliás, fatores decisivos para o triunfo da conquista holandesa de Pernambuco e, nos anos seguintes, do Rio Grande, Itamaracá e Paraíba.[3]

Embora confinados no litoral, os conquistadores *framengos* logo trataram de organizar seu governo na região, em sintonia com os diretores da WIC, os *Heeren XIX* ou Dezenove Senhores. Instituíram um conselho político, o Conselho do Recife, composto de, no mínimo, cinco membros, órgão de fato responsável pela administração das áreas conquistadas, do comércio e dos avanços militares na região. O cargo de governador, um tanto oficioso, cabia ao oficial superior das forças terrestres. Foi o coronel Waerdenburgh quem ocupou o posto até 1633, sucedido pelo coronel alemão Sigismund von Schkoppe, até a chegada de Maurício de Nassau, no início de 1637, este sim governador oficial.

Mas os tempos de Nassau ainda estavam longe. A conquista holandesa de 1630 se reduziu, basicamente, a Olinda e ao Recife. Praças fundamentais, mas insuficientes para garantir ao conquistador o negócio do açúcar. Esbarraram os flamengos na tenaz resistência erigida por Matias de Albuquerque, quase sem o apoio da Espanha. É nesse ponto da história que Manoel de Moraes volta à cena.

6. Capitão do gentio

Desde que desembarcara no Brasil, em outubro de 1629, para defender Pernambuco e demais "capitanias do norte" açucareiro contra o iminente ataque holandês, Matias de Albuquerque havia percebido que o apoio indígena seria essencial, senão decisivo, para a resistência.

Com o propósito de incorporar os índios, além de incrementar o recrutamento de soldados e melhorar as fortificações, o governador tratou de mobilizar os aldeamentos jesuíticos, quase todos sob a guarda dos jesuítas. Assim relatou Duarte de Albuquerque Coelho, o melhor cronista dessas lutas nas suas *Memórias diárias da guerra do Brasil*, informando que Matias de Albuquerque cuidou logo de avisar aos padres da Companhia de Jesus para que organizassem os índios das aldeias com arco-e-flecha e os mantivessem armados, "quando fosse necessário".[1]

Não era apoio desprezível, a confiar nas informações contidas na já citada *Memória* de Adriaen Verdonck (1630). Segundo Verdonck, do rio São Francisco até o povoado de São Lourenço, no interior de Pernambuco, incluindo as Alagoas, Porto Calvo, Una,

Serinhaém, Ipojuca, Cabo de Santo Agostinho, Candelária, Cucuranas, Guararapes, Jaboatão, Muribara, Camassarim, a Várzea do Capibaribe e a chamada Mata do Brasil (ao sul de Pernambuco), havia cerca de doze aldeias de índios. Cada qual contava com cerca de duzentos flecheiros, além de cinco ou seis aldeias no Rio Grande, nos arredores da cidade de Natal e em Cunhaú, que juntas contavam com 750 a oitocentos flecheiros. Eram estes basicamente tupinambás, caetés, tabajaras e potiguaras, todos falantes do tupi ou *língua geral*. Cerca de 3 mil guerreiros em potencial, que Verdonck chamava de "brasilienses", e o termo iria pegar, no linguajar dos holandeses, alternado com o de "brasilianos". Brasilienses ou brasilianos, Matias de Albuquerque não podia dispensar o apoio dos índios para defender Pernambuco.

Manoel de Moraes foi dos primeiros a atender ao chamado do governador, secundado pelo padre Lopo do Couto, pois ainda no início dos combates apresentou-se à frente de quatrocentos guerreiros para ajudar na defesa da capitania, tudo com licença do reitor em exercício do Colégio de Pernambuco, Francisco Ferreira. O próprio Matias de Albuquerque solicitou a liberação de Manoel para a organização dos índios na defesa da capitania, considerando suas qualidades de intérprete.

Da participação de Manoel nessas lutas dá testemunho o cronista-mor da guerra pernambucana, Duarte de Albuquerque Coelho, testemunho até certo ponto muito confiável, pois não deixaria de lastimar, na devida altura, o momento em que o jesuíta mudou de lado nos combates.[2]

O próprio Matias de Albuquerque reconheceria os feitos de Manoel, em carta de 25 de novembro de 1635, mesmo depois de sua traição, arrolando seu nome ao lado de mais sete jesuítas que lideraram os índios nos primeiros anos da guerra.[3]

O mesmo contou o autor anônimo, possivelmente jesuíta, da "Relação verdadeira e breve da tomada da vila de Olinda e lugar do

Recife", escrita em 1630. Na primeira passagem, informa que os índios da terra lutavam como leões, liderados pelo padre Manoel de Moraes, "ao qual obedecem como a seu Capitão, com grande pontualidade em tudo quanto lhes manda". Noutra passagem, menciona o socorro a Matias de Albuquerque dado pelo "Padre Manoel de Moraes, com seus deliberados e valentes índios esperando só o seu aceno". Enfim, relata o sucesso de uma escaramuça dos índios, chefiada pelo "seu Capitão, padre Manoel de Moraes", após o que "se recolheram com toda a ordem mui vitoriosos, e carregados das armas dos holandeses".[4]

A Manoel de Moraes foi confiada, primeiramente, a defesa da ermida de Santo Amaro, logo em 20 de fevereiro de 1630, quatro dias depois da queda de Olinda, quando era encarniçada a luta pelo Recife. Matias de Albuquerque fez de Manoel um autêntico "capitão de emboscada" que, nas palavras de outro grande cronista, Francisco de Britto Freire, eram cabos que, "ora divididos, ora juntos, andavam de contínuo pelo mato (exercício mais natural à gente do Brasil), saindo a cortar as estradas dos seus alojamentos que tinham aparte, sinalados em postos preferidos".[5]

Manoel foi incumbido de percorrer as matas próximas ao Recife, assegurando as vias de comunicação com a vila, tarefa que realizou com grande eficácia. Ainda foi enviado, segundo o próprio Matias de Albuquerque, para escorraçar os holandeses da baía da Traição, na Paraíba, junto com outros padres, no que se saiu muito bem. Conta o autor das *Memórias diárias*, Duarte de Albuquerque, que os holandeses sentiam grande temor dos índios comandados pelo padre Moraes, ainda que não usassem armas de fogo, senão arco-e-flecha, e o próprio Matias o faria capitão desse posto.

Nessa altura, Manoel de Moraes contava, entre seus comandados, com Antônio Felipe Camarão, que já então se destacava como lugar-tenente do jesuíta. Manoel, por sua vez, não se limitou, nessas primeiras liças, a seguir os índios na guerra, como fizeram outros padres da Companhia, mas a pegar ele mesmo em armas e comandar guerreiros nas matas. O lado paulista de Manoel de Moraes veio à tona com força máxima nos combates contra o holandês.

Duarte de Albuquerque conta que, logo em 1º de março de 1630, dois dias antes da conquista holandesa do Recife, deu-se a mobilização dos índios de Antônio Felipe Camarão no posto de Santo Amaro, "com o padre Manoel de Moraes, a quem obedeciam". E o mesmo cronista volta a registrar a ação militar do jesuíta, em 4 de março, juntamente com outros capitães, a propósito da retirada do Recife e da organização do que seria o baluarte da resistência dos vencidos, o Arraial do Bom Jesus. Manoel sempre atuou, em todas as batalhas, como capitão de emboscada, juntamente com Felipe Camarão.[6]

Manoel integrou, portanto, a linha de defesa erigida pelos jesuítas, à frente dos índios, contra o avanço holandês. Primeiro com a "assistência espiritual" e, segundo, "com ajuda corporal", liderando os índios em combate. Na mesma aldeia de São Miguel de Muçuí, regida por Manoel de Moraes, se organizou um "hospital de sangue" (enfermaria) para cuidar dos feridos em combate e dos que caíam doentes.

Nas palavras do padre Salvador da Silva, que redigiu a Carta Ânua de 1631 (o relatório que as províncias da Companhia de Jesus enviavam anualmente à Roma), os jesuítas foram mesmo uma grande coluna de guerra da resistência pernambucana (*magnum belli colunem existere Nostri*). Matias de Albuquerque enumerou vários deles, na sua carta de novembro de 1635: padre José da Costa, que caiu prisioneiro logo no início da guerra; padre Leonardo Mercúrio, vice-reitor do colégio pernambucano; padres Gaspar de Samperes e Manuel Pereira, que ficaram na retaguarda do Arraial; padre Antônio Bellavia, morto por não abandonar um soldado ferido; padres Francisco de Morais, Antônio Caminha e Francisco Ribeiro, que se destacaram na linha de frente.[7]

A estes se poderiam acrescentar o padre Manoel Fernandes, que organizou a retirada dos índios, no início de 1635, tentando evitar desastre maior, e o padre Francisco Vilhena, talvez o jesuíta mais próximo de Matias de Albuquerque. Ninguém foi mais combativo, porém, do que Manoel de Moraes.

O próprio Manoel daria informações detalhadas sobre sua atuação militar anos depois, em 1646, ao apresentar as contraditas ao libelo acusatório do Santo Ofício, buscando demonstrar que havia lutado pelos portugueses contra o "herege holandês", o que confirma a notícia contida nas crônicas da guerra.

Contou que, no tempo em que o holandês atacou Pernambuco, foi ele fazer guerra contra o inimigo, à frente dos índios de São Miguel, distante dez léguas do Recife (sessenta quilômetros), com licença do reitor do Colégio, "por amor à pátria e zelo da fé católica", gastando nisto cerca de um ano. Contou também que, depois dessas batalhas, recebera ordens do reitor dos jesuítas para organizar as aldeias circunvizinhas à capitania de Itamaracá (que cairia em julho de 1633), mobilizar os índios e animar os portugueses, no que gastou seis meses, admitindo que matou muita gente na guerra. Ainda que não tenha dado muitos detalhes sobre suas ações nessa primeira fase da guerra, acrescentou que, nos dois anos seguintes, continuou a pelejar contra o inimigo holandês até cair prisioneiro na Paraíba, conquistada pelos holandeses em dezembro de 1634.

A confirmar tudo isso há o depoimento de ninguém menos que o próprio Felipe Camarão, arrolado entre as testemunhas de defesa de Manoel de Moraes em suas contraditas, que depôs em 23 de dezembro de 1647 ao vigário de Santo Antônio do Cabo, comissário *ad hoc* do Santo Ofício. Pois disse Camarão, após identificar-se com seus títulos de Cavaleiro da Ordem de Cristo e capitão-mor de "todos os índios do Brasil", que conhecia o padre Manoel de Moraes havia cerca de dezoito anos, ao tempo em que o superior dos jesuítas enviara o dito padre para ensinar doutrina aos índios da aldeia de Meritibi, onde residia o depoente. E confirmou que Manoel de Moraes lutara por dois anos à frente dos índios da aldeia de São Miguel, sendo ele, Camarão, seu companheiro nessa guerra, até o padre cair prisioneiro dos holandeses na Paraíba.

De modo que Manoel de Moraes liderou guerreiros indígenas na resistência aos holandeses desde fevereiro de 1630 até dezembro de 1634. Quase cinco anos como capitão de emboscada, juntamente com Felipe Camarão, em operações decididas por Matias de Albuquerque com a anuência dos superiores da Companhia de Jesus. Lutou, portanto, na defesa do Recife, em 1630; lutou nas escaramuças do Arraial do Bom Jesus, em 1631; lutou na defesa da ilha de Itamaracá, conquistada em 22 de junho de 1633, e na defesa do Rio Grande, que não tardou a cair após a conquista do forte dos Reis Magos pelos holandeses, em 12 de dezembro do mesmo ano.

Só não chegou a ser um capitão oficial pela sua condição de jesuíta. Oficiais de Matias de Albuquerque viam com desconfiança, e alguma perplexidade, o papel cada vez mais importante que um simples padre passava a exercer na guerra, restrição compartilhada por diversos membros da Companhia, considerando o gosto que tinha Manoel pelo ofício militar. Manoel, na verdade, lutava e matava com garra, agindo como autêntico *paulista* nos matos, esquecido dos mandamentos de Deus e de suas obrigações como sacerdote.

Essa sua destreza militar era, de todo modo, reconhecida por Matias de Albuquerque e pelo conde Bagnuolo, adjunto de Matias desde 1631, a ponto de ser mobilizado para várias frentes de socorro. Vale insistir no fato de ter Felipe Camarão lutado a seu lado contra os holandeses, sendo Camarão o grande general dos índios nas guerras pernambucanas. Os holandeses, por sua vez, conheciam muito bem os feitos de Manoel de Moraes, em especial o papel que exercia no comando de centenas de nativos. Temiam Manoel de Moraes e seus índios.

7. Imbróglio indígena

Os holandeses não tardaram a perceber que o êxito na conquista pernambucana dependia de contarem com apoio na terra, coisa que faltou – e muito – na malograda tentativa de conquistar a Bahia, em 1624. Não tencionavam repetir o mesmo erro na campanha de Pernambuco e possuíam absoluta clareza de que era com os índios que deveriam contar para deter qualquer resistência.

Na verdade, a WIC se preparou muito bem para a nova incursão, entre 1625 e 1630, embora o acaso tenha contribuído bastante para a estratégia. Tudo começou com a organização da esquadra comandada por Boudewijn Hendrickzoon, burgomestre de Edam, enviada em 1625 pelos diretores da WIC para reforçar as tropas da Bahia. Hendrickzoon, contudo, resolveu desistir da empresa, por estar já a Bahia defendida pela enorme esquadra de d. Fradique de Toledo, enviada pela Espanha, avaliando que as perdas seriam enormes e duvidoso o êxito da investida.

Hendrickzoon se desviou rumo às Antilhas, mas fundeou na Paraíba, sendo muito bem recebido pelos índios potiguaras, enquanto fugiam dali, apavorados, os moradores da capitania. Chegou a construir trincheiras com seiscentos homens para defender o acampamento, onde descansava a tripulação e se recuperavam os doentes. Ali permaneceu cerca de dois meses, até saber que os portugueses organizavam expedição para expulsá-lo e a seu colega, Andries Veron, comandante de uma segunda esquadra fugitiva. Partiram os holandeses da Paraíba, sendo que a esquadra de Hendrickzoon rumou para o norte, a fim de conquistar Porto Rico, sem sucesso, ou quem sabe assaltar a *Carrera* espanhola, o que também não conseguiu. Acabaria morrendo em Cuba, em 1626.

Mas, num dos navios que regressaram à Holanda, seguiram seis índios potiguaras que desempenhariam papel importantíssimo na dominação holandesa de Pernambuco, anos depois. Entre eles, Pedro Poti, primo de Felipe Camarão, Antônio Paraopaba, 32 anos, e seu pai, Gaspar Paraopaba, de cinqüenta anos. Centenas de potiguaras da Paraíba acabariam massacrados pelos portugueses, em represália à acolhida que haviam dado ao holandês em Acajutibiró ou Tibiracaiatuba, chamada pelos lusitanos de baía da Traição desde que três marinheiros portugueses, no remoto ano de 1501, foram mortos e devorados pelos nativos.

Entre os refugiados potiguaras que desembarcaram em Amsterdã, Pedro Poti foi o principal, valendo dizer que a palavra *poti* significa exatamente camarão, em tupi, de modo que esse índio bem poderia chamar-se Pedro Camarão, verdadeiro duplo de Felipe Camarão. Aprendeu holandês, chegou a escrever nesta língua, e teve seu nome registrado diversas vezes nas atas das sessões do Conselho do Recife, tornando-se um dos principais líderes indígenas dos holandeses depois de 1645. Convertido ao calvinismo, foi talvez a mais importante liderança indígena entre as aldeias potiguaras leais à WIC. Manteve, ainda, importante correspondência com Felipe Camarão, na qual tentou em vão exortá-lo a lutar pelos holandeses, estourada a insurreição pernambucana, alegando o mal que os portugueses causavam aos índios naquela

O controle sobre a população indígena foi aspecto decisivo nas guerras pernambucanas.

terra. Mais tarde, caindo prisioneiro dos portugueses na segunda e decisiva batalha de Guararapes, em 19 de fevereiro de 1649, foi preso numa enxovia no Cabo de Santo Agostinho, onde permaneceu por meses a pão e água. Recusou-se a abandonar o calvinismo e morreria no navio que o transportou a ferros para Lisboa, em 1652.

Outro chefe notável do chamado "partido holandês", entre os potiguaras, foi Antônio Paraopaba, guerreiro afamado, responsável por várias vitórias holandesas na defesa do domínio holandês contra os restauradores de 1645. Foi um dos chefes dos massacres perpetrados pelos holandeses em Cunhaú e Uruaçu, no Rio Grande, em 1645, respectivamente em julho e outubro, e comandante da retirada dos índios para a serra de Ibiapaba, no Ceará, depois da derrota holandesa de 1654. Chegou a escrever duas memórias ou "remonstrâncias" (do holandês *remonstratien*), em defesa de seu povo, então à mercê dos portugueses vencedores, clamando em vão por socorro aos antigos aliados, aos quais chamava de "senhores alimentadores da verdadeira igreja de Deus".

Esses dois exemplos dão bem a medida de como os holandeses conseguiram, quando menos, arregimentar lideranças potiguaras para suas ações em Pernambuco. Avançariam muito nessa estratégia, organizando missões calvinistas para reforço das alianças com estes índios, erigindo-as não raro nos aldeamentos jesuíticos conquistados, além de proibirem terminantemente a escravização dos nativos.[1] Mais tarde, em março-abril de 1645, meses antes da insurreição pernambucana, aprovariam as decisões de uma grande assembléia dos "capitães indígenas" do partido holandês, do que há registro nas *Notulen van Brasilië* [Atas ou nótulas do Brasil] depositadas nos arquivos de Haia.

A esse grande encontro compareceram cerca de 150 chefias, entre capitães de aldeia, tenentes, alferes, adjuntos e regedores. Nas atas da assembléia foram confirmados importantes privilégios ou direitos dos índios fiéis, sancionados pelos diretores da Companhia das Índias (os *Dezenove Senhores*): liberdade dos índios, impedida a escravização deles; manutenção de mestres-escola e pastores, nas aldeias, para doutrina da "verdadeira religião cristã" (calvinista); organização de três câmaras nas aldeias de Tapecirica, em Pernambuco, Maurícia, na Paraíba, e Orange, no Rio Grande; provimento de lideranças indígenas no governo de cada uma dessas câmaras.[2]

Estratégia similar, embora menos doutrinária e mais militarizada, os holandeses fariam com os chamados tapuias. Joannes de Laet, geógrafo e diretor da WIC, contabilizou 76 nações tapuias (!),[3] índios dispersos pelos sertões, entre o Rio Grande do Norte, Ceará e São Francisco, que muitos cronistas holandeses descreveram com mais ou menos detalhes, a exemplo de Barléus, Macgrave e Nieuhof. A seguir o relato de Nieuhof, viviam nos extremos de Pernambuco os tapuias cariris, com suas várias ramificações, os caririvasu, os carrijou, os taririjou.[4] Estes últimos eram, em grafia moderna, os famosos *tarairius* que, desde 1633, se tornaram os "infernais aliados" dos holandeses, nas palavras do historiador Erns van den Boogaart, concluída a conquista do Rio Grande. Desta aliança foi protagonista, entre os tapuias, o chefe Janduí ou Nhanduí (nome que para alguns designava o grupo indígena, não o chefe), que lutou pelos holandeses, embora recusasse a catequese calvinista, destacando-se, ao lado do potiguar Paraopaba, nos massacres de Cunhaú e Uruaçu, em 1645.[5]

Protagonizou também esta formidável aliança holandesa-tarairiu o misterioso Jacob Rabe, também grafado Rabbi ou Raby, alemão natural de Hamburgo, que alguns autores caracterizam como judeu alemão, outros não, e se foi judeu era *ashkenazi*, como eram os judeus da Europa centro-oriental, diferentemente dos judeus que abarrotaram o Recife após 1636, a grande maioria composta de portugueses de origem sefardita (judeus ibéricos).

Este Rabe chegou a Pernambuco junto com Maurício de Nassau, em 23 de janeiro de 1637, contratado pela WIC, e desde cedo mostrou-se valioso colaborador dos holandeses, casando-se com Domingas, uma das filhas do chefe Janduí, e liderando índios em campanhas, inclusive nos célebres massacres de 1645, sendo depois assassinado por ordens do coronel Joris Gartsman. Um enredo que envolve intriga amorosa, vingança ou, como se diria hoje, "queima de arquivo". Não deixou, porém, de escrever memória importante sobre os costumes indígenas, escrita em latim: *De tapuyarum moribus et consuetudinibus* [Hábitos e costumes dos Tapuias].[6]

Assim como Rabe, porém menos beligerante, foi Roulox Baro, que havia muito conhecia os tapuias, pois vivera entre eles, contratado pela WIC como sucessor de Rabe. Foi intérprete e embaixador junto aos tarairius, deixando notável relação de sua "viagem ao país dos tapuias" realizada em 1647. Baro foi recrutado para tentar garantir a aliança dos tarairius num contexto difícil, morto Jacob Rabe e havendo guerras internas entre os tapuias que complicavam os realinhamentos das nações tapuias do lado holandês ou português.[7]

Tudo isso ilustra a importância crucial que os holandeses atribuíram às alianças com os índios, antes mesmo de atacarem Pernambuco, mas especialmente durante a dominação da colônia e quando se viram desafiados pela guerra de Restauração. Os portugueses também perceberam o valor dessas alianças – como aliás haviam demonstrado desde o século XVI em São Paulo, na Guanabara, na Bahia, em toda parte. Mas tinham contra si o desgaste de uma colonização que flagelava os índios havia mais de cem anos em várias capitanias, fossem tupis, fossem tapuias.

Nem por isso deixaram de tentar as alianças possíveis, para o que se valeram, no contexto da resistência, do capitão Martim Soares Moreno, veterano no trato com os índios desde que, aos dezoito anos de idade, em 1602, fora enviado pelo tio, o sargento-mor Diogo de Campos Moreno, para viver entre os potiguaras, no Rio Grande. Tornou-se grande amigo do chefe Jacaúna e chegou a guerrear ao lado dos potiguaras contra os franceses, nu e pintado de jenipapo, na conquista do Ceará, em 1612.

Em 1613 atuou na expedição ao Maranhão comandada por Jerônimo de Albuquerque, a quem serviria, outra vez, à frente de índios potiguaras na vitória contra os franceses de La Ravardière, em 1615, estabelecidos na região poucos anos antes. Em 1616, Martim Soares foi capturado por franceses em alto-mar, nas proximidades da ilha de São Domingos, no Caribe. Somente ele e mais dois tripulantes escaparam ao massacre, ele com cicatriz feia no rosto, 23 ferimentos e uma mão a menos.

Martim Soares alardeava suas façanhas, dizendo que já tinha degolado mais de duzentos piratas, entre franceses e flamengos, em sua luta pelo rei da Espanha. Capturado pelos franceses e levado a Dieppe, foi condenado à morte pelo juiz do Almirantado, o que só não ocorreu devido a uma infinidade de recursos e à intervenção do embaixador espanhol, após dez meses de prisão. Como prêmio por seus feitos, recebeu o governo da capitania do Ceará por dez anos e lá estava ele, em 1630, quando foi convocado por Matias de Albuquerque para ajudar na luta contra os holandeses em Pernambuco.[8] Bem se pode imaginar, no aperto em que se achavam os portugueses nos primeiros anos da guerra, o enorme apoio que homens como Martim Soares ou Manoel de Moraes poderiam oferecer, como de fato ofereceram.

Manoel mobilizou, na primeira hora, e mais do que qualquer outro religioso, os índios aldeados da Companhia de Jesus. O engajamento de "capitães" como Manoel, muito respeitado pelos índios potiguaras, a começar por Antônio Felipe Camarão, era comparável à ação de Martim Soares Moreno, também capitão de índios, embora leigo e veterano de muitas guerras.

Manoel de Moraes e Martim Soares Moreno tinham quase a mesma idade, sendo Martim um pouco mais velho. Eram ambos mamelucos, de certo modo, um por conta da origem mestiça, o segundo por opção. Manoel era padre transformado em "capitão"; Martim Soares fora sempre homem de guerra, primeiro como "guerreiro indígena", depois como cavaleiro de Santiago e governador do Ceará, honrarias que recebeu pelos seus feitos nos sertões do norte e nos mares, ferido e maneta.

Mas não seria de todo absurdo dizer, sobre Manoel e Martim, que um era o espelho do outro. Elementos valiosos na tentativa vã de Matias de Albuquerque para deter o avanço holandês, Manoel e Martim lutaram juntos em várias batalhas, ambos exímios capitães de emboscada. Mas não resta dúvida de que Martim Soares era o capitão de Matias que mais passou a detestar Manoel de Moraes ao longo das campanhas de resistência. Martim Soares Moreno tornar-se-ia, na verdade, inimigo figadal de Manoel de Moraes. O pior de todos.

8. Soberba do padre

As inimizades que Manoel de Moraes passou a estimular não se restringiram a Martim Soares Moreno, a julgar pelo número de denunciantes que mais tarde o acusaram, e sobretudo pelo tom de algumas denúncias, visivelmente eivadas de ressentimento. É claro que isso tem muito a ver com a conduta de nosso personagem após cair prisioneiro dos holandeses, no final de 1634, mas parte se deve às atitudes que o padre tomou nos primeiros anos da guerra.

Percebendo o valor de seus feitos e a importância que tinha nas operações de Matias de Albuquerque, Manoel de Moraes tornou-se homem soberbo, dado a vanglórias, contador de vantagens, o que se depreende perfeitamente de vários depoimentos que mais tarde a Inquisição recolheu.

Manoel conseguiu com isso irritar os religiosos, sobretudo seus colegas da Companhia, alguns escandalizados com seu entusiasmo nas lides militares e matanças que orquestrava ou perpetrava, de *moto proprio*, como capitão-do-gentio. É verdade que, desde o século XVI, os jesuítas haviam organizado seus "batalhões ou companhias de estudantes", que lutaram com garbo em vários conflitos, inclusive na guerra contra os holandeses. Mas os batalhões inacianos eram de estudantes! Aos "mestres" cabia o papel de capelães, com funções espirituais, não a de capitães com armas na mão, ainda que alguns também tenham combatido. A imagem de "soldados de Cristo" que os jesuítas cultivavam era, porém, uma metáfora para o combate espiritual, *ad majorem Dei Gloriam*.[1] O certo é que Manoel de Moraes provocou escândalo entre os colegas da Companhia, além de muita inveja e ciúme, por ser o mais valente "capitão" dentre eles.

Desse clima azedado entre Manoel e seus colegas jesuítas deu notícia um certo Domingos Velho, seu companheiro de lutas no Arraial do Bom Jesus, que viria a denunciá-lo no Santo Ofício, pouco depois, em outubro de 1635, mencionando que os religiosos da Companhia andaram desgostosos com Manoel e trataram de tirá-lo do Arraial e "do dito ofício que aí tinha de capitão do gentio, dizendo que não era decente que um religioso fizesse aquele ofício". É certo que não se referiam ao ofício de intérprete, que quase todos os missionários exerciam, mas ao de militar. Tanta pressão fizeram os padres que Matias de Albuquerque substituiu Manoel como "Capitão Geral dos índios do Arraial", o que não impediu o governador de enviá-lo para Itamaracá e depois para o Rio Grande, entre 1633 e 1634, com o mesmo ofício, na prática, de "capitão" dos índios encarregado de defender as praças ameaçadas. Mas o posto de capitão dos índios do Arraial do Bom Jesus passou mesmo às mãos de Felipe Camarão, discípulo de Manoel.

Em contrapartida, Manoel também despertou invejas e rivalidades no seio da oficialidade de Matias de Albuquerque, a começar pelo próprio Martim Soares, que, à semelhança de Manoel, ali estava por sua habilidade no comando de índios. Ambos eram tremendamente carismáticos, a julgar pelo juízo que deles faziam os contemporâneos.

Afora essa rivalidade com Martim Soares, Manoel andou provocando maus sentimentos a seu respeito, para não dizer convicções, entre religiosos e seculares, de que acalentava ambições incompatíveis com sua posição de jesuíta. Ele mesmo, anos depois, diria aos inquisidores que, sendo "fronteiro na guerra" e tendo "na sua mão todo o gentio", "muitos êmulos lho queriam mal".

Prova cabal de que estava urdindo alguma coisa, quem sabe na expectativa de algum prêmio, encontra-se num documento raríssimo, descoberto por Eduardo Prado no século XIX, depois doado ao Museu Paulista.[2] Trata-se de uma carta de ninguém menos do que o rei Felipe IV de Espanha, datada de 19 de outubro de 1631, inserida, portanto, na conjuntura de impasse que então marcava o conflito. Pois vale recordar que, depois da conquista espetacular de Olinda e Recife, em 1630, os holandeses empacaram, tropeçando na desesperada guerrilha de Matias de Albuquerque, os dois lados carentes de recursos, muitos feridos e doentes, todos esfalfados. Somente no final de 1632 os beligerantes receberiam reforço substancial para os respectivos exércitos, e nisso levou vantagem o holandês que, nos dois anos seguintes, avassalaria Itamaracá, Rio Grande e Paraíba, consolidando suas conquistas.

A carta do rei se dirigia aos "governadores amigos" e, originalmente, trazia apensa uma cópia de carta enviada por Manoel de Moraes à Sua Majestade, tratando da guerra de Pernambuco. Infelizmente, a carta do padre se perdeu, mas pela carta do rei se pode muito bem perceber que Manoel louvou os próprios feitos e pediu alguma coisa. Isso porque Felipe IV mencionou, explicitamente, o papel que Manoel teria desempenhado na defesa, então vitoriosa, de Itamaracá, contribuindo com sua assistência para conservá-la. "E porque conforme a informação que há deste religioso, se tem entendido que há procedido bem em Pernambuco – prosseguiu o rei – e que por razão de meu serviço se passou a Itamaracá e convém que ele saiba a satisfação que eu disso tenho, vos encomendo muito ordeneis que nesta conquista se faça carta minha para ele".[3]

E não só aos "governadores amigos" escreveu o rei. Em 31 de outubro de 1631, mandou carta ao provincial de Portugal, Diogo Monteiro, para que a fizesse transmitir ao provincial do Brasil, elogiando "os procedimentos de Manoel de Moraes, pelo zelo com que os índios o seguiam", e mandando que o agradecessem, em seu real nome, pelos feitos que vinha obrando na guerra.

El rei Felipe praticamente condecorava Manoel de Moraes por seus feitos, ordenando às autoridades que o declarassem de público. E, mais, percebendo o valor da atuação de padre Manoel, recomendava aos provinciais da Companhia do Brasil e do próprio reino para que, mormente nas partes de Pernambuco, Paraíba e Itamaracá, buscassem o apoio de religiosos que tivessem "com os índios maior autoridade, e lhes sejam mais aceitos e de quem se tenha por certo que os conservarão em obediência e fidelidade, e os disporão com segurança nas coisas da guerra".[4]

O rei aprovou, portanto, os conselhos que Manoel de Moraes ousou dar, para a condução da guerra, realçando evidentemente sua própria experiência, quem sabe alertando para o perigo concreto de os holandeses alcançarem a confiança dos índios.

Mas isso não passa de conjectura, porque não se sabe ao certo o que Manoel escreveu ao rei, tendo desaparecido a sua carta. É seguro, porém, que elogiou as próprias ações, deu conselhos ao rei e sobretudo atropelou as hierarquias do exército hispano-português em Pernambuco, para não falar da própria Companhia de Jesus. Afinal, embora missionário militante encarregado da direção de aldeias, Manoel de Moraes nem sequer havia feito o quarto e último voto na profissão de fé, sendo ainda minorista da Companhia. Ao escrever diretamente ao rei com sugestões de como prover os missionários das aldeias, atropelava, no mínimo, o provincial da Companhia, para não falar do Padre geral.

Em suas *Memórias diárias*, Duarte de Albuquerque Coelho nos dá algumas pistas sobre a repercussão da conduta de Manoel junto aos demais inacianos naquele contexto, informando que vários deles repreenderam o padre, sem que ele os ouvisse, de modo que se afastaram e o deixaram isolado. Seu modo de proceder, conclui o cronista, "não era aquele, com tanta excelência, próprio dos padres jesuítas".

Quanto às autoridades seculares, não deixou de arranhar a autoridade do próprio Matias de Albuquerque, general-mor da resistência, bem como dos governadores e mais capitães veteranos e experientes, ao sugerir estratégias militares na carta ao rei.

As cartas do rei Felipe IV de Espanha, porém, não trouxeram de imediato grandes problemas para Manoel de Moraes. Aparentemente, as chefias militares de Pernambuco e mais capitanias não fizeram grande caso da carta enviada pelo padre ao rei e, no mais, a liderança que exercia junto aos índios era mesmo preciosa para a guerra. Manoel continuou sua carreira militar na defesa das capitanias ameaçadas, sendo convocado várias vezes, com as centenas de índios que liderava, a socorrer os portugueses em várias batalhas. Mas esses documentos, quer os achados, quer o perdido, confirmam o mal-estar silencioso que a soberba do padre-capitão provocou entre muitos, o que mais tarde teria ocasião de aflorar, sem peias.

O mais importante de tudo é que tais documentos indicam a crescente ambição que passava a tomar conta de Manoel. No mínimo uma forte expectativa de reconhecimento, no máximo de alguma recompensa, embora nessa altura dos acontecimentos, na verdade, a possível ambição de Manoel mal se distinguia de seu empenho em servir ao rei na guerra contra o holandês. Em outubro de 1631, Manoel de Moraes permanecia sendo fiel jesuíta armado como capitão do gentio.

9. A queda da Paraíba

Apesar das conquistas de Itamaracá e Rio Grande do Norte, em 1633, a guerra não estava resolvida para os holandeses. Nem sequer Recife era conquista segura, pois vivia à mercê de incursões-relâmpago, à noite, das tropas de Matias de Albuquerque, lançadas do Arraial do Bom Jesus. Duas tentativas holandesas de conquistar o Arraial haviam fracassado, em março e agosto de 1633, o que, se não impediu o avanço holandês no litoral, contribuiu para manter a Várzea e seu entorno entrincheirados (Guararapes, Jaboatão, Muribara, Camaçarim). E não era pouca coisa, pois a região abrigava cerca de 20% dos engenhos pernambucanos, os quais, segundo a *Memória* de Verdonck, produziam "a melhor parte do açúcar".

No início de 1634, os holandeses possuíam razoável controle do litoral, vantagem militar, iniciativa, mas o território dominado era entrecortado, aqui e ali, por focos de resistência e capitanias irredutíveis. Do litoral sul de Pernambuco ao Rio Grande, extremo norte das conquistas flamengas, havia fortes núcleos de resistência. Porto Calvo, na divisa com as Alagoas, permanecia com os portugueses, do mesmo modo que o forte Nazaré, no Cabo de Santo Agostinho, ao sul do Recife. A capitania da Paraíba, por sua vez, era uma verdadeira cunha no território holandês, entre o Rio Grande e Pernambuco-Itamaracá.

O alto comando militar da WIC decidiu, neste quadro, envidar esforço máximo para conquistar a Paraíba. Além de situar-se entre o Rio Grande e Itamaracá, já ocupadas, a capitania possuía quinze engenhos de açúcar, de modo que seu valor estratégico e econômico era indiscutível. Consideravam os oficiais holandeses que, ganhando-a, consolidariam de vez o domínio sobre Pernambuco e capitanias adjacentes.

Essa decisão coube ao coronel alemão Sigismund von Schkoppe, por vezes grafado Schopp, Schoppe, Schcopp, Skup, e pelo coronel polonês Crestofle d'Artischau Artichewski, que na crônica da época aparece como Artichofski, Artifox, Arcizewski, Arquichofle, Artechocke, sendo que o alemão ocupava o posto de supremo comandante das forças terrestres dos holandeses, desde setembro de 1634. Ambos tinham chegado ao Brasil como capitães, mas a perícia que demonstraram levou a WIC a promovê-los.

Retrato interessante desse oficial polonês, cujo papel foi essencial nesta etapa da guerra, dá-nos o inglês Cuthbert Pudsey, mercenário que lutou pela WIC entre 1630 e 1640 e deixou importante manuscrito sobre essa fase da guerra. Conta-nos Pudsey que Artichewski tornou-se uma viga mestra do Conselho, "sendo um homem de experiência tanto em anos quanto como pessoa própria em todas as ocasiões", prudente comissário da WIC, muito político, previdente, cuidadoso, "muito temperado e estrito na execução das ordens", religioso que nunca deixava de ir à batalha sem orações. Pudsey era mesmo um fã do coronel polonês, como parece ter sido o caso da soldadesca da WIC daquele tempo. "Sua palavra era lei para nós", escreveu.[1] Entre os portugueses, por outro lado, o coronel polonês era afamado por sua crueldade, oficial que não fazia prisioneiros, degolando-os quase sempre. Mas o fato é que, nas guerras pernambucanas, holandeses e portugueses se degolavam uns aos outros em toda parte, conforme detalha a crônica de ambos os lados, sendo esta uma prática corriqueira nas guerras daquela época.

Degolas à parte, o plano de conquista da Paraíba saiu do papel para a execução em novembro de 1634, armando-se esquadra de quarenta a cinqüenta navios, mais barcaças e lanchas, com cerca de 6 mil homens, sendo Schkoppe o comandante-geral, secundado por Artichewski, e Jan Cornelissen o comandante da Armada. Além disso, deu-se ordem ao governador holandês no Rio Grande para que enviasse soldados por terra no rumo da Paraíba, acrescidos de tapuias, pois nessa altura o chefe Janduí já se tinha aliado aos flamengos.

A defesa da capitania estava baseada em dois fortes principais: o forte de Cabedelo, na entrada da barra, junto ao canal do lado sul, com 27 peças de artilharia; e, mais afastado da barra, ao norte, o forte de Santo Antônio, com 22 canhões. Adiante dos fortes, a meia légua (3 quilômetros) da cidade da Paraíba ou Filipéia, montou-se uma bateria com sete peças de artilharia e quarenta homens para deter o primeiro impacto da invasão. Limitava-se a isso a defesa paraibana, que contava ao todo com cerca de oitocentos homens.

Matias de Albuquerque apoiou ao máximo a defesa da Paraíba, despachando três companhias do Arraial e mobilizando diversos capitães de outras partes, inclusive Manoel de Moraes e Martim Soares Moreno com seus guerreiros indígenas. No comando da resistência paraibana estava o governador da capitania, Antônio de Albuquerque, que recebeu o apoio em pessoa do general italiano conde de Bagnuolo, adjunto de Matias de Albuquerque. Matias, doente, não pôde atuar na batalha.

Desembarcaram os holandeses em 4 de dezembro e moveram forte cerco aos nichos de resistência, avançando continuamente durante todo o mês. A resistência foi tenaz, mas a batalha terminou em desastre para os portugueses, sendo logo arrasada a bateria da restinga e sitiados os fortes, por mais que se enviassem socorros militares e mantimentos, sempre com grande risco e baixas. Da Espanha enviaram d. Fernando de la Riba Aguero, que chegou no dia 15 de dezembro, mas a tropa castelhana era insuficiente para defender o forte de Cabedelo, alvo prioritário dos flamengos. Os castelhanos nem sequer conseguiram entrar no forte.

Cabedelo não tinha mais condições de resistir a 19 de dezembro, embora tenha recusado o *ultimatum* holandês e rendição, dois dias antes. O forte, porém, estava sem munições, mantimentos, artilharia, parapeitos e não tinha nada além de soldados famintos, feridos e estafados. A rendição dos sitiados foi, entretanto, honrosa, como dizem os cronistas. Bandeiras desfraldadas, armas empunhadas, mechas acesas, balas que restavam em boca de canhão, tambores rufando, capitães com roupa engalanada. O acordo foi favorável aos vencidos, que puderam carregar seus bens e conseguiram que a maioria fosse embarcada para as Índias de Castela em segurança. O sítio custou aos defensores 83 mortos e 103 feridos. Quatro dias depois, rendeu-se o forte de Santo Antônio, também incapaz de defesa, concordando os holandeses em repetir os termos honrosos da rendição do Cabedelo.

A batalha da Paraíba foi, sob diversos aspectos, um marco na conquista holandesa, antes de tudo porque generalizou, entre os luso-brasileiros, um sentimento derrotista, desânimo e desesperança, inclusive quanto ao empenho espanhol em reforçar a defesa das áreas atacadas. Não foram poucos os que desistiram de lutar, desertando ou mesmo passando para o lado contrário. Nosso Manoel de Moraes foi um desses. Mas não foi o primeiro, nem o mais importante.

Logo no primeiro dia da batalha, com a queda da primeira linha de defesa, fizeram os holandeses vários prisioneiros, entre os quais Bento do Rego Bezerra, um dos principais moradores da Paraíba. Em troca de não ter suas fazendas saqueadas, passou-se para o lado contrário e forneceu preciosas informações sobre como se organizava a defesa da capitania, além de facilitar salvo-condutos para moradores que só pensavam em fugir daquele inferno. Foi este o primeiro que de prisioneiro passou a traidor na batalha da Paraíba.

Rendidos os fortes, a resistência portuguesa ficou irremediavelmente comprometida. O conde Bagnuolo mandou atear fogo às casas de Filipéia onde havia açúcar, pau-brasil e tabaco, convencido de que a cidade era indefensável, e tratou de fugir para o Arraial do Bom Jesus. Os holandeses entraram na cidade em 24 de dezembro, encontrando-a abandonada. O governador Antônio de Albuquerque, que tencionava defender a cidade, sabendo desta outra derrota, decidiu erigir a última defesa em algum engenho que a isso se prestasse.

Mandou reunir no engenho de Duarte Gomes da Silveira, a 25 de dezembro, a gente de armas que restava, incluindo os índios de Manoel de Moraes e de Martim Soares. Dali partiram para o engenho de Luis Mendes de Vasconcelos, situado nas imediações, considerado em melhores condições para a defesa. Logo desistiu desse posto defensivo e se transferiu para o engenho de Manuel Peres Corrêa, que também desaprovou. Mandou todos se reunirem no engenho de Antônio Valadares, distante dez léguas (sessenta quilômetros) adentro. De engenho em engenho, os luso-brasileiros estavam em rota de fuga.

Entrementes, o citado Duarte Gomes da Silveira, em cujo engenho cogitou-se de fazer a linha de defesa após a queda da capital, foi negociar com o coronel Artichewski. Foi este o segundo grande desertor da resistência paraibana, embora haja controvérsia sobre se Duarte pretendia mudar de lado ou negociar uma rendição honrosa.

Duarte Gomes era homem grisalho, dos principais senhores da Paraíba, que muitos consideravam valoroso e de quem ninguém esperava traição. Mas o fato é que ele chegou a abrigar o coronel polonês em sua casa, pois este lá foi para negociar a rendição do governador Antônio de Albuquerque. Com alguma ingenuidade, Duarte Gomes foi em pessoa comunicar tais fatos ao governador quando este ainda estava no engenho de Manuel Peres. Foi preso no ato.

O governador Antônio de Albuquerque percebeu que tudo estava perdido, os moradores não ajudavam, muitos fugiam. Preocupava-se, em particular, com os índios de Manoel de Moraes, que até ali lutavam bravamente, e ordenou que, no último caso, comandasse a retirada dos índios para onde não pudessem se bandear para o lado holandês. O governador administrava a derrota.

Duarte Gomes da Silveira, por sua vez, se não havia traído antes, quando tratou com Artichewski, traiu depois de preso e humilhado pelo governador da Paraíba, que mandou levá-lo a Matias de Albuquerque. Duarte Gomes encontrou meio de informar o coronel polonês do caminho por onde lhe conduziriam preso, para que fosse resgatado, fazendo questão de informar ao oficial polonês sobre como capturar também o governador da Paraíba. Duarte queria mesmo se vingar de Antônio de Albuquerque, entregando sua cabeça aos holandeses.

No entanto, Antônio de Albuquerque conseguiu fugir para o Cabo de Santo Agostinho, onde era aguardado por Matias de Albuquerque, e Duarte Gomes acabou mesmo resgatado por Artichewski. Passou de traidor por acaso a colaborador assumido.

Manoel de Moraes, em algum momento entre os dias 29 e 30 de dezembro, pareceu indeciso. Já não tinha a companhia dos noviços Francisco Ribeiro e Antônio de Oliveira, sobretudo este último, jovens de 21 e 22 anos que até então o seguiam com enorme coragem. Tinha ordens do governador para comandar a retirada dos índios, mas não as cumpriu. Foi também advertido por Duarte Gomes para não enfrentar os holandeses, caso os avistasse, pois os tapuias aliados do flamengo não deixariam nenhum inimigo vivo. Isto é o que nos conta o autor das *Memórias diárias*, onde se encontra a descrição mais detalhada da batalha da Paraíba, pelo lado português.[2]

Se Manoel de Moraes enfim se mancomunou com Duarte Gomes para entregar-se ao holandês, incluindo seus guerreiros, ou se temeu pelo destino de todos, dele e dos índios, caso caísse nas mãos de Artichewski, é impossível saber com precisão absoluta.

Joannes de Laet, pelo lado holandês, mencionando nos *Anais dos Feitos* a conquista da Paraíba, não hesitou em dizer que o "Padre Manoel de Moraes" veio "ter com os nossos". E, mais precisamente, escreveu que Manoel de Moraes era jesuíta que "exercia a maior autoridade sobre todos os selvagens daquela região e passou voluntariamente para os nossos".[3]

Francisco Ferreira, que exercia o reitorado do colégio de Pernambuco, não teve dúvida de que tinha sido caso de traição. Em carta de 12 de abril de 1635, informou que Manoel se tinha metido "com o inimigo, pondo uma bandeira de paz, podendo muito bem fugir, pois tinha cavalo, o que fez por se poder ir desta província e recear porventura o que suas faltas mereciam".[4]

O fato é que o limite entre a rendição e a traição de Manoel nesses momentos finais da guerra paraibana é quase invisível. Ou bem ele se rendeu e, ato contínuo, traiu, ou bem traiu e depois se rendeu. Dá quase no mesmo, pois Manoel de Moraes logo se passou aos holandeses e levou com ele os índios que comandava, aderindo todos ao conquistador. No mínimo salvou a própria vida e logo vislumbrou novos horizontes.

Anos depois, sob novo cerco, desta vez inquisitorial, Manoel deu versão totalmente diferente para esse derradeiro episódio da guerra paraibana, dizendo que, nos últimos momentos, o governador lhe havia dado ordem para trazer os índios da aldeia de Gararaca (Eguararaca), próxima ao engenho de Antônio Valadares, e juntá-los ao gentio que comandava. E, regressando, afirmou ter encontrado o mesmo Valadares e Martim Soares em rota de fuga com os soldados, os quais lhe teriam assegurado que os índios estavam a salvo no engenho. Ali chegando, de fato não encontrou seus índios cativos, mas se viu "ele próprio cercado entre inimigos e se entregou por não mais poder" resistir aos contrários. Rendeu-se ao major Alexander Picard, um dos principais oficiais de Artichewski, e com ele seguiu para o Recife, à frente de seus índios.

Manoel de Moraes se passou para o lado holandês, o que mereceu de Duarte de Albuquerque a lamúria seguinte: "E o que não se pode deixar de dizer com grande sentimento é que também o padre Manoel de Moraes com um lenço em um pau foi render-se ao inimigo; tão esquecido das obrigações de sua profissão…".[5] Profissão de fé jesuíta, é claro, abandonada por Manoel no acordo que fez com os holandeses.

De todo modo, é preciso muita cautela na avaliação das motivações que levaram à rendição de Manoel de Moraes, em especial o cuidado para não interpretá-la unicamente à luz de sua conduta posterior. É preciso considerar as circunstâncias do momento, a derrota consumada, o cerco iminente, o exemplo de muitos que fugiam ou se bandeavam para o conquistador, uns para conservar suas fazendas, outros para aumentá-las, muitos para não perder a vida nas mãos do coronel polonês com fama de degolador.

O mais provável é que Manoel de Moraes, diante de tantas derrotas e deserções, tenha combinado com o ressentido Duarte Gomes da Silveira sua rendição a Artichewski. O que não significa desconsiderar totalmente a alegação posterior de Manoel para os inquisidores, segundo a qual Antônio de Valadares e Martim Soares Moreno o haviam abandonado à própria sorte para que enfrentasse sozinho o cerco final no engenho. Martim Soares não tolerava o jesuíta metido a capitão.

Manoel de Moraes foi um dentre muitos que se renderam aos holandeses, passando a lhes prestar valiosos serviços nas guerras pernambucanas. É o fato de ter sido jesuíta de valor reconhecido, que ainda por cima pegou em armas como "capitão", o que torna o caso verdadeiramente excepcional.

Mas vale encerrar a queda da Paraíba citando uma explicação, ainda que muito simples, que o autor das *Memórias diárias* deu para esta e outras deserções nas guerras pernambucanas. "Tais efeitos (as deserções), como estes referidos, e outros que referiremos, foram causados pela dilação com que se socorreu o Brasil, e o fazer-se lenta aquela guerra."[6] Não chega a ser uma explicação completa nem suficiente. É, contudo, pertinente, criteriosa e, sobretudo, animada pela busca de uma interpretação geral.

10. A traição do jesuíta

A conquista holandesa da Paraíba não significou uma inflexão apenas na vida de Manoel de Moraes, como é óbvio, mas sinalizou, mais amplamente, uma mudança de rumos nas relações entre os conquistadores e os colonos. Não desapareceram os saques e matanças, pois a guerra de conquista ainda prosseguiu alguns anos mais, se é que algum dia terminou. Mas foram formalizados alguns termos de convivência pacífica. Ou menos beligerantes.

Os primeiros sinais desse ânimo por parte dos diretores da WIC surgiram ainda em 1632, por ocasião da tomada de Igarassu, quando os holandeses divulgaram manifesto aos proprietários de plantações e moradores de Pernambuco, prometendo-lhes, em caso de rendição, respeito à propriedade, liberdade de consciência e redução de impostos. Contudo isso não foi mais que um precedente, sem grande efeito prático.

Mais sólido foi o acordo feito na Paraíba, em janeiro de 1635, cuja tradução para o português Francisco Adolpho de Varnhagen, principal historiador brasileiro do século XIX, encontrou apenso a um requerimento feito por Duarte Gomes da Silveira.

O dado curioso, que vale mencionar entre parêntesis, é que, segundo Varnhagen, o documento aparece pessimamente redigido, numa "linguagem tão estrangeirada que faz supor que haveria sido mal traduzido do holandês", quem sabe a mando de Duarte Gomes.[1]

O documento proclamava a garantia de paz e justiça contra quaisquer inimigos; assegurava a propriedade e a proteção aos negócios, franqueando salvo-condutos para os que necessitassem viajar por mar ou terra; mantinha os impostos em vigor, sem aumentá-los; isentava os moradores e seus filhos da obrigação de servir em armas "contra forças vindas da metrópole"; garantia o direito de recorrerem a tribunais do lugar contra os próprios governantes e, ainda, de terem juiz segundo as leis e ordenações portuguesas; admitia o direito de usarem armas para a defesa contra salteadores e amotinados; reconhecia a liberdade de consciência e de culto com a devida proteção às imagens e sacerdotes.

Vale destacar a garantia da liberdade de culto, que procurava eliminar o conflito religioso presente desde o início da guerra, em especial o saque das igrejas e a destruição das imagens de santos pelos holandeses. Este é um ponto do acordo que preconizou, sem dúvida, a política de tolerância religiosa praticada por Maurício de Nassau no seu longo governo, entre 1637 e 1644, sem a qual a relativa estabilidade por ele alcançada seria inviável.

O acordo admitia, portanto, a permanência de padres seculares e regulares nos domínios da WIC no Brasil, de modo a que não lhes faltasse o alimento espiritual a que estavam acostumados, renunciando-se a qualquer conversão forçada ou perseguições em matéria de fé. No entanto, o bispo do Brasil, d. Pedro da Silva e Sampaio, condenou este acordo na Bahia com máxima veemência e ordenou que todos os membros do clero católico abandonassem imediatamente o território conquistado pelos hereges. Talvez estivesse o bispo dando ouvidos a Matias de Albuquerque que, do seu

Arraial, percebeu muito bem o alcance contemporizador dessa medida, em prejuízo da resistência, como sugeriu Charles Boxer, um dos maiores especialistas na história do Brasil holandês.[2]

Seja como for, a Mesa da Consciência e Ordens, em Lisboa, órgão encarregado desses assuntos, desautorizou o bispo, em despacho de 5 de setembro de 1635, e a Coroa confirmou essa decisão em carta régia de 17 de outubro do mesmo ano.

O clero católico pôde, assim, permanecer nos domínios flamengos, com a única exceção dos jesuítas que, na prática, eram sistematicamente deportados quando caíam prisioneiros, sendo logo enviados para Bahia, Portugal, Espanha ou Índias de Castela, com estágio na Holanda, conforme o caso e as circunstâncias. Os holandeses não queriam saber de jesuítas em seus domínios, no mínimo porque tencionavam desenvolver uma política de missionação calvinista, fosse por razões religiosas, fosse para cimentar alianças com os índios essenciais para seus interesses. Em uma palavra, a Companhia das Índias e a Companhia de Jesus não poderiam ocupar o mesmo espaço, no entender dos diretores comerciais e espirituais da empresa flamenga.

Também os jesuítas, por seu turno, achavam o mesmo e retaliaram o acordo de "liberdade de consciência", logo em maio de 1635, seguindo a linha do bispo da Bahia. O provincial inaciano, Domingos Coelho, não perdeu tempo e deu ordem para que os religiosos da Companhia de Jesus abandonassem o território ocupado pelo holandês, decisão mantida mesmo depois que a Coroa desautorizou o bispo, apoiada na Mesa da Consciência, em outubro do mesmo ano. Militantes da Contra-Reforma, os inacianos se recusavam a compartilhar a vida com hereges.

Mas nem todos. Manoel de Moraes, jesuíta outrora valioso para a catequese e na luta contra o conquistador, estaria então numa encruzilhada dificílima, quem sabe na iminência de ser deportado, não fosse ter passado para a condição de aliado dos

Manoel de Moraes foi acusado de vestir-se como soldado holandês, após a rendição da Paraíba, entre 1634 e 1635

holandeses. Da situação de cativo para a de colaborador, bastou a Manoel dar somente um passo, se é que já não o havia dado quando se rendeu a Artichewski, em dezembro de 1634, com o lenço branco amarrado num pau.

É certo que passou preciosas informações aos holandeses sobre os aldeamentos existentes nas capitanias conquistadas e por conquistar, permitindo-lhes melhorar e corrigir as informações que possuíam a partir da *Memória* de Adriaen Verdonck, datada de 1630, ou de outros informantes. Conhecedor do mundo indígena, sabia nomear e localizar as aldeias, muitas vezes seus principais chefes e, ainda, seu potencial de guerra. Eram informações frescas de quem conhecia o assunto como ninguém, e mais tarde foram registradas em detalhe no livro de Joannes de Laet sobre a guerra pernambucana.[3]

Manoel de Moraes informou aos holandeses que havia seis aldeias na Paraíba e outras tantas no Rio Grande, até então sujeitas aos portugueses, mas acrescentou que estavam todas muito enfraquecidas pelos ataques dos holandeses e tapuias. Não podiam dispor juntas senão de oitocentos guerreiros e sua população total seria de 3 mil pessoas.

Na Paraíba, nomeou a aldeia de Jaraguaçu ou Eguararaca, chefiada por Francisco Araduti, distante quatro léguas (24 quilômetros) da cidade, por terra, e sete léguas (42 quilômetros) rio acima, sendo o caminho fluvial o mais freqüentado; a aldeia de Jacknigh, assim grafada pelo holandês, provavelmente a São Miguel de Urutagui, uma légua (6 quilômetros) adiante da primeira, cujo chefe era João Javarati; a aldeia de Iapuã ou Iguapuã, no Pontal, a cinco léguas (trinta quilômetros) do forte de Santo Antônio, chefiada por Francisco Cavaraia; a aldeia de Tapoa ou Urecutuva, com seu chefe Francisco Gopeka, distante cerca de dez léguas (sessenta quilômetros) da cidade, na altura das cabeceiras do rio Paraíba, próxima ao engenho de Antônio Valadares, onde Manoel se havia "rendido" aos holandeses; a aldeia de Inocoça ou Jaocoça, a quatro léguas (24 quilômetros) da cidade da Paraíba, no caminho de Goiana, em Pernambuco, chefiada pelo índio Diogo Botelho; a aldeia de Pindaúna, liderada por Manibassu, a seis léguas (36 quilômetros) da cidade da Paraíba, na mesma direção de Goiana.

No Rio Grande, Manoel nomeou as aldeias de Mopebi ou Paraguassu, ambas entre o Rio Grande e Cunhaú, acrescentando que estavam unificadas, embora mantivessem seus próprios capitães, respectivamente Antônio de Ataíde e Francisco Vaibitari; a de Iguapa ou Iguapera, na outra banda do Rio Grande, sete léguas (42 quilômetros) ao norte do forte dos Reis Magos, cujo chefe era o capitão Feliciano; a de Pirari, a duas léguas (doze quilômetros) de

Cunhaú, chefiada por André Carurare; a de Viajana ou Goacana, a sete léguas (42 quilômetros) de Cunhaú, para o lado do Rio Grande, liderada por Francisco Jakuina; a de Itaipi, sete léguas (42 quilômetros) a oeste do forte dos Reis Magos, cujo chefe era o capitão Itaichama.

Quanto às aldeias de Pernambuco e Itamaracá, informou Manoel que se mantinham vigorosas, pois não haviam sido muito flageladas na guerra, podendo dispor de cerca de 3 mil índios para combate. Indicou, porém, somente seis aldeias, três para cada capitania. No caso de Itamaracá, nomeou a aldeia de São João de Carrese, a onze léguas de Itamaracá (66 quilômetros) e a duas (doze quilômetros) de Goiana, chefiada por Guatasar de Souza, que contava com seiscentos habitantes, dos quais duzentos guerreiros; a aldeia de Santo André de Itapecerica, distante nove léguas (54 quilômetros) de Itamaracá, cerca de duas (doze quilômetros) de Goiana, 1200 a 1300 habitantes, mais de quinhentos guerreiros e dois capitães, a saber, Joressi e Melchior Taiasica; a aldeia de Tabuçurana ou Nossa Senhora da Assunção, a sete léguas (42 quilômetros) de Itamaracá, cinco (trinta quilômetros) de Goiana, seiscentos habitantes, 180 guerreiros, comandada por Marco ou Maru Kuyasana.

No caso de Pernambuco, nomeou Mocnigh, assim grafada em holandês, na realidade Muçuí, ou São Miguel de Muçuí, aldeia onde Manoel havia assistido e conhecia como a palma da mão, distante sete léguas (42 quilômetros) de Olinda, na qual moravam índios potiguaras e tabajaras, os primeiros capitaneados por Felipe Camarao, os segundos por Estêvão, chamado em tupi de Tebu, seiscentos habitantes no total, dos quais 170 "bons mosqueteiros"; a aldeia de Caeté ou Nossa Senhora de Ipojuca, distante doze léguas (72 quilômetros) de Olinda, 1100 almas, quatrocentos guerreiros, chefiada pelos capitães Jerônimo (Jerona, em tupi) e por Topinambouto, também conhecido por Serenibe; a aldeia de

São Miguel de Iguna, a vinte léguas (120 quilômetros) de Olinda, na costa, rumo ao São Francisco, seiscentos habitantes, duzentos guerreiros, tendo por chefes Manuel (em tupi Manu), potiguar, e João (Jani, em tupi), tabajara.

As informações de Manoel de Moraes foram extensas, detalhadas e preciosas, embora incompletas. Diferem, em número, das informações oferecidas por Serafim Leite,[4] nem tanto para o Rio Grande e Paraíba, onde este último nomeou cinco aldeias, contra seis de Manoel, do que para Pernambuco, onde o historiador inaciano localizou dez, provavelmente incluindo as de Itamaracá, contra seis aldeamentos referidos por Manoel de Moraes. Quanto aos nomes das aldeias, alguns coincidem, outros não.

Mas é preciso considerar que Serafim Leite baseou-se nos relatórios anuais (as Cartas Ânuas) e catálogos da Companhia, enquanto Manoel de Moraes possuía um conhecimento empírico, seja como ex-missionário, seja como capitão de emboscada. Seu registro pode ter sido incompleto em alguns aspectos, porém mais preciso em outros, como no tocante ao local das aldeias, seus pontos de referência, os caminhos, potencial militar, os nomes de cada chefe, por vezes o nome português e o nome tupi. Em suma, um tesouro de informações para a conquista holandesa.

As informações dadas por Manoel aos holandeses estiveram certamente incluídas no acordo que fez com Artichewski após a queda da Paraíba. Trabalho impecável de espião ou informante, para dizer o mínimo, porque Manoel fez com que várias dessas aldeias mudassem de lado.

Nesta mesma linha de colaboração, Manoel foi consultado sobre as chances holandesas de conquistar também a Bahia, em 1635, depois de interceptada uma carta do governador Diogo Luís de Oliveira, em que dizia estarem as fortalezas baianas incapazes de qualquer resistência. Essa é uma informação preciosa, que não consta de nenhuma denúncia, nem poderia. Foi o próprio Manoel que, por descuido, contou o fato aos inquisidores, anos depois, numa vã tentativa de mostrar que usara sua proximidade com os holandeses para ajudar os portugueses, e não para prejudicá-los.

Os atos de colaboração de Manoel foram tão assintosos que correu o rumor, ainda em 1635, de que havia escrito um livro "dos portos e partes do Brasil" para proveito dos holandeses, o qual, ainda por cima, continha opiniões contrárias à fé católica. Sem dúvida houve nisso algum exagero e muita confusão, ainda que, depois de transferido para a Holanda, Manoel viesse a fornecer mais subsídios valiosos para o governo da WIC no Brasil.

Em contrapartida, a maioria das denúncias que contra ele constam dos papéis inquisitoriais não deixa a menor dúvida de que Manoel não se limitou a dar informações militares ou a servir de mediador entre holandeses e índios, senão que passou em pessoa para o lado holandês. Muitos viram de perto a metamorfose do jesuíta e outros sabiam de sua conduta por rumor público, coisa que na época tinha enorme valor, ainda que houvesse intrigas no caso.

Da leitura desses papéis, pode-se seguramente dizer que, depois de preso na Paraíba, Manoel de Moraes foi enviado ao Recife e passou a viver como capitão holandês. Muitos o viram no Recife vestido como "framengo", portando terçado ou adaga, circulando entre soldados holandeses com "traje de gente militar", chapéu e roupa secular de grã, como disse um delator. Manoel passou a usar o vistoso uniforme escarlate dos soldados holandeses.

Garboso e cheio de si, Manoel não trazia mais a tonsura que sempre tinha usado, mesmo quando lutava contra os holandeses na defesa da capitania, senão cabelo comprido e barba crescida. Já na aparência, nosso Manoel achou por bem mudar de identidade, assumindo a estampa do vencedor holandês. Tornou-se um guerreiro mameluco à holandesa. Nessa transformação identitária, fez questão de se despojar completamente dos traços que o ligavam ao passado inaciano recente.

Assim, também se lançou aos prazeres do sexo, para escândalo dos jesuítas, ele que, na verdade, desde o tempo de capitão de Matias de Albuquerque, andava de chamegos com índias. Ninguém menos que o provincial Domingos Coelho tratou do assunto, em carta dirigida ao padre geral Múcio Vittelleschi, datada de 28 de agosto de 1635. Domingos Coelho informou que havia requerido a dispensa de Manoel antes mesmo de este cair prisioneiro dos holandeses, pela "má fama que dele corria em matéria de sexto".[5] O tal "sexto" era o sexto mandamento ("Não fornicarás"), vale lembrar, logo sexo. Um *t* a mais ou a menos, neste particular, não faz a menor diferença.

Se Manoel, depois de passar aos holandeses, continuava a se deitar com as índias ou se passou a fazê-lo também com as prostitutas holandesas que já chegavam ao Recife, para deleite dos soldados, eis algo impossível de saber. É possível que se deitasse com todas. De todo modo, Recife se havia transformado num "grande e imenso bordel", nas palavras de Leonardo Dantas, recebendo numerosos "carregamentos de mulheres perdidas". Algumas se tornaram famosas, como Cristianazinha Harmens; Maria Roothaer (Maria Cabelo de Fogo); Sara Douwaerts (a senhorita Leiden); Elizabeth, a *Admirael*. Até mesmo certa *Chalupa Negra* andou animando as noites do Recife naquele tempo.[6]

Manoel, pelo visto, caiu na noite do Recife, meteu-se com os soldados que, para arriscarem diariamente a vida na guerra, "queriam gozar à rédea solta os seus dias de folga".[7] Mas sua transformação foi mais profunda. Nessa verdadeira metamorfose, embora não conhecesse (ainda) a língua holandesa, andou freqüentando cultos calvinistas no meio da soldadesca da WIC. Assim foi visto por alguns e a fama se espalhou.

Frei Antônio Caldeira, religioso que havia assistido no convento de Nossa Senhora da Graça, em Olinda, foi um dos que deu detalhes da metamorfose que tomou conta de Manoel, embora mal lhe conhecesse, senão por "padre Moraes". Testemunha privilegiada esse frei, pois esteve preso no Recife no tempo em que lá esteve Manoel vestido como militar. Contou frei Antônio que, em certa ocasião, alguns soldados holandeses lhe provocaram, apregoando a superioridade da "seita de Calvino" e dando como exemplo Manoel de Moraes, homem letrado e religioso, que havia percebido o erro da fé católica. E, mais, contou que logo foi procurar o padre Moraes para persuadi-lo a abandonar esta "cegueira", mas desistiu, ao vê-lo com uniforme holandês. Deve ter ouvido poucas e boas de nosso Manoel, pelo que contou outra testemunha, dizendo ter sido notório, naqueles anos, que Manoel de Moraes tentou convencer um religioso, exatamente frei Antônio, a abandonar o catolicismo e abraçar o calvinismo, para o que usava seu próprio exemplo, admitindo que estivera errado em crer na fé católica, porque a boa era a religião de Calvino.

Padre Manoel de Passos, jesuíta que servia em Penedo, no rio São Francisco, além de confirmar que o ex-padre andava vestido de secular, informou que Manoel de Moraes instigava o gentio contra os portugueses e passou a negar a adoração da cruz e das imagens católicas.[8]

Pelo visto, considerando esses testemunhos, Manoel de Moraes, embora conhecesse mal o calvinismo, não somente parecia adotá-lo como tentava fazer proselitismo entre os prisioneiros portugueses, inclusive religiosos.

A Companhia de Jesus perdeu completamente a paciência com Manoel de Moraes, logo em 1635, à vista de tantos escândalos, a ponto de o provincial Domingos Coelho expulsar Manoel da Companhia de Jesus por este contrariar vários artigos das constituições inacianas.

Padre Domingos já havia se aborrecido além da conta, no seu segundo provincialato (1632-1638), sabendo que Manoel se tornara capitão do gentio na luta de resistência e pecava no sexto mandamento. Mas passar para o lado holandês era demais! Padre Domingos, que havia sido prisioneiro dos holandeses quando da invasão da Bahia, em 1625, ficava desesperado ao saber de cada novo feito de Manoel a favor dos holandeses.

Além de lastimar o dano que causava à imagem da Companhia de Jesus, a traição de Manoel era uma decepção pessoal. Conhecera Manoel de perto, no seu primeiro provincialato (1621-1628), quando este ainda era estudante no Colégio da Bahia. E vale lembrar que padre Domingos chegou a admirar tanto suas qualidades que o levou consigo para Pernambuco, confiando-lhe o governo da aldeia de São Miguel, em 1623, antes mesmo de Manoel fazer o quarto e último voto da Companhia de Jesus. A decepção de Domingos Coelho era imensa com a deserção do missionário promissor no qual havia confiado tanto. Por isso não se cansava de falar no assunto, irritado, segundo contou ao Santo Ofício padre Rafael Cardoso, também jesuíta, denunciando Manoel.

Ainda assim, até o último minuto tentaram os jesuítas convencer Manoel a deixar os holandeses, como relatou Francisco Ferreira, ex-reitor do colégio pernambucano, escrevendo ao padre geral Vitelleschi, em 1635. Informou que havia enviado três cartas a Manoel, pedindo-lhe que voltasse para o lado português. Todas ficaram sem resposta.[9]

Manoel não só ignorava o apelo de seus antigos companheiros como dava demonstrações explícitas de sua nova opção. Há testemunhos de que Manoel escarnecia de prisioneiros e ostentava com soberba seu novo estado e a companhia dos holandeses, chegando mesmo a proclamar, para os próprios portugueses, orgulhoso, que agora era súdito do príncipe de Orange.

Depoimento importante neste particular, pois informa sobre a mistura entre heresia e traição, foi o do carmelita Tomás de Alagre, já mencionado no início deste livro, o mesmo que descreveu Manoel como "alto, magro, preto e feio". Além das acusações habituais que muitos fizeram a Manoel, frei Tomás contou que, estando o ex-jesuíta na Paraíba almoçando na casa do "governador holandês Carpintel" (Servatius Carpentier, membro do Conselho Político), com uns vinte holandeses e outros portugueses que se haviam passado ao lado vencedor, comeu descaradamente carne numa quinta-feira de Endoenças. Na ocasião, foi repreendido por nosso velho conhecido de oitenta anos, ninguém menos que Duarte Gomes da Silveira, o mesmo que tramara com Artichewski e com o próprio Manoel para render a Paraíba. Duarte Gomes advertiu Manoel, no tal almoço, para que fizesse como ele e os demais portugueses e comesse queijo e azeitonas, "para não dar mau exemplo de si, que até os holandeses o haviam de caluniar".

Duarte Gomes sabia diferenciar heresia e traição: uma coisa era passar-se para o lado holandês, tratar e comer com eles; outra bem diferente, e a seu ver inaceitável, era desafiar as interdições alimentares do calendário católico. Mas nosso Manoel não estava mais preocupado com tais sutilezas e respondeu a Duarte que o deixasse em paz, porque "queria viver como aqueles homens". Frei Tomás admitiu que não presenciou o encontro, nem estava neste almoço, mas dele sabia pelo próprio Duarte Gomes em pessoa.

Manoel namorava a heresia, nesse tempo, mas se casara mesmo com a traição. O fato de andar vestido de militar holandês, com chapéu na cabeça e adaga de prata em punho ou embainhada, não era casual, a julgar por outros testemunhos que asseveraram que o ex-padre combatia ao lado dos holandeses contra os católicos, liderando índios, como sempre.

Um dos que o acusaram ainda em 1635, denunciando o caso ao bispo da Bahia, d. Pedro da Silva, foi frei Belchior dos Reis, 34 anos, religioso de São Francisco. Acusou Manoel de lutar contra os portugueses, baseado no que lhe haviam dito Francisco Serrano, sargento-mor do Terço de Portugal, e d. Pedro Souto Maior, ambos prisioneiros dos holandeses. O mesmo disse o padre Frutuoso de

Miranda, português de Braga, assegurando ser de pública fama que Manoel de Moraes andava como capitão dos índios pelo lado holandês, chefiando assaltos contra os portugueses. Padre Manoel de Passos ainda carregou nas acusações, informando que, segundo lhe dissera o capitão Antônio Botelho, Manoel de Moraes apregoava que havia de matar a todos os inimigos, no caso os portugueses católicos.[10]

Mas o melhor testemunho da traição de Manoel, pela riqueza de detalhes, partiu do padre secular Manoel Dias, natural de Pernambuco, que servia nas Alagoas, datado de 3 de dezembro de 1636, na casa do bispo da Bahia, d. Pedro da Silva.

Manoel Dias contou que, além de vestir-se como militar e passar-se à "seita de Calvino", apostasiando do catolicismo, Manoel de Moraes convocara índios para atacar os católicos, tudo isso "depois de o Arraial perdido". E disse mais, que querendo os holandeses mandá-lo como adjunto de certa investida contra um lugar chamado Mobica, Manoel se insurgiu, dizendo que desejava ser enviado como capitão, "e que veriam como a nenhum português dava vida". Prometeu nada menos que matar a todos em combate. Mas, se Manoel foi guerrear nessa expedição, seguiu como adjunto, não como capitão, pois o depoente asseverou que não lhe deram o posto, por não se fiarem completamente dele.

Ninguém parecia mais confiar em Manoel de Moraes. Nem Matias de Albuquerque, nem os jesuítas, nem os colegas traidores da Paraíba, como Duarte Gomes, nem mesmo os holandeses aos quais Manoel então servia, pois temiam que mudasse de lado outra vez. Nosso homem era mesmo camaleônico e escorregadio.

E seja como for, houve muita controvérsia nesta primeira fase de Manoel de Moraes entre os holandeses, particularmente quanto ao tipo de auxílio que de fato lhes prestou nas guerras pernambucanas, além das informações militares, e por quanto tempo permaneceu no Brasil antes de passar-se à Holanda, onde chegou ainda em 1635.

Na cronologia que o próprio Manoel apresentou mais tarde aos inquisidores, fora ele enviado ao Recife logo depois de cativado pelos holandeses, onde permaneceu somente dois meses, e depois embarcado para a Holanda, com breve escala na Paraíba. Neste caso, sua permanência no Brasil depois de sua rendição a Artichewski, em 30 de dezembro de 1634, não teria ido muito além de abril de 1635, considerando que a imprecisão quanto a datas exatas era comum na época, sobretudo quando as pessoas falavam de si, da idade que tinham, de quando havia ocorrido tal ou qual fato.

De todo modo, a cronologia apresentada por Manoel para seu percurso entre a rendição na Paraíba e a chegada em Amsterdã é, a princípio, intrigante. Nossa história entra aqui numa zona cinza, onde as datas aparentemente não se encaixam e colidem com pelo menos três depoimentos.

O primeiro é o de frei Belchior dos Reis, franciscano, 34 anos, capelão da Armada Real, que acusou Manoel em 18 de junho de 1635, depondo nas casas do bispo, na Bahia, e seu testemunho sugere que Manoel ainda estava em Pernambuco nessa altura, lutando ao lado dos holandeses. O segundo depoimento é o do padre Frutuoso de Miranda, datado de 30 de agosto de 1635, que segue a mesma linha. O terceiro é o do padre secular Manoel Dias, trinta anos, homem que conhecia nosso personagem como "padre Moraes", não privava de sua companhia, mas o tinha visto pelejar, como capitão dos índios, nas lutas da resistência. Sabia, porém, por fama pública, que o mesmo passara a lutar pelos holandeses, depois de perdido o Arraial, e ainda reivindicou ser capitão em certa expedição holandesa.

A se confiar em tais depoimentos, sobretudo o do padre Manoel Dias, Manoel de Moraes não teria partido para a Holanda em abril de 1635, senão alguns meses mais tarde, pois o Arraial do Bom Jesus somente caiu nas mãos de Artichewski em 8 de junho de 1635. O depoimento de frei Belchior dos Reis e o do padre Frutuoso de Miranda confirmariam essa hipótese, pois sugerem que, entre junho e agosto de 1635, Manoel ainda lutava pelos holandeses contra os católicos. Mas os três registros são enganosos quanto às datas, embora verídicos quanto aos fatos.

A favor da cronologia de Manoel há o já citado testemunho do carmelita frei Tomás de Alagre que, narrando o almoço na Paraíba onde nosso homem comeu carne na quinta-feira santa, disse que o tal almoço ocorrera no ano em que os holandeses conquistaram a Paraíba. É claro que se referiu a 1635, embora o grosso da vitória holandesa ali tenha ocorrido em dezembro de 1634. Se for o caso de aceitar essa informação de frei Tomás, Manoel deixou Pernambuco em abril de 1635, conforme ele mesmo diria depois aos inquisidores. Na escala paraibana, almoçou com os holandeses e traidores portugueses na casa do "governador flamengo" numa quinta-feira santa que, no ano de 1635, caiu exatamente no dia 5 de abril.

Reforça essa hipótese o depoimento de d. José de Soto, natural de Toledo, trinta anos, capitão que também foi prisioneiro dos holandeses, deportado para a Bahia. Esse capitão também depôs nas casas do bispo, em 28 de agosto de 1635, e, em meio às acusações a Manoel, disse saber que ele já estava, então, nas partes da Holanda. O mesmo vale para o depoimento do padre Manoel de Passos, que também depôs em 28 de agosto.

Um quarto depoimento que não consta do processo inquisitorial, senão de um memorial escrito pelo irlandês Bernard O'Brien, cujo teor será examinado em outro capítulo, dá informação segura de que Manoel de Moraes se encontrava em Amsterdã na segunda quinzena de junho de 1635.

Enfim, há documentos jesuíticos que dão um xeque-mate nesta história. Em carta datada de 12 de abril de 1635, Francisco Ferreira informava ao padre geral Múcio Vitelleschi que Manoel já tinha embarcado para a Holanda.[11] Portanto, o reitor do colégio pernambucano ficou a par do assunto apenas uma semana depois da viagem de Manoel! O provincial Domingos Coelho não tardou a saber da má nova, e disso informou a Matias de Albuquerque, em carta de 14 de maio do mesmo ano, acrescentando as providências tomadas para expulsar o traidor da Companhia de Jesus.[12]

Tudo parece indicar, portanto, que pelo menos com relação à cronologia de sua passagem à Holanda Manoel não mentiu aos inquisidores. No mais, o que contou no Santo Ofício sobre sua presumida "deportação" é de todo inverossímil, para dizer o mínimo. Falou que tudo foi muito sofrido, muitos achaques, muita fome (!), maus-tratos, perseguições. Manoel estava no papel dele, jogando para ver se conseguia livrar-se das acusações ou, quando menos, das piores penas. Fazia parte do seu jogo, como réu, mentir, dissimular, embaralhar dados, acusar os possíveis acusadores, embora o Santo Ofício estivesse sempre atento aos fingimentos e embustes. Era o papel dos inquisidores descobri-los.

Manoel procurou, sem dúvida, esconder dos inquisidores o quanto havia auxiliado os holandeses até ser transferido para a Holanda, mas não chegou a encurtar seu tempo de permanência no Brasil para atenuar sua colaboração, como pode sugerir a colisão entre as datas de alguns depoimentos. Neste caso, o padre Manoel Dias se equivocou ao dizer que Manoel de Moraes ainda lutava pelos holandeses depois da queda do Arraial, pois, se assim fosse, não poderia estar na Holanda no mesmo mês de junho. A viagem durava cerca de dois meses, às vezes mais. Também se enganou, pela mesma razão, frei Belchior dos Reis, ao sugerir que Manoel ainda lutava pelos holandeses em 18 de junho.

Manoel de Moraes era astuto e capaz de mudar de posição muitas vezes com grande rapidez. Era mesmo capaz de servir a dois senhores simultaneamente, como mais tarde veremos. Mas estar em dois continentes ao mesmo tempo era demasiado. Isso era atributo de santos, segundo diziam as hagiografias. Não era o caso de Manoel.

Esclarecido esse ponto, pode-se dizer em resumo que, depois de rendido na Paraíba, Manoel de Moraes não só prestou valiosas informações aos holandeses, como mediou a aliança entre eles e várias aldeias indígenas, chegando mesmo a pegar em armas contra os portugueses.

Todavia essa atuação militar de Manoel foi curta. Seja porque ele andou ambicionando postos mais elevados, seja porque os holandeses não o queriam como capitão do gentio, por desconfiarem de sua lealdade no aperto das batalhas, os diretores da WIC preferiram transferi-lo para a Holanda. Quem sabe o próprio Manoel não postulou essa transferência, desejoso de subir na vida como conselheiro da WIC na metrópole.

Foi na Holanda que recebeu o comunicado de que estava expulso da Companhia de Jesus, provavelmente em junho, pois disso começara a tratar o provincial Domingos Coelho ainda em maio de 1635. E não deixa de causar espanto a reação de Manoel ao saber da expulsão, em especial sua insistência para que fosse expressamente notificado dela (o que foi feito), bem como sua perplexidade diante de medida tão radical. Chegou a dizer, quiçá cinicamente, que "não tinha feito coisa por onde o merecesse"!

O certo, porém, é que o papel que se reservou a Manoel de Moraes a partir de 1635 foi o de consultor, sendo especialmente valioso para a WIC ter em seus quadros um jesuíta renegado. Jesuíta que havia abandonado o catolicismo em favor do calvinismo.

De sorte que Manoel deixou o ofício de capitão de índios e reassumiu sua função de letrado, agora não mais ao serviço da Companhia de Jesus, mas da Companhia das Índias. Partiu para Amsterdã pouco depois da Semana Santa de 1635, em abril deste ano, e inaugurou nova fase na sua carreira de traidor. Ficasse mais tempo no Brasil, arriscaria terminar como o famoso Domingos Fernandes Calabar, emblema da traição aos portugueses nas guerras pernambucanas, a julgar pela sentença que se aplicou ao Calabar: garroteado e esquartejado em 22 de julho de 1635.

Manoel e Calabar foram, na verdade, cada qual a seu modo, estrelas de uma constelação de traidores ou colaboradores que vale examinar mais de perto, ampliando-se em um grau nossa escala de observação.

11. Calabar, patriarca dos traidores

Domingos Fernandes Calabar tornou-se, como disse, o emblema da traição nas guerras pernambucanas e motivo de grande discussão entre os historiadores brasileiros. No século XIX, a maioria dos que tratavam dessas guerras apontou a vileza de Calabar que, com sua traição, fez cair por terra a defesa da capitania liderada por Matias de Albuquerque. Mais tarde, no século XX, relativizou-se a traição de Calabar, que quase virou herói, por ter combatido os colonizadores lusitanos. Mas, evidentemente, não ocuparemos o leitor esmiuçando essa controvérsia sobre se Calabar foi homem vil, ao trair, ou mártir, por ter sido executado pelos portugueses.

No balanço da crônica de guerra, sobressai um contraste interessante: a traição de Calabar é muito relatada, não raro com detalhes, pelos autores luso-brasileiros, e pouco mencionada pelos cronistas do lado holandês, que, em geral, o mencionam como guia de expedições. Possível sinal de que sua atuação custou muito caro aos portugueses, embora vista com certo distanciamento pelos holandeses. Mas essa é uma impressão muito superficial, talvez inexata, como veremos.

Domingos Fernandes era mulato, segundo a maioria dos cronistas, filho natural da negra Ângela Álvares com português desconhecido, nascido em 1609 na vila alagoana de Porto Calvo, que então pertencia a Pernambuco. Alguns, porém, nele viram um mameluco, o que permite supor que a negra Ângela Álvares, sua mãe, na verdade era "negra da terra", como muitas vezes eram referidos os índios no Brasil. A exemplo de Manoel de Moraes, conhecia bem a língua tupi e muitíssimo bem a região, as picadas e atalhos das matas, talvez mais que o nosso jesuíta. Francisco Varnhagen, que sempre detestou os "traidores do Brasil", reconheceu valor e astúcia em Calabar, nele vendo "o mais prático em toda aquela costa e em terra que o inimigo podia desejar".[1]

Calabar foi desses que se engajaram na resistência tão logo desembarcaram os holandeses, sendo, por suas qualidades indiscutíveis, capitão valioso de Matias de Albuquerque nas guerrilhas partidas do Arraial do Bom Jesus. Foi mesmo ferido, em 14 de março de 1630, na defesa do Arraial.

Não obstante, desertou de forma surpreendente em 20 de abril de 1632, quando os combates estavam mais ou menos empatados, os holandeses com o domínio do Recife, Olinda e seus arredores, os portugueses controlando o resto, mas incapazes de expulsar o inimigo. É controvertida a motivação que teve Calabar para se apresentar voluntariamente ao holandês. Alguns afirmam que fugia da condenação por crimes comuns, do que tratou frei Manoel Calado, no seu *Valeroso Lucideno*, repetido nisto por outros cronistas, dizendo que Calabar temia ser preso e duramente castigado por ordens do provedor André de Almeida, acusado de furtos graves contra a fazenda do rei.[2]

Versão diferente se pode encontrar no relato de Cuthbert Pudsey, o inglês que, como vimos, era fã do coronel Artichewski e lutou pelos holandeses até 1640. Foi dos raros cronistas do lado holandês a tratar um pouco mais de Calabar, contando que desertou porque tinha estuprado uma mulher em Camaragipe e ainda lhe havia cortado a língua para que não falasse a ninguém do ocorrido.³

Mas tudo isso é muito vago e não encontra apoio factual consistente. Esse estupro e mutilação mencionado por Pudsey, não fosse a mulher de família importante, dificilmente seria motivo suficiente para punir Calabar, sobretudo em tempo de guerra, salvo se a vítima fosse de família importante. Estupros e mutilações ocorriam diariamente na guerra pernambucana, como nas guerras européias da época, e Calabar era homem valioso para a resistência contra os holandeses. Matias de Albuquerque não abriria mão do melhor conhecedor das matas pernambucanas por causa de um crime que, naquele tempo, era considerado menor, quase banal. Nem tampouco admitiria que o punissem, logo a ele, Calabar, por furtos à fazenda do rei, sendo tão comum a rapinagem no Arraial do Bom Jesus. Se é que Calabar fez tal furto, o que é possível, e pode ser que tenha alegado isso a Manuel Calado, seu confessor *in extremis* e autor do *Valeroso Lucideno* já mencionado.

De modo que, sem qualquer juízo de valor, é preciso dizer que Calabar traiu mesmo os portugueses ao se apresentar ao Alto Comando holandês. Provavelmente avaliou que a balança da guerra pendia mais para os holandeses e, como tantos outros, queria tirar alguma vantagem de seus talentos. Calabar não foi o primeiro a fazer essa passagem, mas foi o mais importante nessa altura dos acontecimentos. Exímio conhecedor da língua geral (o que reforça a hipótese da origem mameluca), aprendeu logo o holandês e prestou serviços inestimáveis à WIC. Basta ler a crônica da guerra para constatar a importância que lhe atribuíam Waerdenburgh, que o tomou como virtual conselheiro militar, em 1632, e os coronéis Sigismund von Schkoppe e Cristoffel Artichewski, a partir de 1634, mobilizando-o para diversas frentes de combate.

É espantoso como Calabar parece ter sido decisivo em grandes batalhas defensivas ou ofensivas, atuando como guia, flanqueando o inimigo ou na linha de frente, inclusive em batalhas navais, a partir de 1632. Calabar é sempre mencionado pelos cronistas nas campanhas de conquista de Itamaracá, em abril de 1633, e do Rio Grande, em dezembro do mesmo ano, bem como na tomada da Paraíba, em dezembro de 1634.

A exemplo de Manoel de Moraes, Calabar também passaria ao calvinismo, do que há prova no batismo de seu filho com Ana Cardosa na igreja reformada, em 20 de setembro de 1634, presentes Servatius Carpentier, um dos líderes do Conselho Político do Recife, Von Schkoppe e Artichewski, os mais graduados militares da WIC no Brasil. Calabar estava no auge de seu prestígio, que o governo holandês premiaria mesmo depois de sua execução, concedendo pensão de oito florins por mês a cada um de seus filhos, a rogo da viúva. Não era grande coisa essa pensão, mas merece registro por indicar o reconhecimento holandês a seu capitão mulato ou mameluco.[4]

Sua desgraça ocorreu por acaso, depois da perda do forte Nazaré pelos portugueses, no Cabo de Santo Agostinho, no início de julho de 1635, o que fez Matias de Albuquerque refugiar-se em Serinhaém e ordenar, em seguida, uma épica retirada, pois tinha Von Schkoppe no seu encalço. A única saída que encontrou para recobrar as forças foi tomar Porto Calvo, nas Alagoas, favorecido por estar no forte, entre os holandeses, um certo Sebastião Souto, espécie de espião duplo. Servia aos holandeses, mas mantinha Matias de Albuquerque informado de tudo. Ao major holandês Alexander Picard, o espião assegurou que a força era suficiente para a defesa, não o sendo, o que deu um jeito de informar a Matias de Albuquerque. O resultado foi a vitória mais ou menos rápida dos portugueses, que negociaram com os vencidos, permitindo que seguissem em paz, deixando as armas e tudo o mais na praça conquistada.

Mas houve exceções nesse acordo, pois entre os holandeses estavam o judeu-português Manuel de Castro, almoxarife da povoação, e Domingos Fernandes Calabar. O major Picard bem que tentou negociar o salvo-conduto também para Calabar, embora a maioria dos cronistas afirme que não pôs grande empenho nisso, mais preocupado em salvar sua vida e a da maioria de seus homens.

O judeu Manuel de Castro foi logo enforcado num cajueiro, e Calabar submetido a uma junta por crime de alta traição. Decidiu-se que o castigo de seus crimes deveria ficar à mercê do rei, resolvendo-se, ato contínuo, que Matias era o legítimo representante da Coroa espanhola ali. E, assim, Calabar foi logo condenado à forca e depois esquartejado como traidor, aleivoso à sua pátria e a seu rei, "e por muitos males, agravos, furtos e extorsões que havia feito aos moradores de Pernambuco".

Frei Manuel Calado foi chamado para a última confissão do condenado e ouviu de Calabar, durante horas, não apenas a confissão de seus pecados, mas informações sobre vários crimes alheios, incluindo colaborações de outros portugueses com o inimigo holandês. Segundo Manoel Calado, Calabar chegou a dizer que "muito sabia e tinha visto naquele material e que não eram os mais abatidos do povo os culpados". Manoel Calado não registrou as minúcias do que disse Calabar na sua crônica posterior, para evitar romper por escrito o segredo da confissão sacramental. Mas tudo indica que o rompeu oralmente, pois foi logo depois contar a Matias de Albuquerque "algumas coisas pesadas" que ouvira do condenado, ao que Matias respondeu que não se falasse mais nisso para "não se levantar poeira da qual se originassem muitos desgostos e trabalhos".

Calabar foi executado sumariamente. Nem lhe deram a chance, como de costume se fazia, de um último pronunciamento. À vista dessas evidências, o historiador Evaldo Cabral de Mello não teve dúvida em afirmar que a execução de Calabar, sobretudo do modo como ocorreu, em grande parte foi o que hoje chamamos de *queima de arquivo*. "A verdade", diz Evaldo, "é que sua execução não se deveu apenas ao colaboracionismo, mas igualmente ao conhecimento que adquirira dos contatos comprometedores mantidos por pessoas gradas da capitania com as autoridades neerlandesas."[5]

Deram logo o garrote a Calabar e o "fizeram em quartos", pendurando cada parte num pau da povoação e a cabeça num quinto pau, e logo se mandaram de Porto Calvo, conscientes de que não teriam como defender a praça naquele momento. Quando Artichewski chegou a Porto Calvo e viu os pedaços e a cabeça de Calabar fincados nos paus, ficou enfurecido e deu ordem para massacrar todos os moradores das redondezas, o que só não ocorreu por mediação de frei Manoel Calado, que fez ver às autoridades holandesas o desatino daquela decisão.

Calabar, patriarca dos traidores na guerra pernambucana, terminou garroteado e, depois de morto, decapitado, esquartejado e exposto na Porto Calvo em que nascera. Manuel de Moraes, que havia saído de Pernambuco não fazia muito tempo, decerto não ficaria impune se caísse nas mãos de Matias de Albuquerque.

12. Desertores & colaboradores

Na altura em que Calabar foi executado, a resistência pernambucana estava em frangalhos. Desde o avanço final contra a Paraíba, quando não antes, a euforia tomou conta da Companhia das Índias e dos especuladores de Amsterdã. Gonsalves de Mello nos conta que os mais frenéticos chegavam a empenhar boas somas, apostando em qual dia cairia tal ou qual praça, o forte de Nazaré, o Arraial, Serinhaém, apostas devidamente registradas em cartório. As vitórias holandesas viraram motivo de jogatina, enquanto a queda da resistência, forte por forte, se tornava questão de dias.[1]

O triunfo holandês ficaria completo com a chegada do quase mitológico conde Maurício de Nassau-Siegen, alemão, que veio como governador ao Brasil em 23 de janeiro de 1637. Mal pôs os pés na terra e já se tomou de amores pelo Brasil, dizem alguns, ele que, em sua primeira carta aos diretores da WIC, logo no mês seguinte, escreveu, em francês, que o país era *"un de plus beaux du monde"* [um dos mais belos do mundo]. Apaixonado ou não pelo Brasil, Nassau, o "príncipe humanista", que também era militar de excelente currículo, logo estendeu o domínio holandês ao São Francisco, ainda em fevereiro de 1637, fundando o forte Maurício nas proximidades de Penedo, após saquear o vilarejo. Em novembro seria a vez de Sergipe del Rei; em dezembro a conquista do Ceará, rico em sal e âmbar; e anos depois, em novembro de 1641, conquistaria também o Maranhão. Foi por pouco que não conquistou a Bahia, em 1638, à frente de uma esquadra de trinta navios, 3600 soldados e mil índios tapuias. Mas, nesse caso, fracassou. O maior jesuíta português do século XVII, Antônio Vieira, atribuiria num sermão a tenaz resistência baiana a santo Antônio, ele mesmo, em pessoa, defensor da cidade na sua "trincheirinha" sagrada.[2]

Neste ocaso da resistência, e bem antes que Nassau pusesse os pés na terra brasílica, Matias de Albuquerque foi chamado de volta a Portugal, com breve passagem pela Bahia, substituído por um oficial espanhol veterano nas guerras da Flandres, d. Luís de Rojas y Borgia. Famoso comandante que, no entanto, não fez muito melhor que o seu antecessor. Nassau, por seu turno, governaria Pernambuco até 1644, correspondendo seu governo ao auge do Brasil holandês.

O colapso total da resistência pernambucana foi matéria de reflexão para os contemporâneos, alguns dos quais deixaram por escrito, em crônicas, o que julgavam ter sido a causa da derrota. Diogo de Albuquerque, como vimos, atribuiu a derrota e as freqüentes traições à demora com que a Espanha enviou reforços aos resistentes.[3] Frei Manoel Calado, por sua vez, pôs a culpa nos índios tapuias e potiguaras, neles vendo "a causa e o principal instrumento de os holandeses se apoderarem de toda a capitania de Pernambuco e de a conservarem por tanto tempo".[4] O insigne frei parece ter se esquecido, no entanto, de que os potiguaras também lutaram na resistência luso-brasileira desde o início da guerra, liderados por homens como Martim Soares Moreno e Manoel de Moraes.

A disputa por Pernambuco foi uma "guerra do açúcar". Muitos senhores de engenho passaram para o lado holandês para preservar seu patrimônio. Outros fugiram para a Bahia.

Houve mesmo um oficial espanhol, Andrés Marin, citado por Evaldo Cabral de Mello, que atribuiu à malta de mestiços, "pícaros da terra", a derrota da resistência, provavelmente inspirado no exemplo de Calabar, mas não somente nele.[5] Houve quem acusasse os cristãos-novos de facilitar a conquista holandesa desde a tentativa de assalto à Bahia, em 1624, sem que haja prova conclusiva desse apoio organizado, por mínima que seja. Mas o apoio cristão-novo ao holandês era uma crença mais ou menos generalizada na época, bastando citar o poema de Lope de Vega, "El Brasil restituído", louvando a resistência portuguesa na Bahia, em 1625. Nessa peça, um personagem cristão-novo dizia ser "*mexor entregarnos a Olandeses que sufrir que portugueses nos traten con tal rigor*".[6]

Na realidade, o "quintacolunismo", na expressão de Evaldo

Cabral de Mello, foi bem amplo e abrangeu diversos grupos indígenas, alguns escravos fugidos que lutaram pelo holandês nas primeiras batalhas, mamelucos e mestiços (os "pícaros da terra", nas palavras de Andrés Marin), além de alguns cristãos-novos e muitos cristãos-velhos, inclusive "principais da terra". Alguns conhecidos, outros ocultos, como os mencionados por Calabar em sua confissão *in extremis*, cujos nomes e atos Matias de Albuquerque não deixou divulgar, para evitar "desgostos e trabalhos".

Se fosse nomeá-los aqui, um a um, com breve ementa do que fizeram, ocuparia dezenas de páginas e o elenco de traidores ainda assim ficaria incompleto. Mas, desde logo, é preciso cuidado na qualificação de tais atitudes, porque se muitos foram traidores notórios, pois passaram ao holandês depois de terem lutado na resistência, outros mal passaram de desertores. E muitos foram somente colaboradores dos holandeses ou se tornaram amigos deles, sobretudo depois da conquista consolidada. Houve, pois, diferentes graus de adesão ao vencedor.

Gaspar Dias Ferreira é caso que convém destacar, pois aderiu ao holandês logo em 1630 e ainda por cima era cristão-novo. Lisboeta nascido em 1595, vivia no Brasil desde 1618, aonde chegou como "comerciante português" e, segundo frei Manoel Calado, que odiava Gaspar, foi o primeiríssimo, com mulher e filhos, a se bandear para o holandês. Acabou muito próximo de Maurício de Nassau, ocupando cargo na Câmara dos Escabinos de Olinda, na qual tinham assento representantes holandeses e luso-brasileiros, e de Mauritsstadt, a cidade Maurícia, entre 1637 e 1640. Ficou à frente da construção da ponte entre Recife e Mauritsstadt, assessorou o príncipe em vários assuntos, como na expedição de 1638 à Bahia, e sugeriu, entre outras coisas, o prêmio de 1800 florins, em 1637, a quem capturasse Felipe Camarão ou Sebastião do Souto (o espião duplo que, em 1635, facilitou a Matias de Albuquerque tomar Porto Calvo e prender Calabar). Prêmio altíssimo, se comparado, por exemplo, com os oito florins por filho que os holandeses concederam à viúva de Calabar, em 1635.

Muito citado na bibliografia sobre o Brasil holandês, este Gaspar Dias Ferreira enriqueceu magnificamente no período nassoviano, tornando-se dono de pelo menos dois grandes engenhos de cana-de-açúcar em Muribeca, na vizinhança do Cabo de Santo Agostinho. Apoderou-se, também, dos bens do mosteiro de São Bento, na Paraíba, incluindo bois, cavalos, escravos, sob a alegação de que os frades lhe tinham feito doação de tudo, ao partirem da capitania. E também se apoderou das terras dos conventos franciscano e carmelita da mesma capitania, bem como das terras que pertenciam a Antônio de Albuquerque, governador da capitania quando os holandeses a conquistaram, em 1634.

Quando Nassau deixou Pernambuco, em 1644, Gaspar acompanhou seu protetor para a Holanda e recebeu atestado de súdito do príncipe de Orange, naturalizando-se, por assim dizer, holandês. No entanto, a despeito de tudo, mantinha correspondência com Lisboa, parte da qual, para azar de Gaspar, seguia num barco que veio a ser capturado por piratas muçulmanos, caindo nas mãos de um judeu de Argel, e dali foi para Amsterdã.

Gaspar foi preso em outubro de 1645 e por pouco não acabou condenado à morte, embora tenha perdido a "cidadania holandesa", condenado a pagar a elevada multa de 30 mil florins, a prestar trabalhos forçados por sete anos e, por fim, ao banimento. Só não cumpriu a pena por ter escapado espetacularmente da cadeia, donde fugiu para Portugal, sendo muito bem recebido em Lisboa. Deu preciosos conselhos aos embaixadores de d. João IV no imbróglio diplomático Portugal-Holanda dos anos 1640 e, apesar da "nódoa de sangue judeu", foi agraciado com o hábito de Cavaleiro da Ordem de Cristo na década de 1650.

Gaspar Dias Ferreira foi autor do famoso insulto contra João Fernandes Vieira, de quem era rival, chamando o líder da insurreição pernambucana de "pérfido mulato", o que não o impediu de escrever ao próprio João Fernandes, mais tarde, solicitando nomeação como seu representante em Lisboa.[7]

João Fernandes Vieira, por sua vez, oferece outro grande exemplo de colaboração com os holandeses. O futuro mestre-de-campo do Terço de Infantaria de Pernambuco e supremo comandante da "guerra da liberdade divina" chegou pobre a Pernambuco, entre 1620 e 1627, vindo da ilha da Madeira, onde nascera. Filho natural do português Francisco de Ornelas com mulher de "condição humilde e talvez de cor" (a "benfeitinha"), nas palavras de seu biógrafo,[8] João Fernandes também foi dos primeiros voluntários na resistência pernambucana, alistando-se logo em 1630 nas fileiras de Matias de Albuquerque. Participou de várias batalhas com grande empenho, do mesmo modo que Manoel de Moraes e Domingos Calabar, não sendo improvável que tenham lutado juntos contra os holandeses, pelo menos até 1632, quando desertou Calabar, e 1634, quando se rendeu o jesuíta.

Para encurtar este exemplo célebre, João Fernandes seria daqueles que preferiu ficar com os holandeses, em vez de emigrar, convencido da vitória iminente dos conquistadores. Começou sua nova carreira como feitor do engenho do holandês Jacob Stachouwer, de quem se tornaria sócio e procurador, em 1638, e pouco a pouco, graças à sua crescente proximidade com Maurício de Nassau, adquiriu terras e engenhos dentre os confiscados aos principais da resistência, que Nassau pôs em leilão, tornando-se um dos mais ricos senhores de Pernambuco, além de membro da Câmara dos Escabinos da Cidade Maurícia, entre outros privilégios. Sua riqueza alcançou nada menos do que cinco engenhos, imensa escravaria, bois, cavalos, canaviais, jóias, tudo graças ao largo crédito que lhe concedeu a WIC. As cifras mencionadas nos documentos em que João Fernandes tentou negociar suas dívidas são espantosas: quase meio milhão de florins, para uns, mais de 300 mil florins, para outros, foi o que chegou a dever a particulares e à própria Companhia. Era o segundo maior devedor da WIC e, para alguns, o primeiro.

As estreitas relações de João Fernandes com os holandeses, entre 1637 e 1644 – relações políticas, comerciais e mesmo pessoais –, possuem evidências empíricas tão indiscutíveis que me permito arrematar este caso citando um documento apócrifo, que o Conselho Ultramarino português viria a examinar, em janeiro de 1647, cujo título é: "Relação verdadeira do alevantamento de Pernambuco e do governo dele". Referia-se a relação, simplesmente, ao prestígio de que João Fernandes desfrutava entre os flamengos e a enorme dívida que com eles havia contraído, sendo esta "a principal causa do seu alevantamento".

Para sustentar a escolha aqui feita desses dois colaboradores que enriqueceram no período holandês, vale citar nosso frei Manoel Calado, também conhecido como frei Manoel dos Óculos, que destacou exatamente aqueles dois, entre os que "privavam muito com o Príncipe Maurício de Nassau", embora reserve para João Fernandes os maiores elogios, e para Gaspar, as maiores execrações. Para frei Manoel Calado, João granjeava sua vida e a amizade dos holandeses "com dispêndio da própria fazenda", enquanto Gaspar "só tratava do próprio interesse e de fazer ricos os holandeses à custa da fazenda e sangue dos moradores".[9] Intrigas, ressentimentos, cumplicidades, ódios.

Frei Manoel dos Óculos apenas se esqueceu de dizer, nesta passagem, que o terceiro melhor amigo luso-brasileiro de Nassau era ele mesmo. Alentejano de Vila Viçosa, nascido em 1584, frei Manoel Calado era religioso da Ordem de São Paulo dos eremitas da Serra d'Ossa, nas cercanias de Évora, e chegou ao Brasil na década de 1620. Também foi combatente da resistência, assim como seu outro desafeto, Manoel de Moraes, chegando a chefiar 75 homens, sendo dez mulatos e seis negros crioulos, todos com armas de fogo. Frei Manoel Calado não deixou, porém, de cuidar de seu ofício espiritual, a exemplo da última confissão que ministrou a Calabar, nem muito menos da política, alertando Matias de Albuquerque sobre o perigo que todos corriam se Calabar contasse o que sabia de traidores portugueses. Antes da conquista holandesa, frei Manoel Calado já era homem de algumas posses: uma pequena propriedade e 25 escravos, bens devidamente aumentados depois que se aproximou do conde Maurício.

Não causa nenhum espanto, portanto, que tenha ele sofrido muitas denúncias, a começar pelas que lhe fizeram na Bahia, feitas ao bispo d. Pedro da Silva, em 1640, dizendo que era público e notório que Manoel Calado andava com holandeses e que até defendia a superioridade da "seita de Calvino em relação à santa fé católica". Exagero desses acusadores, devo dizer, porque frei Manoel Calado era dos que mais zelavam, no plano espiritual, pela sobrevivência do catolicismo sob o domínio holandês, além de convencer muitos cristãos-novos portugueses que haviam apostasiado a regressarem à lei de Cristo. Encontrei vários casos desse tipo nos papéis do Santo Ofício, onde a atuação de frei Manoel Calado foi decisiva na reconversão dos apóstatas. Mas que frei Manoel andava mesmo com os calvinistas, disso não resta dúvida.[10]

Frei Manoel Calado ambicionava mesmo era se tornar vigário-geral ou bispo de Pernambuco sob domínio holandês, sempre com a proteção de Nassau, e por isso foi implacavelmente desautorizado pelo bispo da Bahia, d. Pedro da Silva, que contra ele instruiu processo. A Inquisição de Lisboa não considerou, porém, que Manoel Calado fosse herege, e penso que com razão. Manoel Calado foi um autêntico colaborador, nada além disso, mas se manteve fiel ao catolicismo e denunciou muitos ao Santo Ofício, incluindo Gaspar Dias Ferreira, por judeu, e o próprio Manoel de Moraes, por calvinista e traidor. A Inquisição não considerou Manoel Calado suspeito de heresia por faltarem evidências de desvios religiosos, embora sobrassem as de colaboração com o holandês.

Assim como frei Manoel Calado, outros religiosos foram denunciados ao Santo Ofício por cumplicidade com os holandeses e até por aderirem ao calvinismo, de sorte que Manoel de Moraes não estava só na sua escolha.[11] Frei Antônio Caldeira, que nos idos de 1640 denunciaria Manoel de Moraes, acusando-o de tentar convencê-lo a seguir o calvinismo no Recife, foi delatado por muitos de ter feito exatamente o que lhe havia aconselhado o ex-jesuíta. Diziam uns que frei Antônio recomendava a amizade com os holandeses, sob risco de excomunhão, além de vender salvo-condutos. Acusavam outros que frei Antônio negava que os holandeses fossem hereges, que lia a "Bíblia herética" e dizia "que se não havia de adorar mais que a um só Deus, e não a Nosso Senhor e a outros santos", porque adorar mais que a um só Deus era idolatria.

Salvo improvável homonímia, frei Antônio parece ter seguido os conselhos de Manoel de Moraes, inclusive nos atos de colaboração com os holandeses, porque também disso foi acusado. Chegou a ser preso por ordens do bispo, que ainda o acusou de ter mandado matar o homem que o havia prendido! É possível que tenha escapado da prisão na Bahia e regressado a Portugal, pois estaria entre os denunciantes de Manoel de Moraes em 1640. A Inquisição, de todo modo, não procedeu contra frei Antônio Caldeira.

Outro padre colaborador foi Belchior Manoel Garrido, acusado de obstar o trabalho de padres em proveito de seu poder paroquial, tudo com o apoio dos holandeses; de estropiar os sacramentos da Igreja, ministrando-os sem licença e em lugares impróprios; de negociar seu ofício por dinheiro ou galinhas, casando pessoas sem dispensa de impedimentos, enterrando hereges na sua igreja e muitos outros desvios.

Vale acrescentar que bebia muito com os holandeses e se metia com as prostitutas holandesas do Recife, varando a madrugada. Em certa ocasião, discutindo com uma flamenga por causa de dinheiro, imagine-se a razão, dela levou "umas porradas", assim consta no documento. E foram tantas as porradas que ficou "inchado do rosto com nódoas". Padre Belchior causava escândalo, sem dúvida, mas não passava de um oportunista que tirava pequenas vantagens, aqui e ali, ancorado nos holandeses, além de ser "grande amigo do vinho". João Fernandes mandou prendê-lo, em agosto de 1645, desconfiado dos padres que andavam com os holandeses no início da "guerra divina". Mas o Santo Ofício não considerou as culpas "bastantes para o delato ser preso" e por isso não lhe moveu processo.

Esses são apenas alguns exemplos de religiosos que, de diferentes modos, se integraram ao domínio holandês e transgrediram as normas da Igreja de Roma. Mas nenhum deles chega aos pés de Manoel de Moraes, que soube conjugar como ninguém a traição e a heresia. Nem mesmo Antônio Caldeira, com suas frases desatinadas contra os santos. Nem, muito menos, padre Belchior, amigo dos holandeses, do vinho, da noite e das flamengas. E, quanto a frei Manoel Calado, talvez o religioso que mais se infiltrou na corte nassoviana, longe esteve de aderir ao calvinismo. Frei Manoel Calado era um grande intrigante e colaborador dos holandeses, ao menos durante o governo de Nassau e até o início da guerra restauradora, em 1645. Mas herege ele nunca foi. As acusações que se lhe moveram neste terreno são vagas e inconsistentes.

Vale terminar, portanto, este capítulo, com o depoimento de Manoel Calado contra Manoel de Moraes, na Inquisição, em 23 de abril de 1647. Acusou-o, como muitos outros, de ter se passado com seus índios aos holandeses, largando o hábito religioso, tomando o de secular e ajudando os inimigos na guerra contra os portugueses cristãos. Acrescentou, porém, sendo o único a dizer isto, que Manoel de Moraes havia causado tanto mal aos portugueses que, se não fosse ele, nunca os holandeses teriam entrado "pela terra dentro", fazendo o "mal que têm feito".

Causa estranheza que frei Manoel Calado não tenha posto isso no seu *Valeroso Lucideno*, escrito quase à mesma época, embora tenha feito algumas alusões a Manoel de Moraes. Mas, seja como for, é no depoimento secreto do frei que alcançamos o que ele realmente pensava da traição de Manoel de Moraes. Traição decisiva, e nisso frei Manoel Calado se mantinha coerente com sua explicação de que a causa da derrota portuguesa residia no apoio dos índios aos holandeses.

Exagero de frei Manoel Calado, para quem, no balanço da guerra, Manoel de Moraes havia sido mais traidor do que Domingos Fernandes Calabar, o patriarca deles. Na verdade, cada um traiu a seu modo e a seu tempo.

13. O fantasma de Manoel

Frei Manoel Calado exagerou, portanto, ao jogar nas costas de Manoel de Moraes a culpa pela derrota portuguesa nos anos 1630. Mas não foi o único religioso a carregar contra ele nessa época. Religiosos de outras ordens (carmelitas, capuchos) não esperariam muito tempo para denunciá-lo à Inquisição, como veremos adiante.

Mas nada se compara à lamúria dos próprios jesuítas. Acima de todos, o provincial Domingos Coelho, que havia apostado muito, como vimos, no potencial de Manoel de Moraes. Também padre Rafael Cardoso, ex-procurador da Companhia de Jesus, denunciaria Manoel à Inquisição, em 1640. O mesmo vale para o padre Francisco Ferreira, ex-reitor do Colégio de Pernambuco, religioso que acompanhou o percurso de Manoel de missionário a capitão do gentio, e daí a traidor dos portugueses.

Francisco Ferreira escreveu várias cartas ao padre Múcio Vitelleschi, geral da Companhia de Jesus em Roma, lastimando a conduta de Manoel de Moraes. Numa delas, escrita em Pernambuco, com data de 24 de junho de 1635, chegou a acrescentar um *post-scriptum* tratando da ida de Manoel de Moraes para a Holanda, realçando o dano que sua dissidência causou aos portugueses e à própria imagem da Companhia de Jesus.[1]

Este mesmo religioso daria testemunho precioso sobre a tragédia que se abateu sobre os padres com as sucessivas derrotas dos portugueses no Brasil, especialmente sobre os deportados, como ele próprio, em carta ao mesmo Múcio Vitelleschi, enviada de Antuérpia em 26 de setembro de 1636, depois de liberado pelos holandeses.[2]

Padre Francisco deu conta das misérias por que passaram os jesuítas presos na Holanda, entre fomes e cárceres. Seu grupo de exilados contava com dezessete padres, pois quatro tinham sido enviados às Índias de Castela. Poucos sobreviveram. Padre Manuel Tenreiro e o irmão Francisco Martines morreram na travessia. Irmão Pedro Álvares morreu na Zelândia, cego. Irmão Antônio Luiz morreu em Amsterdã, também cego. Ao todo dez padres ou noviços sucumbiram nesse percurso.

Mas o que mais lastimava padre Francisco eram as conseqüências do exílio dos jesuítas, isto é, ficarem os índios "em poder dos hereges, pela ruim doutrina que podem dar", desfazendo o trabalho de quase um século de catequese inaciana. E, nesse ponto, a "perdição e ignomínia" de Manoel de Moraes não podiam passar sem registro. Francisco Ferreira o criticou abertamente, mas atribuiu a quebra do "vínculo e observância religiosa" à invasão holandesa, em geral, mais do que à conduta particular deste ou daquele personagem.

Ele mesmo, Francisco Ferreira, não viveria muito mais tempo, falecendo no Colégio de Santander, na Espanha, antes de realizar seu plano de voltar ao Brasil.

A traição de Manoel de Moraes ainda iria assombrar muito mais a vida dos jesuítas no Brasil, anos depois das vitórias holandesas, enquanto ele mesmo, Manoel, vivia na Holanda granjeando a vida a serviço da WIC.

Assim foi em 1640, ano em que os conflitos entre colonos e jesuítas, nas capitanias do Sul, chegaram a um ponto dramático. O pomo da discórdia, como sempre, era o controle da população indígena, que os inacianos pretendiam evangelizar, e os colonos escravizar. E o estopim foi a divulgação, no Rio de Janeiro, de um breve do papa Urbano VIII, contendo o anátema que Paulo III havia lançado, em bula de 1537, contra os que ousassem escravizar os índios. A bula de Paulo III tencionava proteger os índios do Peru, no século XVI, mas o breve de Urbano VIII deu maior amplitude a essa proteção, resultando da pressão dos jesuítas junto à Cúria Romana e à corte de Madri.

Ao saberem da ameaça de excomunhão, caso cativassem, vendessem ou simplesmente usassem o serviço dos índios, os moradores do Rio de Janeiro foram no encalço dos jesuítas, sitiaram o convento inaciano aos gritos de "fora com os padres da Companhia!" e "mata os padres da Companhia!". O episódio repercutiu em Santos, São Vicente e sobretudo São Paulo, com graves conseqüências para os jesuítas.

No caso do Rio de Janeiro, foi possível alguma acomodação, graças ao recuo dos padres, mas em São Paulo a negociação encruou. Os "paulistas", que faziam grande carreira como apresadores de índios, resistiram a qualquer acordo, e os jesuítas foram expulsos no episódio conhecido com a "Botada fora dos padres". Somente em 1653 os jesuítas conseguiriam retornar à capitania.

O fantasma de Manoel de Moraes marcou presença nessas contendas. Padre Francisco Carneiro, que seria provincial dos jesuítas em 1645, estava no Rio de Janeiro quando estourou a rebelião contra os inacianos por causa do breve papal. E, no meio das escaramuças entre padres e colonos, viu-se obrigado a responder ao libelo do procurador da Câmara, Manoel Jerônimo, que, para desqualificar os jesuítas, usou como exemplo a conduta de Manoel de Moraes em Pernambuco, anos antes. Com grande ironia escreveu o procurador

[...] do que fazem os Índios doutrinados pelos Reverendos Padres seja exemplo as Aldeias que doutrinaram na Capitania de Pernambuco, que todas, sem ficar nenhuma, com o Padre Morais, seu doutrinante, se deitaram com o dito rebelde Holandês, apostando seu caudilho, causa de tão grandes misérias, quais têm padecido os miseráveis cristãos Portugueses nas ditas partes.[3]

Manoel Jerônimo não aliviou na crítica, ironizando "o exemplo de lealdade e cristandade" que dava o gentio de Pernambuco doutrinado pelos "reverendos padres", destruindo a vida dos portugueses a ponto de o próprio holandês se desculpar pelos massacres cometidos por tais índios. Um exagerado esse Manoel Jerônimo, mas seu libelo dá bem a idéia do preço que os jesuítas pagaram, seja nas capitanias do Norte, seja nas do Sul, pela traição de Manoel de Moraes.

Padre Francisco Carneiro respondeu como pôde a esse libelo, realçando o engajamento dos índios aldeados na guerra de resistência pernambucana e destacando a liderança de muitos capitães indígenas, assistidos por padres da Companhia, na defesa de Pernambuco, Paraíba e Rio Grande – o que era mesmo verdade. Mas Francisco Carneiro não tinha como defender a dissidência de Manoel de Moraes, limitando-se a dizer que tudo era falsidade e calúnia de quem procurava "desacreditar a Companhia da Província do Brasil, desacreditando e odiando seus filhos e doutrina e ministérios, que exercitam com os Índios, com tanta glória de Deus e serviço de Sua Majestade".[4]

Em São Paulo, onde o conflito foi mais dramático, os "paulistas" fizeram libelos semelhantes, usando Manoel de Moraes como modelo para desqualificar os jesuítas. É o que consta no documento redigido pelos procuradores das câmaras de São Paulo, Santos, Paraíba e outras vilas locais, no qual os jesuítas são acusados de tudo e Manoel de Moraes denunciado por apostasiar

Trecho da carta do padre Francisco Ferreira, em 12 de abril de 1635, dirigida ao padre geral Vitelleschi, em Roma, resumindo algumas traições de Manoel de Moraes.

e desertar na guerra pernambucana. O único detalhe curioso reside na confusão do nome: chamaram-no de Francisco (o nome de seu pai) e não de Manoel.⁵ Em 25 de junho de 1641, registrou-se na ata:

> um padre de sua mesma ordem [jesuítas], religioso professo, sacerdote e pregador que governava as aldeias de índios de Pernambuco, por nome Francisco [sic] de Moraes, ao qual eles haviam constituído por capitão e governo dos mesmos índios em a guerra de Pernambuco contra os holandeses, se rebelou e lançou com o inimigo, levantando guerra contra os nossos, assim ele com os mesmos índios, fazendo incontáveis danos e mortes, do que procedeu a ruína de Pernambuco, por serem os índios muitos em quantidade, e por remate se fez apóstata e foi casar na Holanda.⁶

Noutro documento da Câmara de São Paulo, datado de 27 de julho de 1641, os jesuítas, de maneira geral, foram tratados como "traidores da pátria", sendo inspiração de tal juízo a traição de Manoel de Moraes. Enfim, ainda em 1641, mandaram os paulistas ao rei d. João IV memorial justificativo da expulsão dos jesuítas da capitania e outra vez Manoel de Moraes foi exposto como exemplo do dano que causavam ao Brasil, e dessa vez identificado com o nome certo. Consta do memorial, à certa altura, que:

> chegou a ponto seu desaforo [dos holandeses] que, de todas as aldeias que naquele tempo havia [em Pernambuco], não ficou índio e gentio que com o inimigo se não exaltasse, e com eles o Padre Manoel de Moraes, seu doutrinante, que os induziu e persuadiu a cometerem tal insulto, fazendo-se o maior apóstata que tem hoje a Igreja de Deus, sendo com isso causa e origem de se matar muita multidão de homens, mulheres casadas e principais exemplos de virtude e castidade.⁷

Os paulistas, nesse memorial ao rei, insistiram nessa fórmula pela qual Manoel de Moraes era "o maior herege e apóstata que a Igreja de Deus tem nos dias de hoje", responsável direto pela morte de milhares de inocentes, homens, mulheres, crianças, "às mãos dos hereges e tapuias". E compararam Manoel de Moraes a outro jesuíta do mesmo jaez, Cristovão Ferreira, que apostasiou em 1633 e acabou se casando com uma japonesa!

O provincial Domingos Coelho parece ter previsto tudo isso. Em carta a Matias de Albuquerque, datada de 14 de maio de 1635, dizia temer que o péssimo exemplo de Manoel de Moraes fosse no futuro invocado para degradar toda a Companhia de Jesus, como de fato ocorreu, razão pela qual decidiu expulsar o traidor.[8]

O exemplo de Manoel de Moraes não tardaria a repercutir na própria política da Companhia de Jesus quanto à admissão de mestiços que, doravante, seriam cada vez mais tolhidos. Afinal era Manoel um "mameluco paulista", modelo do principal inimigo dos padres no Brasil. Por isso, e pelo que havia feito em Pernambuco, Manoel começou a ser visto como uma espécie de "cavalo de Tróia" da Companhia, o que fortaleceu a posição dos contrários ao ingresso de mestiços em seus quadros.

O "maior apóstata e herege da Igreja de Deus", como disseram seus conterrâneos paulistas, estava, porém, longe desse imbróglio, saboreando na Holanda o gosto da própria traição.

14. A vanglória do traidor

A ressonância da traição de Manoel de Moraes foi gigantesca, daí a importância do caso. Houve muitos, porém, que cruzaram a fronteira das lealdades de maneira mais silenciosa. Soldados católicos que lutavam pelo holandês passaram às tropas luso-brasileiras, fosse por razões de fé, fosse pelo atraso nos soldos. Soldados calvinistas abandonaram sua fé para esposarem mulheres da terra em igrejas católicas. Portugueses católicos casaram-se com mulheres calvinistas. Judeus-portugueses, embora protegidos pelos holandeses, viraram espiões dos portugueses na guerra de Restauração. Cristãos-novos abandonaram o catolicismo para ingressar na sinagoga do Recife.

Há informação sobre todo tipo de trânsito, alguns bem documentados, outros mais discretos, sem contar os casos ilustres de colaboração desabrida, como os de João Fernandes, frei Manoel dos Óculos ou Gaspar Dias Ferreira.

Este é o nosso enredo, o nosso contexto: um emaranhado de cumplicidades e deslealdades no qual nosso Manoel acabou inserido, assim como outros, embora seja o caso de sublinhar, uma vez mais, a singularidade do seu percurso, sendo jesuíta que lutou pelos holandeses e adotou o calvinismo.

Conhecemos de perto a maior parte de suas ações pelas fontes inquisitoriais e pela correspondência jesuítica, dado que a crônica da guerra é muito acanhada nas referências ao nosso personagem. No caso da documentação inquisitorial, apesar da riqueza das informações, sempre se poderá discutir sua credibilidade, lembrando que os acusados estavam sob forte pressão ou que inimigos se aproveitavam da desgraça alheia para intrigar os desafetos junto aos inquisidores. É verdade, o que não invalida de modo nenhum o valor da informação presente na documentação inquisitorial, desde que analisada com a devida cautela.

Não custa nada, porém, observar outro tipo de fonte, que se não chegou a esmiuçar a traição de Manoel de Moraes, oferece, *en passant*, notícia preciosíssima. Refiro-me ao *Memorial* do irlandês Bernard O'Brien, documento depositado no *Archivo General de Índias*, em Sevilha.

O próprio O'Brien é figura tão espetacular que merece comentário à parte, sem que percamos o fio da meada. Bernard O'Brien, irlandês, mal havia completado dezessete anos, em 1621, quando seguiu para o Amazonas a serviço dos holandeses na companhia de Francisco ou Henrique Ro, ex-companheiro de Francis Drake e Walter Raleigh, grandes corsários ingleses. Antes, portanto, do primeiro ataque ao Brasil, em 1624, os holandeses estavam de olho comprido na América portuguesa ou espanhola, tanto faz, pois era tempo de União Ibérica, e as linhas do antigo Tratado de Tordesilhas estavam embaralhadas.

O primeiro passo dessa incursão ao extremo norte havia ocorrido por volta de 1616, quando a WIC ainda não se tinha formado, e dela resultou a construção de um forte de vida curta, situado na barra do Paru, margem esquerda do Amazonas, e outro na boca do Xingu, o forte de Maniutuba, destroçado por Pedro Teixeira e Jerônimo de Albuquerque, em 1625. Os ingleses também navegaram por ali, chegando a erigir três fortins na terra dos Tucujus, comandados pelo irlandês James Purcell. Derrotado e preso pelo incansável Pedro Teixeira, Purcell acabou nos Países Baixos calvinistas, onde viria a conhecer Bernard O'Brien, seu conterrâneo e futuro parceiro de aventuras amazônicas.

Este jovem irlandês, na verdade, já havia feito muita coisa na sua viagem de 1621. Seguiu num navio com 124 pessoas e, após diversas peripécias, fundou um forte em Patauí, na Amazônia, onde deixou munições, doze irlandeses e quatro ingleses, e ainda disse que viu as famosas amazonas na ribeira do grande rio. Em 1623, regressou numa nau de guerra holandesa com avultada carga de tabaco e algodão, que vendeu bem. Mais tarde, de volta à bacia amazônica, caiu prisioneiro dos portugueses, mas foi libertado.

Seu prestígio era tal que o conselho da Zelândia o convocou, juntamente com James Purcell, para nova expedição à Amazônia, comandando O'Brien quatro navios e uma companhia de soldados ingleses, irlandeses, franceses e holandeses, "nomeando-o capitão-geral, marchante maior e língua dos índios". Partiu em 24 de janeiro de 1629 e atuou ao lado de Purcell no comando do forte Torrego ou Maracapucu, construído na embocadura do rio de mesmo nome. Nove meses depois, o forte foi atacado pelo mesmo Pedro Teixeira, com tropa de trezentos soldados e 15 mil índios. O'Brien se feriu, o forte caiu. Mas O'Brien conseguiu negociar a retirada em segurança de seus homens e, na realidade, somente voltou para a Holanda em 1634, não sem antes combater algumas vezes os luso-espanhóis. Foi pelos inimigos designado, por sua destreza, com a alcunha de Bernardo del Carpio, alusão a um dos doze pares de França, então popularizados na literatura de cavalaria.

Em Amsterdã, num domingo de junho de 1635, estava O'Brien com um indiozinho paraense, quando dele se acercou nosso Manoel de Moraes, que lá estava não fazia muito tempo, e passou a falar em tupi com os dois. Iniciaram, então, longa conversa, que começou em tupi, mas deve ter prosseguido em castelhano, língua em que O'Brien escreveu seu memorial.

Foi então que Manoel contou ao irlandês que já não rezava mais missa, coisa que O'Brien solicitara ao ex-padre, sendo católico, e sabendo que Manoel fora sacerdote, pois eram poucas as igrejas católicas no país. Manoel disse que não rezava missa porque tinha abandonado o catolicismo e adotado o calvinismo. E passara ao calvinismo porque havia sido muito maltratado pelos portugueses em Pernambuco, insultado de "judeu" por Matias de Albuquerque, em Pernambuco, somente porque se interessara pela sorte de um índio. Tinha ido a Portugal reclamar justiça, mas ninguém lhe dera ouvidos (embora não conste de nenhum documento que tivesse ido a Portugal nem sequer uma vez até então). O rei também não prestava, prosseguiu Manoel, porque não lhe havia premiado pelos muitos serviços feitos na luta contra o holandês, nem lhe mandara o dinheiro que julgava merecedor (talvez haja nisto uma pista do que pedira a Felipe IV, na carta de 1631).

Por tais afrontas se havia passado para o lado holandês, bradou Manoel, jactando-se de ter sido essencial para a conquista flamenga da Paraíba e Pernambuco. Soberbo como nunca, disse ao irlandês que, no tocante ao Brasil, "nada decidiam os batavos sem ouvi-lo" e que tratava naqueles dias de se casar "com a irmã do governador holandês no Brasil"!

Invencionices e vanglórias à parte, que nisso Manoel era useiro, o fato é que O'Brien foi convocado pelo Conselho de Amsterdã dias depois de conversar com Manoel de Moraes. Falastrão, Manoel de Moraes andara espalhando que o irlandês era quem melhor conhecia o atual estado das Índias Ocidentais, dentre os homens que estavam na cidade. Como o fracasso da última expedição amazônica de O'Brien estava pendente de esclarecimento, no entender da WIC, a sorte do irlandês mudou e, de capitão valioso, passou a réu, sendo preso em 1º de julho de 1635. Ouviu sem-número de acusações sobre sua conduta na rendição do forte amazônico e acabou condenado à forca como traidor, sentença que só não foi executada por interveniência do próprio Manoel.

O ex-jesuíta, talvez aflito por ter posto o irlandês em maus lençóis, alegou que O'Brien podia ser mais útil se o empregassem novamente na conquista do Maranhão, Grão-Pará e rio das Amazonas, grande piloto que era, além de excelente língua e benquisto dos índios. Segundo o relato do mesmo O'Brien, Manoel de Moraes se ofereceu mesmo para acompanhá-lo nessa épica e gloriosa jornada. "Pernambuco e todo o Brasil eram pouco em comparação à nova conquista que ambos fariam naquelas partes referidas", eis o que O'Brien disse que Manoel lhe havia dito.

Um tremendo disse-me-disse que quase custou a vida do irlandês na justiça de Amsterdã. Mas esse imbróglio dá uma prova a mais de que Manoel de Moraes estava com suas ambições nas alturas, pois nem bem chegara de Pernambuco e já se via como o futuro grande conquistador da Amazônia ao lado de um irlandês *expert*, como ele, na língua geral! Uma prova igualmente significativa de que tinha acesso às autoridades holandesas, sendo funcionário da WIC, ainda que sua importância fosse bem menor do que dizia. Uma prova quase definitiva de que a turma que o estava denunciando ao bispo da Bahia, gostasse ou não de nosso Manoel, não estava inventando fatos, ao falar de como o ex-padre desfilou de gibão vermelho e espada pelo Recife, dizendo-se súdito do príncipe de Orange. Uma prova conclusiva, enfim, descontado o exagero do próprio Manoel quanto ao auxílio que dera à conquista da Paraíba, de que ele havia mesmo traído os portugueses na guerra pernambucana. Manoel se fizera um segundo Calabar, embora mais indiscreto, e sobretudo mais afortunado que o colega "feito em quartos".

É claro que Manoel de Moraes não foi enviado para conquistar a Amazônia ao lado do irlandês desditoso. O'Brien fugiu de Amsterdã assim que pôde, mandando-se para a Espanha, pedindo asilo a Felipe IV, católico que era, alegando que tinha restituído o forte Torrego ao "seu verdadeiro dono", o rei castelhano.[1]

Se foi verdade o que O'Brien escreveu a Felipe IV, também ele traiu os holandeses ou zelandeses que o contrataram, merecendo bem as suspeitas que quase o levaram ao cadafalso. Não deixa de haver, portanto, alguma semelhança entre o mameluco paulista e o irlandês aventureiro, seja na audácia das atitudes, seja no ânimo irrefreável de romper fronteiras, seja ainda na fluidez das lealdades e compromissos.

Mas o que importa frisar é a verossimilhança do relato de O'Brien sobre Manoel de Moraes, sobretudo porque, volto a dizer, o foco do memorial é o conjunto das aventuras rocambolescas do irlandês, não seu diálogo com o padre em Amsterdã. Nem se poderá dizer que escreveu tudo isso por vingança. O'Brien nada tinha a ver com as guerras pernambucanas e foi mesmo salvo, como contou, pelo próprio Manoel, embora tenha sido o ex-padre a pô-lo na enrascada.

Descontado o tom mirabolante do Bernardo del Carpio irlandês, condizente, aliás, com sua vida aventureira, o depoimento é fidedigno. Nenhuma acusação a Manoel no Santo Ofício que tratou de seus atos, em 1635, chegou a esse grau de minúcia sobre o que pensava o jesuíta ao mudar de lado, embora todas indiquem a traição com absoluta nitidez. Um depoimento singular, lateral, quase fortuito. Estou convencido, porém, de que se tal testemunho chegasse à Inquisição, a vida de Manoel de Moraes se complicaria muito mais depois de 1646, quando passou a ter por morada a "casa negra do Rossio".

15. A serviço da WIC

Manoel de Moraes ainda estava muito longe de viver os dias sombrios que lhe aguardavam em futuro não muito distante, quando chegou a Amsterdã, provavelmente no início de junho de 1635. Passou maus bocados na viagem quando, na altura do porto de Texel, sobreveio forte tempestade. Por pouco a história de Manoel não terminou ali mesmo. Nau quase emborcada num banco de areia, vento rompendo as velas, Manoel correndo para a popa e suplicando em altos brados para Nossa Senhora livrá-lo do perigo. Na iminência do naufrágio, Manoel se agarrou à Virgem, que o haveria de valer, como valeu. Passada a tormenta, recobrou o entusiasmo calvinista e deixou, por ora, a Virgem de lado.

Parecia entusiasmado e eufórico, seja porque se tinha livrado do perigo da guerra, seja porque divisava novos horizontes como funcionário da Companhia das Índias, quem sabe percebendo que, entre calvinistas, poderia fazer dinheiro à vontade, porque Deus não se ofendia com isso, nem lhe condenaria ao inferno no dia do Juízo.

A euforia era tanta que disse o que disse ao irlandês O'Brien, enaltecendo seus feitos pernambucanos e sonhando com a conquista amazônica, ele mesmo à frente, capitaneando o gentio floresta adentro. "Pernambuco e todo o Brasil eram pouco em comparação à nova conquista!"

As informações disponíveis sobre os primeiros anos de Manoel na Holanda são, de todo modo, confusas e contraditórias. Um primeiro complicador são os boatos, como se percebe no depoimento de Domingos Vicente ao Santo Ofício, em 24 de outubro de 1635, homem que esteve preso com Manoel depois da queda da Paraíba. Ele chegou a dizer que, estando em Londres, depois de libertado pelos holandeses, ouviu de soldados e marinheiros do porto que Manoel estava casado em Amsterdã e investido no comando de três navios para sair em socorro dos flamengos em Pernambuco. Estavam todos tão alarmados, disse Domingos, que avisaram ao embaixador da Espanha, em Londres, o qual tratou logo de enviar ao rei Felipe IV!

Está-se, aqui, evidentemente, diante de um tremendo boato, ou de um caso típico de *murmuração*, como se dizia naquela época. Nem Manoel estava casado, que disso há inúmeras evidências, nem lhe confiaram qualquer comando de navio. Manoel de Moraes nunca foi capitão de Armada, senão capitão do gentio nas matas, e os holandeses tinham acabado de trazê-lo para a Holanda. Não tinha o menor cabimento os holandeses devolvê-lo ao Brasil poucos meses depois de o terem transferido para Amsterdã. Mas foi o próprio Manoel que andou espalhando esse boato ainda no Recife, às vésperas de embarcar para Amsterdã. Eram, pois, as declarações do próprio Manoel, mestre em fazer jogo duplo e apagar suas pistas, a fonte de tantas murmurações.

Ainda em abril de 1635, estando prestes a embarcar para a Holanda a serviço da WIC, andou espalhando outra dessas histórias a seu respeito, dizendo que tencionava partir para Madri a requerer mercês pelos serviços que prestara na guerra contra os holan-

Ainda em 1635, a WIC transferiu Manoel para a cidade de Harderwijk, na Gueldria, onde o ex-padre escreveu textos por encomenda dos holandeses.

deses. É o que se percebe na carta do provincial Domingos Coelho a Matias de Albuquerque, datada de 14 de maio de 1635, que menciona esse fato, baseado na informação do ex-reitor do Colégio de Pernambuco, Francisco Ferreira.[1] Tudo não passou de boatos urdidos e divulgados pelo próprio Manoel, que então partiu para a Holanda, mas espalhava que iria a Madri.

É evidente que, ao tratar do assunto com os inquisidores, depois de preso, em 1646, Manoel novamente se esmerou em despistar ao máximo sua adesão ao holandês, embaralhando alguns fatos, inventando outros tantos.

Insistiu em que somente se havia rendido aos holandeses, mas não traído os portugueses na Paraíba, sendo deportado para Amsterdã. Só não foi para as terras de Espanha, como muitos jesuítas, porque os holandeses temiam que voltasse ao Brasil para combatê-los. Contou que sua intenção permanente sempre foi a de fugir para terras católicas, o que não conseguiu por não entender a língua holandesa e não ter quem o guiasse naquela terra estrangeira. E acrescentou que chegaram mesmo a lhe oferecer um governo no Brasil caso abandonasse o catolicismo e aderisse de vez ao calvinismo, o que ele, obviamente, disse aos inquisidores ter recusado.

Nada disso é verossímil. Nem a oferta holandesa de um comando de frota, como murmuravam os marinheiros em Londres, nem muito menos um posto de governo no Brasil, como disse Manoel, para realçar sua fingida lealdade ao catolicismo. De modo que as declarações de Manoel nesse ponto mais confundem que esclarecem os fatos. Não podemos desprezá-las *in totum*, mas convém sempre cotejá-las, seja com outros depoimentos dele mesmo, seja com outros testemunhos.

Mas os primeiros meses de Manoel em Amsterdã pareciam mesmo promissores, e talvez por isso ele se vangloriava tanto, chegando a dizer ao irlandês O'Brien, em junho de 1635, que os holandeses nada faziam sem consultá-lo. Não chegaram a lhe propor um comando militar no Brasil, mas decerto lhe consultaram sobre a melhor maneira de reforçar a aliança com os índios nas capitanias conquistadas.

Dá prova disso uma carta enviada pelos *Dezenove Senhores* (os *Heeren XIX*) ao Conselho Político do Recife, datada de 1º de agosto de 1635.[2] Nela se faz menção à imperiosa necessidade de se converter os índios ditos "brasilianos" ao calvinismo, para o que contavam com plano elaborado por Manoel de Moraes.

Os detalhes do plano são desconhecidos, porque a carta não traz o anexo nela anunciado, mas pode-se entrever, pelos comentários, algumas linhas mestras da proposta apresentada por Manoel. Certas recomendações são explicitamente atribuídas a "Emanuel de Moraes", outras não, mas mesmo nessas últimas pode-se presumir o dedo de Manoel nas propostas.

Antes de tudo, a proposta para tratamento diferenciado para índios e negros, sugerindo que somente os últimos fossem submetidos à escravidão, garantindo-se a liberdade dos nativos. No caso dos negros que tinham aderido aos holandeses na guerra pernambucana, deveriam ser devolvidos a seus senhores. Mas, quanto aos índios que haviam jurado lealdade à Hendrickzoon, no episódio da baía da Traição, em 1625, deveriam ser alforriados, caso estivessem cativos dos portugueses.

Essa foi uma proposta-chave, efetivamente adotada pela WIC, pois consolidou a formação do "partido holandês" entre os potiguaras, sob a liderança de Pedro Poti e Antônio Paraopaba, entre outros. Em contrapartida, ao propor a reescravização dos negros africanos, ainda que se tivessem mostrado leais aos flamengos, abria caminho para a aliança com os senhores locais, base da futura prosperidade da economia açucareira no tempo de Nassau.

Mas o ex-padre não se esqueceu de recomendar bom tratamento aos negros escravizados, opondo-se às "barbaridades que os portugueses cometeram" ou viessem a cometer contra os africanos. Era esta, aliás, a postura da Companhia de Jesus, no tocante à escravidão, como Antônio Vieira exemplificaria fartamente em diversos sermões, o primeiro deles pregado quando ainda era jovem inaciano, em 1633. De modo que, nesse ponto, Manoel de Moraes simplesmente traduzia, para os holandeses, a posição dos jesuítas a favor da escravidão africana, desde que branda e cristã.[3]

O "plano para o bom governo dos índios" de que trata a carta dos *Dezenove Senhores* parece ter sido concebido ainda em Pernambuco, pois o documento menciona proposta enviada por escrito do Brasil pelo coronel Artichewski e reforçada por Manoel de Moraes em Amsterdã. Previa o reconhecimento das lideranças indígenas leais e o reforço do trabalho dos missionários calvinistas nas capitanias conquistadas. Os predicantes deveriam aprender a "língua geral" dos índios e as crianças indígenas ensinadas desde cedo na língua e na religião dos holandeses. Manoel de Moraes novamente propôs, assim, uma adaptação do modelo jesuítico de catequese aos propósitos do novo conquistador holandês, um modelo de catequese calvinista com metodologia inaciana.

Para alcançar tal objetivo era preciso remover os jesuítas da região e proibir a correspondência entre os religiosos expulsos de Pernambuco e a população local. Manoel de Moraes sabia das coisas e percebia, com agudeza, como a religião calvinista poderia ser instrumento valioso para o "bom governo dos índios". Isso era tudo o que desejava a WIC neste assunto "brasiliano".

O conselho diretivo da WIC acolheu com algum entusiasmo as propostas de Manoel de Moraes que, uma vez mais, mostrou-se valioso. Manoel já havia fornecido a Artichewski informações preciosas sobre a localização dos aldeamentos, número de índios e nomes das chefias, e agora, novamente com o endosso do coronel polonês, concebeu um projeto de catequese calvinista como plano de governo. Os *Dezenove Senhores*, entre os quais Joannes de Laet, recomendaram com ênfase a adoção desse plano, considerando que Manoel de Moraes era "homem muito experiente" nos assuntos de "governo dos índios tupis", o projeto era "muito útil" e Manoel ainda oferecia seus serviços para executá-lo.

O rumor dessa ação de Manoel de Moraes atravessou o Atlântico e chegou aos ouvidos do bispo da Bahia, d. Pedro da Silva. Logo em 28 de agosto de 1635, recebeu o bispo denúncia do padre Manoel dos Passos, que acusou Manoel de Moraes de estar na Holanda "a pedir mercês ao Príncipe de Orange e o ofício de governador-geral das aldeias de Pernambuco".[4] Uma prova cabal de que as tratativas de Manoel com os *Dezenove Senhores* datavam de junho ou julho de 1635. Talvez por isso alguns murmurassem, aqui e ali, que Manoel voltaria ao Brasil no comando de alguma esquadra. E certamente por esta "familiaridade" com os diretores da WIC, o próprio Manoel disse ao irlandês O'Brien, em junho de 1635, que os holandeses nada faziam sem ouvi-lo.

O fato é que o plano de Manoel de Moraes foi em boa parte adotado, ao menos em suas linhas fundamentais, a julgar pelos métodos empregados pelos predicantes calvinistas na missão dos potiguaras e tabajaras leais.[5] Se não chegou a avançar mais, isso se deveu, entre outros fatores, à multiplicidade de tendências calvinistas entre os predicantes enviados ao Brasil, ao rigorismo de algumas delas e aos desentendimentos entre o Sínodo calvinista do Recife e o governo da WIC em Pernambuco. Mas isso não vem ao caso. O que talvez importe frisar é que o modelo de catequese de Manoel de Moraes, sendo de inspiração jesuítica, necessitava de um certo grau de centralização que os calvinistas não possuíam, ao contrário da Companhia de Jesus.

De todo modo, a ambição acalentada por Manoel de dirigir o projeto foi totalmente frustrada. Era mesmo difícil, para não dizer absurdo, que as igrejas calvinistas das Províncias Unidas, rivais entre si, aceitassem a liderança de um ex-jesuíta na catequese a ser praticada no Brasil.

Assim o plano de Manoel de Moraes foi considerado, mas ele mesmo se viu descartado. Essa deve ter sido a primeira frustração de Manoel, a quem Joannes de Laet incumbiu tão-somente, como prêmio de consolação, de redigir um vocabulário tupi-latino e um texto bem recheado de informações sobre história natural, geografia e etnografia do Brasil. Um glossário e um texto que pudessem subsidiar o governo do Brasil pelos holandeses e a própria obra dele, Joannes de Laet, como geógrafo.

O desânimo deve ter tomado conta de Manoel, ao perceber que sua pretensão de algum comando no Brasil, em especial a direção da missão calvinista, com remuneração alta, jamais seria atendida pela WIC. Manoel viu-se, então, meio perdido em Amsterdã, sem nenhum domínio da língua, restrito aos contatos com Joannes de Laet, com quem devia falar em latim, sempre à espera de alvíssaras que não chegavam. Ainda por cima, o inverno estava próximo, e Manoel pagaria o preço de estar em Amsterdã em dezembro de 1635.

As declarações posteriores de Manoel aos inquisidores permitem entrever sua frustração. Embora omitindo a euforia dos primeiros meses, pois isso não convinha dizer aos inquisidores, Manoel possivelmente falou a verdade, ao dizer que, chegando a Amsterdã ficou seriamente doente, e os médicos holandeses que o examinaram recomendaram que devia "mudar de ares" para se curar. Frustrado com o rumo dos acontecimentos, sentindo a brusca mudança de alimentação e de clima, Manoel não resistiu ao primeiro inverno em Amsterdã. Afinal nosso mameluco não estava acostumado, nem poderia, com temperaturas próximas de zero. Agüentar o frio úmido e o vento gélido, caminhar pelas ruas e atravessar as pontes sobre a rede de canais de Amsterdã. Manoel deve ter contraído forte gripe ou coisa pior.

A doença de Manoel em Amsterdã é perfeitamente admissível. É-o menos a sua versão de que os holandeses, diante da recomendação médica para que mudasse de ares, tivessem dado a Manoel a opção de escolher para onde queria ir. É ainda menos verossímil que tenha escolhido Bruxelas, como disse, por ser terra de católicos, com o que os holandeses não concordaram e por isso lhe teriam designado Harderwijk, na província da Gueldria (Gelderland).

Nesta escolha de Harderwijk, na Gueldria, devem ter pesado outras razões e nela a opinião de Joannes de Laet, sempre ele, foi provavelmente decisiva.

Joannes de Laet (1582-1649) era intelectual de renome e homem poderoso na Holanda. Próximo à casa de Orange, egresso de família de grandes mercadores, tornou-se diretor da WIC desde a sua fundação, em 1621. Homem religioso, era partidário da versão oficial e mais rigorista do calvinismo, expressa pelo teólogo Franciscus Gomarius (1563-1641), de quem era amigo, e participou em pessoa do Sínodo de Dordrecht (1618-1619), que consagrou o chamado *gomarismo*, base do Estado confessional nos Países Baixos calvinistas. Mas a paixão de Joannes de Laet era a ciência, a geografia e a história natural, temas a que se dedicou na maior parte de sua vida.

Joannes de Laet era pouco mais velho que Manoel de Moraes quando o conheceu, em 1635, e nele viu, além de consultor útil para a WIC, um grande colaborador intelectual, pelo conhecimento de geografia e etnografia do Brasil, em particular das "capitanias do Norte", atual Nordeste. Esse era um assunto que o fascinava desde que publicara, em 1625, seu *Nieuwe Werldt ofte Beschrijvinghe van West-Indien*, reeditado em 1630, traduzido para o latim, em 1633, com o título de *Novus Orbis seu Descriptionibus Indiae Occidentalis*, e finalmente para o francês, em 1640, essa última considerada a versão mais completa: *L'Histoire du Noveau Monde ou description des Indes Occidentales*.

Como diretor da WIC, Joannes de Laet teve acesso a praticamente toda a documentação possível sobre o Brasil, mas solicitou o auxílio de Manoel de Moraes para a revisão da edição latina do *Novis Orbis* com vistas à edição francesa, e, mais tarde, para a publicação da *História ou Anais dos Feitos da Companhia Privilegiada das Índias Ocidentais*, editada em 1644.

É mais do que provável que tenha sido Joannes de Laet quem designou a cidade de Harderwijk, na Gueldria, para ser a nova morada de Manoel de Moraes, em fins de 1635.

A Gueldria era província de menor importância na república, para não dizer pobre (contribuía, em média, com 5,6% da renda fiscal dos Estados Gerais, entre 1618 e 1658, enquanto na Holanda se arrecadavam quase 60%). Harderwijk, por sua vez, era cidade acanhada, embora tenha integrado a Liga Hanseática nos séculos XIV e XV. Localizada às margens do Zuiderzee, tinha na atividade pesqueira a sua base econômica, além da construção naval e exploração de madeiras no interior, inserindo-se nos circuitos mercantis que ligavam o mar do Norte e do Báltico. Mas, em meados do século XVII, a economia de Harderwijk se encontrava em declínio e sua população mal passava dos 3 mil habitantes. A Gueldria, no conjunto, era uma província rural.[6]

Em contrapartida, Harderwijk, de clima mais seco, era cidade mais própria para Manoel se recuperar do forte achaque que o acometera no inverno de Amsterdã e, desde o século XV, possuía uma escola de latim. Esta veio a se tornar, no início do século XVII, o *Gymnasium Nassavico Velavicum*, base da Universidade de Harderwijk, criada em 1648. Manoel viveu em Harderwijk ainda ao tempo em que só havia o *gymnasium*,[7] mas encontrou no lugar o ambiente apropriado para elaborar os escritos que lhe encomendara Joannes de Laet.

Foi, portanto, na modesta Harderwijk que Manoel começou a se integrar na vida holandesa, melhor dizendo, na guelderlandesa. De todo modo foi ali que conheceu Margarida van Dehait e com ela se casou, e nisso mudou não só de ares como de estado, arruinando de vez o celibato clerical a que outrora se havia obrigado. O casamento com uma holandesa calvinista, por outro lado, poderia lhe ampliar as chances de ascensão nos quadros da WIC e isso deve ter entrado nas contas de Manoel.

É certo, porém, que vivia entre Harderwijk e Amsterdã, pois há várias passagens de seu processo, além de outros documentos, que aludem à sua presença na principal cidade holandesa, entre 1635 e 1636.

Manoel de Moraes viveu naquele tempo com modesto salário da WIC, conforme ele mesmo admitiu e muitos depoentes confirmaram. Ganhava "certa quantia ordenada", disseram uns; ou "certo estipêndio", disseram outros; "algumas patacas", disseram terceiros. Manoel ganhava, na verdade, o suficiente para "os alimentos e comodidades da vida", sobretudo depois que se casou com Margarida. Mas era pouco e estava muito longe de suas expectativas.

Dedicou-se, nessa fase, a escrever os textos sobre o Brasil para uso dos holandeses encomendados por Joannes de Laet, coisa que chegou aos ouvidos até mesmo dos jesuítas deportados para a Holanda. É o que nos conta Francisco Ferreira, o ex-reitor em Pernambuco, que de Haia passou a Antuérpia, terra católica, de onde escreveu ao padre geral Múcio Vitelleschi, em 26 de setembro de 1636: "O padre Manoel de Moraes fica perdido em Holanda, escrevendo para os Estados Gerais não sei que alvitres…".[8]

E foi entre 1635 e 1636 que Manoel de Moraes redigiu seus dois primeiros textos. Alguns eruditos registram a autoria de certas "Memórias históricas sobre Portugal e Brasil", também mencionada como "História da América" ou "História do Brasil", e mais freqüentemente citada como *Historia Brasiliensis*. Uma obra aliás citadíssima, como veremos, embora só tenha circulado em cópias manuscritas.

O primeiro texto escrito por Manoel foi um glossário da língua tupi, em latim, intitulado *Dictionariolum nominum et verborum linguae Brasiliensibus maxime communis* [Dicionário das palavras e verbos mais comuns na língua brasiliense], e o segundo, a tal *Historia Brasiliensis*, o próprio Manoel intitulava com mais modéstia: *Do sítio e fertilidade e de outras particularidades da terra do Brasil*.

O *Dictionariolum* foi incluído na *Historia Naturalis Brasiliae* [História natural do Brasil], publicada em Amsterdã, em 1648, pelo alemão George Marcgrave (1610-1644), em parceria com o médico holandês Willem Piso (1611-1678), sendo que ambos haviam estado no Brasil entre 1638 e 1644, na famosa missão científica e artística patrocinada por Maurício de Nassau. A obra se compunha de doze livros, na edição original, sendo os quatro primeiros de autoria de Piso, sete de Marcgrave e o oitavo de Joannes de Laet, que completou a obra baseado nos apontamentos de Marcgrave.[9] É justamente o último volume, intitulado *Historia Rerum Naturalium Brasiluae* [História natural do Brasil], o que trata das capitanias dominadas pelos holandeses.[10]

Foi nele que Joannes de Laet (não Macgrave, já morto) incluiu o *Dictionariolum* de Manoel de Moraes. O glossário ocupou duas páginas do livro, na edição original, contendo 153 vocábulos, entre substantivos e adjetivos, além de 137 verbos mais comuns utilizados pelos índios de língua tupi. Entre os substantivos, Manoel de Moraes listou os relacionados ao tempo, elementos naturais, gênero, estados de espírito, idades, algumas plantas e animais e, sobretudo, palavras ligadas ao parentesco e ao corpo humano. Entre os verbos, uma ampla gama de ações ligadas a comportamentos cotidianos e sentimentos, com destaque para aqueles relacionados à guerra e às negociações.

O ex-jesuíta revela-se, nesse texto, um exímio conhecedor da língua e costumes do gentio que missionou e depois comandou nas guerras pernambucanas, sendo fundamentada a opinião que dele tinham de ser "um grande língua" em Pernambuco. Seu conhecimento sobre o vocabulário do parentesco indígena, com todas as suas sutilezas, dá prova de competência etnológica. Houve quem dissesse que seu glossário era cópia da gramática de Anchieta, mas não é exato, inclusive porque Manoel conhecia bem o tupi, sendo mameluco natural de São Paulo.[11]

Seja como for, Joannes de Laet não deixou de dar a Manoel de Moraes os créditos por esta colaboração intelectual: "*Porro ut gustum demus aliquem huius linguae, Dictionariolum adjungo, quale ab Emanuele de Moraes, linguae illius peritissimo accepi, et quidem primo nominum*" [Na verdade para que demos a alguém o gosto desta língua, junto um Dicionário, o qual recebi de Emanuel de Moraes, sapientíssimo, e certamente o primeiro em nomes da sua língua].

Quanto ao livro *Do sítio e fertilidade e de outras particularidades da terra do Brasil*, como o denominou Manoel, ou a *Historia Brasiliensis*, como ficou mais conhecido, pouco se sabe, infelizmente, pois não restou sequer uma cópia manuscrita. Continha, sem dúvida, uma parte histórica, que o próprio Manoel reconheceu ter escrito, e por isso alguns lhe atribuam a autoria de uma "História da América" ou "História do Brasil" até hoje inédita. Houve mesmo quem cogitasse que Manoel de Moraes levou cópia desse texto consigo, quando regressou ao Brasil, em 1643, o que não é impossível.

O fato é que Manoel concluiu esses trabalhos ainda em 1636, pois há notícia de que reivindicou certa quantia à Câmara da WIC, em Amsterdã, nesse mesmo ano. Num despacho da Câmara, datado de 10 de novembro de 1636, menciona-se que Manoel de Moraes solicitou, como contrapartida de seu *Brasilischen Dicionarium mete historie* [Dicionário brasiliense com história], "a quantia de 1500 florins para suas núpcias e oitocentos florins por ano, comprometendo-se por isso a prestar à Companhia todos os serviços onde puder". Manoel misturava as coisas, como sempre. Nesse caso, misturou as consultorias que prestava à WIC com seu casamento à moda calvinista, esperando remuneração pelos dois feitos: a colaboração com o domínio holandês no Brasil e sua conversão à "verdadeira religião cristã".[12]

A decisão da Câmara de Amsterdã deve ter frustrado Manoel, pois somente lhe concederam, a princípio, quatrocentos florins no total, incluído um adiantamento já repassado de cem florins. No entanto, foi-lhe prometido que numa próxima reunião da Câmara se examinaria a proposta de Manoel e, caso não fosse considerada "estranha", seria ela recomendada aos *Dezenove Senhores*.

A remuneração reivindicada por Manoel pelos dois textos que havia composto era relativamente alta, ainda que fossem valiosos instrumentos para a ação da WIC no Brasil. Basta lembrar a pensão de algumas dezenas de florins mensais que a mesma WIC concedeu à viúva do Calabar esquartejado: oito florins por filho. Ou a recompensa de trinta florins que daria ao erudito Moisés Raphael d'Aguillar, rabino de uma das sinagogas do Recife, por ter desvendado, em 1649, um documento cifrado de grande valor militar para os holandeses.

Quanto ao ordenado anual de oitocentos florins, não era proposta modesta. É claro que não vale compará-lo com os vencimentos de Nassau, por exemplo, que alcançavam 1200 florins mensais (uma fortuna de 14 400 florins anuais), além de outras mil vantagens. Mas vale comparar os oitocentos florins anuais pedidos por Manoel com os 1600 florins anuais que recebia Isaac Aboab da Fonseca, o rabino maior da sinagoga do Recife, vencimento pago pela Talmud Torá, a congregação judaica de Amsterdã. Ou com o salário médio de mil florins anuais que recebiam, em média, os professores da Universidade de Leiden, a mais antiga da república.

Avançando nas comparações, a renda média anual de um

chefe de família pequeno-burguês ou próspero artesão, em Leiden, oscilava entre mil e 3 mil florins, enquanto o salário dos trabalhadores na manufatura de vidro, em Amsterdã, girava em torno de apenas um florim por dia (!), donde a média anual de miseráveis 260 florins.[13]

Em resumo, Manoel pretendia ganhar, por ano, quase a renda de um professor de Leiden. Não chegava a ser muito, convenhamos, mas para quem outrora tinha feito voto de pobreza, como religioso da Companhia de Jesus, era salário graúdo.

Tudo indica que Manoel não conseguiu os oitocentos florins anuais, considerando seus recorrentes queixumes de falta de dinheiro e outras negociatas que tentou fazer mais tarde, movido pela insatisfação com seus vencimentos. Deve ter se virado com uns quatrocentos ou quinhentos florins anuais, mais ajuda de custo para moradia, o que, na verdade, não chegava a ser pouco.

Sua situação deve ter piorado, em 1638, já viúvo de Margarida van Dehait. Deve ter perdido parte do auxílio que recebia da WIC e não tinha sequer como cuidar do filho, deixando-o na casa do sogro, Arnoldo van Dehait, que acolheu provisoriamente o bebê. Passou a viver em Amsterdã, uma cidade de 120 mil habitantes, uma das mais populosas da Europa. E uma das mais caras da Holanda, senão a mais cara de toda a república. Um mameluco criado na vila de São Paulo, que mal possuía 3 mil moradores, depois missionário em Pernambuco, cuja população inteira não passava de 120 mil pessoas, na década de 1640, viu-se de repente numa das maiores metrópoles européias.

Percebe-se, nos dados de seu processo, que Manoel não chegou a dispor de morada fixa na cidade. Na maior parte dos testemunhos que mencionam sua presença na cidade, e mesmo nos seus próprios depoimentos, Manoel "pousava" na casa deste ou daquele. Assim "pousou" em certa casa durante parte de 1639, em companhia de Sebastião de Carvalho, do capitão João Pessoa

Bezerra e de seu criado, Francisco Carvalho, aos quais ajudou a liberar, quando vieram presos do Brasil pelos holandeses. Mais tarde "pousou" na casa de mestre Nicolau, "alfaiate dos judeus", que funcionava como espécie de albergue, compartilhando a pousada com vários portugueses. Manoel pousava aqui ou ali, conforme o caso.

Parecia mesmo um homem à deriva, nessa altura. Viúvo, sem nenhum serviço encomendado pela WIC, sem pouso fixo, ganhando menos do que julgava valer. Pelo rumor que vaza dos depoimentos relacionados a essa fase, Manoel não mais fazia grande coisa pela WIC, salvo externar o papel de calvinista, para escândalo de muitos católicos que passavam pela cidade, uns prisioneiros, outros a negócios.

Há testemunhos, embora muito vagos e imprecisos, de que Manoel fazia pregações públicas defendendo o calvinismo em prejuízo do catolicismo, pondo em causa o valor dos sacramentos e a autoridade do papa. Alguns chegavam a dizer que fazia tais pregações em "igrejas de hereges".

Puro exagero de alguns denunciantes, nesse caso, que criaram um rumor muito negativo contra Manoel de Moraes, homem de fato mal falado entre a maioria dos portugueses que passavam pela cidade. Afinal, Manoel não dominava a língua holandesa o suficiente para pregar em igrejas calvinistas, que para tanto tinham seus predicantes holandeses. E não haveria o nosso Manoel de pregar o calvinismo em português ou latim nas igrejas holandesas!

Mas o rumor dessas pregações atribuídas a Manoel sugere, na verdade, que ele devia fazer alguma propaganda do calvinismo entre os católicos portugueses e espanhóis residentes em Amsterdã. Era provavelmente para isso que lhe pagavam os diretores da WIC nessa fase. Transformaram-no numa espécie de agente da contrapropaganda religiosa, nada mais.

É possível dizer, por diversos indícios, que Manoel de Moraes se sentiu muito desconfortável nesse papel. Além de eventuais dramas de consciência (em nada desprezíveis), devia considerar esse serviço, com razão, muito aquém do seu valor.

A permanência de Manoel em Amsterdã foi, contudo, curta. Joannes de Laet veio em seu socorro e o transferiu para Leiden, sede da principal universidade holandesa do século XVII. Novos tempos se avizinhavam, quem sabe a chance de Manoel dar um novo salto.

16. Licenciado em Leiden

Manoel se mudou para Leiden, entre 1638 e 1639, embora tenha residido de início na aldeia vizinha de Rinsburg, que contava com apenas duzentos habitantes. Vez por outra visitava Amsterdã e, na altura de 1641, viajaria diversas vezes para Haia, como veremos. As estradas holandesas facilitavam o percurso, embora acidentadas, e as diligências regulares, com horários fixos, podiam percorrer entre oitenta e cem quilômetros por dia, incluindo as paradas em tabernas.[1] Não é de admirar, portanto, o vaivém de Manoel entre Harderwijk e Amsterdã, de 1635 a 1638, e mais tarde entre Amsterdã, Leiden e Haia, de 1639 a 1643.

Mas, nos primeiros anos de Leiden, Manoel viajou menos. Talvez tenha sido o seu período mais fixo, nos oito anos que viveu na Holanda, incluindo os dois anos da Gueldria. Em Leiden, seu objetivo mínimo era publicar a *Historia Brasiliensis*, para o que contava com a ajuda de Joannes de Laet. A médio prazo, pretendia ingressar na famosa universidade, avançar na carreira acadêmica, qualificar-se melhor como letrado. Aprofundar-se no calvinismo e alcançar um *status* que lhe rendesse soldo melhor no futuro.

Recebeu, para sua alegria, o apoio da WIC, que arcou com as despesas de morada, alimentação e estudos.

Leiden era uma cidade importante da província da Holanda, com população de 55 mil habitantes, muitos estrangeiros, e afamada, antes de tudo, pela universidade.[2] Criada em 1575 por iniciativa da casa de Orange, a Universidade de Leiden não trazia os "vícios escolásticos" das universidades medievais e esteve sintonizada, desde o início, com os novos tempos da república. Seu objetivo era formar quadros de poder, recrutados entre os filhos da nobreza e da burguesia mercantil, bem como teólogos para a Igreja reformada.

Sem prejuízo do ensino religioso em alto nível, a universidade não caiu, porém, na esfera de influência do Sínodo holandês, como queriam os predicantes mais ortodoxos, e se afirmou como centro de excelência do humanismo seiscentista, com grande ênfase nos estudos de filologia, história, geografia, astronomia, matemática e ciências naturais. Forte investimento foi feito pelos curadores na organização da biblioteca, gastando-se por vezes mais de 30 mil florins na aquisição de coleções particulares, tudo com os fundos de antigos conventos católicos devidamente confiscados, inclusive os livros.

Entre os professores e alunos das humanidades, a língua corrente era o latim, não o *nederduytsch* (holandês), o que facilitava a vida do nosso Manoel, bem como a presença de muitos estrangeiros, entre alunos e professores.

O número de estudantes de Leiden cresceu em progressão geométrica: de cem, em 1590, saltou para quinhentos, em 1640, sem falar na população flutuante, que ultrapassou os 11 mil estudantes, entre 1626 e 1650. Manoel de Moraes esteve entre eles. A Universidade de Leiden se tornou, em meados do século XVII, a maior universidade do mundo protestante e uma das maiores da Europa.

Além do convívio intelectual, do desfrute de uma biblioteca inimaginável para quem havia estudado no colégio inaciano da Bahia, ou mesmo em Harderwijk, Manoel passou a se alimentar muito bem em Leiden. O estatuto que regia a alimentação dos estudantes, datado de 1631, previa porções generosas de carne, peixe fresco e defumado, pão, manteiga, queijo, presunto, legumes e até cerveja!

Depois de três ou quatro anos difíceis, entre Harderwijk e Amsterdã, Manoel de Moraes encontrou certo estímulo e alguma paz de espírito em Leiden. E foi em Leiden que conheceu Adriana Smetz, sua segunda esposa na Holanda.

Na universidade teve contato com o grande teólogo Gehrard Joahann Vossius, ou Gilbertus Voetius (1577-1649), professor em Leiden, para quem preparou, sob encomenda, um caderno com frases castelhanas explicadas em latim, a modo de auxiliar um fidalgo alemão a "aprender a língua espanhola".

Se não chegou a publicar, como desejava, sua *Historia Brasiliensis*, pôde colaborar com o grande humanista Joannes de Laet e mais tarde, como vimos, teve seu glossário tupi-latino inserido, com créditos, na *Historia Naturalis Brasiliae*, de Marcgrave e Piso (1648). A colaboração que Manoel prestou a Joannes de Laet foi valiosa, em vários sentidos, a ponto de o sábio brabantino ter sido acusado de ter plagiado Manoel em uma de suas obras.

Joannes de Laet, por sua vez, independentemente das intrigas do meio intelectual holandês, foi padrinho de Manoel em Leiden, utilizando sua influência de renomado humanista e diretor da WIC para inseri-lo na universidade. Manoel deve ter começado a assessorá-lo ainda em 1639, considerando que a edição francesa do *Novus Orbis* saiu no ano seguinte. Há, também, um precioso registro do nome de Manoel (Emanuel de Morais) entre os alunos do curso de teologia da Universidade de Leiden datado de 21 de julho de 1640, sendo reitor Joahane Polyandro. Manoel então se apresentou com 41 anos, embora fosse mais velho, incluído em lista onde a imensa maioria dos estudantes estava na faixa de vinte anos de idade.³

Nesse registro de Manoel no *Album Studiosorum* da Universidade de Leiden ele é o único incluído, entre os alunos desse curso, com o título de Licenciado em Teologia. Como esse título Manoel não possuía, pois no máximo tinha obtido o grau de mestre em artes no colégio baiano dos jesuítas, é lícito supor que Manoel gozou de alguma condição especial, sendo-lhe facultado fazer logo algum exame que o habilitasse como Licenciado em Teologia.⁴ O fato é que, em documentos posteriores, que logo veremos, Manoel foi reconhecido como Licenciado e Teólogo, e ele mesmo, nos papéis da Inquisição, assinava como "Licenciado Manoel de Moraes". O próprio Santo Ofício, na folha de rosto de seu processo, mandou escrever: "Manoel de Moraes, sacerdote e teólogo".

Manoel de Moraes passou, de todo modo, a intitular-se "Licenciado em Teologia" e se orgulhava desse título obtido em Leiden. Era uma compensação para um homem de letras e um consolo para quem vivia à mercê de favores da WIC, com pouco dinheiro no bolso.

Teólogo ou não, Manoel de Moraes desfrutou de algum prestígio intelectual, pelo que escreveu e publicou e, sobretudo, pelo que deixou de publicar. Mas não tardou muito para que Manoel deixasse de lado suas ambições intelectuais. Desejava, no íntimo, voltar a ser agente da WIC, devidamente remunerado, insatisfeito com o papel de assistente intelectual de Joannes de Laet, embora orgulhoso de sua passagem pela Universidade de Leiden.

De todo modo, Manoel de Moraes foi muito mais do que licenciado ou teólogo por Leiden. Ou muito menos.

17. *Historia Brasiliensis*

Nos seus tempos de Leiden, o fato mais marcante da trajetória intelectual de Manoel foi, pela sua ressonância, o livro *Historia Brasiliensis*, cuja redação tinha iniciado em 1635, sob encomenda de Joannes de Laet, pela qual pediu remuneração à WIC em novembro de 1636.

É certo que Joannes de Laet foi um dos leitores do texto inédito de Manoel de Moraes e dele utilizou alguma coisa em sua famosa obra sobre o Novo Mundo. Foi por isso violentamente acusado de plágio pelo grande jurista Hugo de Groote ou Hugo Grotius (1583-1645), autor, entre outras obras, de *De juri pacis et belli* [Direito da paz e da guerra]. A obra de Joannes de Laet em causa era a edição francesa do *Novus Orbis* (1640), que de fato contém mais referências ao Brasil do que a edição latina de 1633.

Joannes de Laet e Grotius eram rivais, inclusive em assuntos religiosos e políticos, e viviam esgrimindo argumentos um contra o outro. Mas a polêmica começou em termos puramente acadêmicos, a propósito de questão fartamente discutida no mundo intelectual europeu desde o século XVI, a saber, a origem dos ameríndios. E foi Joannes de Laet a iniciar o debate, ao criticar as posições defendidas por Grotius no livro *Dissertatio de origine gentium americanorum* [Dissertação sobre a origem dos povos americanos], publicado em Paris (1642), no qual Grotius defendia a origem múltipla dos índios americanos (escandinava, etíope e chinesa).[1]

Joannes de Laet criticou Grotius, em 1643, num texto intitulado *Notae ad dissertationem Hugonis Grotti de Origine Gentium Americanorum* [Nota para a dissertação de Hugo Grotius sobre a origem dos povos americanos], publicado em Amsterdã, sustentando a tese da origem cartaginesa e hebréia dos índios. Mas o que interessa frisar é que, à certa altura da segunda parte do texto, Joannes de Laet explicita que certas observações sobre crenças e línguas dos índios tupinambás estavam contidas no livro décimo da *Historia Brasiliensis* de Manoel de Moraes, ainda não publicado (*Ex libro decimo Historiae Brasiliensis Emanuelis de Moraes nondum editae*).[2]

Foi o que bastou para Hugo Grotius insinuar que Joannes de Laet havia plagiado Manoel de Moraes, se é que o próprio Grotius não conhecia o manuscrito de Manoel. Em novo texto (Paris, 1643),[3] acusou veladamente Joannes de Laet de plagiário e de ter impedido a publicação da *Historia Americanorum*, de Manoel de Moraes. O caso parece intrigante, pois nas partes relativas ao Brasil Joannes de Laet menciona várias vezes um "*autheur portugais*" cujo nome não revela. Cita-o em especial nos comentários sobre as nações e costumes indígenas do Brasil, ao lado de autores como Jean de Léry, André Thevet, de modo que um leitor desavisado poderia, à primeira vista, presumir que o misterioso "autor português" era mesmo Manoel de Moraes. Foi o caso de Hugo Grotius que, além de detestar Joannes de Laet, ficou furibundo com as críticas que o último lhe havia feito em 1643.

Joannes de Laet replicou, em 1644, num curto texto, também editado em Amsterdã, sob o título *Responsio ad Dissertationem secundam Hugonis Grotti de Origine Gentium Americanorum* [Resposta para a segunda dissertação de Hugo Grotius sobre a origem dos povos americanos]. Esclareceu, antes de tudo, que o texto de Moraes não era uma *Historia Americanorum*, como dissera Grotius, mas uma *Historia Brasiliensis*, e rebateu frontalmente as acusações. Foi nosso velho historiador Capistrano de Abreu quem descobriu e traduziu esta *Responsio* de Joannes de Laet, uma preciosidade que vale citar:

> Quando Manoel de Moraes aqui chegou do Brasil, onde sempre vivera, vendo eu que ele era muito conhecedor daquelas províncias, por longa experiência, dei-lhe os meus livros sobre a América e pedi-lhe que, se observasse qualquer engano na parte que extraí dos autores aos quais me referi, mostrasse-me francamente para que os emendasse em segunda edição, fazendo menção do seu nome honrosamente. Fez o que lhe pedi quanto ao livro que trata do Brasil (pois não conhece os demais países e regiões da América) e apontou alguns erros; versam na maior parte sobre a ortografia de palavras brasileiras e da verificação de um ou outro animal ou planta. Tenho o seu autógrafo, pelo que posso provar a verdade do que digo, e também já preparei as emendas destinadas para o apêndice, no qual indicarei os pontos onde adquiri melhores informações, pois desejo sempre colher conhecimentos e transmiti-los aos outros. Mais do que tudo é contrário à verdade o que dizer sobre se havia impedido a publicação do seu trabalho; desejando saber por que ou para quê? Realmente, não foi por mim, nem por qualquer outro que eu saiba. Pelo contrário, lembro-me de haver persuadido aos nossos *Elseviers* para que estampassem a sua obra e já o teriam feito se estivesse completa, mas é fato que a levou consigo para o Brasil, a fim de concluí-la.[4]

Veja-se a que ponto chegou o silencioso e inédito trabalho de nosso ex-padre: no centro de uma das polêmicas entre Joannes de Laet e Hugo Grotius em Leiden. Nem ele imaginaria tanto!

Mas, afinal das contas, Joannes de Laet plagiou ou não Manoel de Moraes? Plagiou coisa nenhuma, o que se pode comprovar através da leitura atenta da própria obra de Joannes de Laet. Antes de tudo porque já na edição latina do *Novus Orbis* (1633), Joannes de Laet tinha mencionado, nas páginas sobre as nações indígenas do Brasil, o tal "*autheur portugais*" não identificado. É evidente que este não poderia ser Manoel de Moraes que, naquela altura, ainda lutava contra os holandeses em Pernambuco, sob as ordens de Matias de Albuquerque. Além disso, Joannes de Laet fornece indicação definitiva de qual texto do misterioso "autor português" estava utilizando em sua obra, ao informar que era texto impresso em inglês, possivelmente escrito por um jesuíta.[5] E, no prefácio da edição francesa, De Laet elenca os autores e livros consultados para cada seção da obra, mencionando, entre as fontes relativas ao Brasil, certo livro publicado em inglês por Samuel Purchas, em 1625. Eis a chave que permite dar um xeque-mate a favor de Joannes de Laet nessa polêmica.

Joannes de Laet não sabia quem era o "autor português" publicado por Purchas simplesmente porque o texto publicado era anônimo. Mas Capistrano de Abreu, séculos depois, descobriria que esse autor português do texto em inglês era ninguém menos que Fernão Cardim,[6] ex-reitor do Colégio da Bahia que, por sinal, havia conhecido Manoel de Moraes quando este lá esteve como noviço. Moral da história: Joannes de Laet, embora fosse um grande compilador, não se apropriou indevidamente da *Historia Brasiliensis* de Manoel de Moraes. Valeu-se de Manoel sobretudo como consultor, e bem pode ter sido Manoel quem sugeriu a Joannes que o "autor português" em questão era jesuíta. Hugo de Grotius cometeu, portanto, uma tremenda injustiça ao acusar Joannes de Laet.

Além do mais, não há evidência, por mínima que seja, que Joannes de Laet tenha sabotado a publicação da *Historia Brasilien-*

sis de Manoel de Moraes. O mesmo Joannes reescreveu, de sua lavra, parte do último livro da *Historia Naturalis*, de Marcgrave e Piso, publicada em 1648, baseado nas informações de Marcgrave, morto quatro anos antes, mantendo Marcgrave como autor e reconhecendo, como vimos, a autoria de Manoel no *Dictionariolum* nele incluído. Na própria *Notae ad dissertationem*, de 1643, remeteu a Manoel de Moraes algumas de suas observações sobre os tupinambás. E, na publicação dos *Anais dos Feitos*, datada de 1644, deu totalmente o crédito a Manoel no tocante às informações sobre os aldeamentos indígenas do Brasil holandês. As mesmas informações, aliás, que o ex-padre havia passado ao coronel Artichewski em Pernambuco. De modo que, nesse imbróglio da *Historia Brasiliensis*, Joannes de Laet era completamente inocente.

Enfim, no que toca à tese central sobre a origem dos nativos da América, tudo parece indicar que foi Manoel de Moraes, na *Historia Brasiliensis*, quem adotou (sem plagiar) as idéias de Joannes de Laet sobre a ancestralidade cartaginesa e hebréia dos índios. É o que se pode inferir do comentário de Arnoldus Montanus, autor de *De Nieuwe en Onbekende Weereld* [O Novo Mundo desconhecido], publicado em 1671:

> Manoel de Moraes, que adquiriu extraordinário conhecimento dos americanos por haver convivido com eles por muito tempo, é de opinião que descendem não de uma nação, mas sim do cruzamento dos cartagineses e dos hebreus, desembarcados em diversas épocas e lugares do Novo Mundo.[7]

O livro de Manoel permaneceu inédito, mas foi bastante lido e citado por alguns contemporâneos ilustres. Causa espanto, aliás, o número de autores que citou a *Historia Brasiliensis* de Manoel, evidenciando a intensa circulação de cópias manuscritas, no todo ou em parte, de diversos textos inéditos nessa época. Importam menos os louvores ao Manoel autor, pois isso era corriqueiro nas citações livrescas da época, do que o número e a qualidade das remissões.

O famoso judeu português Zacuto Lusitano, ou Abraão Zacuto (1575-1642), o médico que viveu na Holanda nessa época (trisneto do astrônomo Abraão Zacuto), conheceu os originais do livro de Manoel, a quem citou na sua *Medicinorum Principum Historia* [Princípios da história da medicina], publicada postumamente, em 1649. A propósito de certas plantas venenosas do Brasil, Zacuto se reportou a *Emmanuel de Morais, lusitanus*, como *historiae brasiliensis scriptor insignis* [insigne escritor de história brasileira], mencionando o capítulo 24, livro I, da obra de Manoel.[8]

Georg Hornius (1629-1670) voltaria a citar Manoel no seu *De origininibus americanis* [Sobre a origem dos americanos], publicado em Haia, em 1652. No capítulo II do primeiro livro, ao discorrer sobre as várias opiniões sobre a origem dos ameríndios, menciona explicitamente Emmanuelis de Moraes como responsável pela hipótese *carthaginensibus* [cartaginesa ou fenícia] contida em sua *Historia Brasiliensis, nondum edita* [não publicada]. Há indícios de que tenha recebido cópia do manuscrito de Joannes de Laet.[9]

Pouco depois seria a vez de Theophil Gottlieb Spitzel (1639-1691), grande sábio luterano, natural de Augsburg, a citar Manoel de Moraes por seu trabalho *ineditum*, o que fez na *Elevatio relationis montezimiainae de repertis in America tribubus*, publicada em 1661. Nela o alemão defendeu a origem israelita do *gentium americanorum*, citando não somente Manoel de Moraes, mas também Mennasseh Ben Israel, rabino português contemporâneo do expadre em Amsterdã.[10]

Dez anos mais tarde, o já citado Arnoldus Montanus (1625-1683), naturalista e predicante calvinista, também aproveitaria muitas informações e opiniões contidas no livro inédito de

Manoel, citando-o várias vezes no *De Nieuwe en Onbekende Weereld* [O Novo Mundo desconhecido], publicado em 1671, em particular aspectos de etnografia e história natural. Dedicado ao príncipe João Maurício de Nassau, esse livro foi traduzido para o inglês no mesmo ano de sua edição holandesa, por John Ogilby, embora com título de *America* e sem os devidos créditos a Montanus.[11]

Nicolás Antonio (1617-1684), bibliotecário de Felipe IV, de quem recebeu a ordem de Santiago, incluiu Manoel de Moraes na sua portentosa *Bibliotheca Hispana Nova*, publicada em Roma, em 1672, celebrando-o como grande escritor, apesar de não ter publicado a *Historia Brasiliensis*.[12]

Nos séculos seguintes, o misterioso *Historia Brasiliensis* de nosso Manoel não sairia de cena, citado por eruditos apoiados nos autores que haviam conhecido o manuscrito do século XVII. Foi o caso de frei Gregório García, dominicano, que citou pelo menos duas vezes o manuscrito de Manoel de Moraes no seu *Origen de los indios del Nuevo Mundo*, publicado em Madri, em 1729, baseado no que havia lido na obra de Georg Hornius.[13] Foi o caso de William Hurd, que exporia com algum detalhe a tese de Emanuel de Moraes quanto à origem cartaginesa e judia dos índios americanos, em seu livro de 1814, *A New Universal History of the Religious, Rites, Ceremonies and Customs of the New World* [Nova história universal das religiões, ritos, cerimônias e costumes do Novo Mundo], publicado em Londres.[14]

De todos esses autores que citaram o texto inédito de Manoel, Arnoldus Montanus foi talvez quem mais comentou trechos da *Historia Brasiliensis* em seu *De Nieuwe en Onbekende Weereld* [O Novo Mundo desconhecido] (1671). E assim ficamos sabendo que, segundo Manoel de Moraes, os índios do Brasil raramente viviam em paz, embora não guerreassem para conquistar terras ou roubar, senão "para satisfazer a vaidade e o insujeitável pendor pela antropofagia". Da bravura dos índios, Manoel deu numerosos exemplos, como o de um índio que, na Paraíba, lutou sozinho contra três portugueses armados, matando todos, quem sabe na própria guerra pernambucana e sob o comando do próprio Manoel... Mas nada supera o que Manoel de Moraes escreveu sobre as índias, dizendo que não havia gente no mundo mais formosa que as mulheres tupinambás. Eram tão belas "que não receiam confronto com as mais delas européias". Manoel, que andou namorando as índias antes de partir para a Holanda (pecando no sexto mandamento, como disse o provincial inaciano), houve por bem elogiá-las, com entusiasmo, na sua *Historia Brasiliensis*.

Mas, deixando de lado a formosura das índias, foi considerável a divulgação desse misterioso texto de Manoel de Moraes, embora ele mesmo tenha minorado a importância de seu escrito sobre "o sítio e fertilidade do Brasil", que deixou inacabado. Conformou-se, embora insatisfeito e frustrado, com a posição de assessor intelectual de Joannes de Laet. E, uma vez em Leiden, além de buscar a licenciatura em teologia, meteu-se em outras aventuras, que logo veremos.

18. Paixões flamengas

Manoel de Moraes fez enorme esforço para se integrar à vida holandesa e nisso se encaixam sua crescente adesão ao calvinismo, sua disposição em servir à Companhia das Índias, seu ingresso na Universidade de Leiden. Fez tudo com empenho, deixando fluir sua vocação de letrado, sem desistir, porém, de dar vôos mais altos. Ambicionava, sem dúvida, algum contrato que lhe permitisse ascender socialmente, ou algum posto de destaque, e para tanto passou anos procurando mostrar serviço aos diretores da WIC.

Nada ilustra melhor esse esforço de integração do que a opção de se casar poucos meses depois de chegar à Holanda, e de tornar a casar uma segunda vez, após enviuvar da primeira esposa. No balanço dos oito anos em que viveu nos Países Baixos calvinistas, entre 1635 e 1643, Manoel foi homem casado durante a maior parte do tempo.

Dentre os doze denunciantes que o acusaram de traição e heresia enquanto ele estava na Holanda, sete deles mencionaram o fato de Manoel viver ali casado, acrescentando alguns que tinha filhos. Os demais acusadores não poderiam mesmo mencionar o matrimônio, porque testemunharam entre junho e agosto de 1635, tempo em que Manoel mal havia chegado em Amsterdã. Os primeiros testemunhos que mencionam Manoel casado são os de Domingos Velho e Domingos Vicente, datados, respectivamente, de 22 e 24 de outubro de 1635. Domingos Velho era português nascido em Alcobaça e vivera no Brasil por cerca de vinte anos, acompanhando de perto a conquista holandesa e a queda do Arraial. Mas este somente mencionou, sem dar maiores detalhes, que Manoel de Moraes havia se casado na Holanda, para onde o haviam levado os flamengos.

Domingos Vicente, também português de São Martinho, era mestre de caravela e ofereceu maiores informações. Era o tal que dissera ter ouvido dos marinheiros de Londres o boato de que Manoel iria comandar uma esquadra de Amsterdã rumo ao Brasil. Este Domingos conheceu Manoel em Cunhaú, no Rio Grande, e foi com ele cativado pelos holandeses. Foi também em Londres que soube, por alguns soldados que lá estavam, bem como por marinheiros do porto, ser público e notório, entre eles, que Manoel ali se casara com a "filha de um dos principais da Bolsa".

Esses são os únicos depoimentos coligidos pelo Santo Ofício que mencionam Manoel casado na Holanda, já em 1635, sendo que Domingos Velho praticamente repetiu o que ouviu de Domingos Vicente, o qual, por sua vez, tinha ouvido murmurações de marinheiros e soldados no porto de Londres. Manoel de Moraes, na sua última confissão ao Santo Ofício, informou (ou sugeriu) que seu primeiro casamento havia ocorrido em fins de 1637.

Afinal, 1635 ou 1637? Em que ano se casou Manoel pela primeira vez na Holanda? Nem 1635, como disse Domingos Vicente, enganado; nem 1637, como disse Manoel, para enganar. Como vimos em capítulo anterior, pelo mesmo despacho da Câmara da WIC, em Amsterdã, datado de 10 de novembro de 1636, no qual se menciona a quantia solicitada por Manoel em contrapartida pelos

Foi na pequena cidade de Harderwijk que Manoel conheceu Margarida van Dehait, sua primeira esposa.

seus textos, ficamos sabendo que os 1500 florins, além dos oitocentos anuais, eram destinados para as núpcias que estava prestes a celebrar.

Deixando de lado, por ora, a mentira de Manoel sobre ter se casado em 1637, o engano de Domingos Vicente só pode ser explicado pelo boato que o próprio Manoel espalhou em Amsterdã, ainda em junho de 1635, de que estava para se casar com a irmã do governador de Pernambuco. Foi isso, pelo menos, o que ele disse ao irlandês Bernard O'Brien, quando conversaram naquela altura.

É possível que Manoel estivesse, desde então, disposto a se casar com uma mulher calvinista. Quem sabe havia conhecido alguma irmã de Servatius Carpentier, membro do Conselho Político do Recife, em cuja casa, na Paraíba, tinha almoçado antes de viajar para a Holanda. Muitos no Brasil chamavam de "governadores" os membros do Conselho Político do Recife. Ou, por outra, tinha avistado alguma irmã, quem sabe filha, do rico Jacob Stachouwer, homem que conhecia pessoalmente e chamava de Jacobus Estacour, também membro desse conselho.

De todo modo, apenas esses dois conselheiros do Recife holandês Manoel conheceu mais de perto, os quais eram passíveis de ser chamados de "governadores", além de figurarem "entre os principais da Bolsa" (a de Amsterdã, criada em 1608).

O certo, porém, é que tudo não passou de bazófia de Manoel, que não se casou com filha de nenhum governador, nem de grande capitalista da WIC, em 1635. Estamos diante, portanto, de uma situação extraordinária. Manoel espalhou um boato sobre si mesmo em Amsterdã, a coisa se alastrou até o porto de Londres, e alguém que conhecia o ex-padre, sabendo disso, denunciou Manoel aos inquisidores, em outubro de 1635. E, por ironia do destino, mas nem tanto, Manoel iria mesmo se casar, um ano depois, com outra mulher, noutra cidade. O boato tornou-se verdade.

Disposto a se casar com uma holandesa, Manoel se uniu, na verdade, a Margarida van Dehait, a quem havia conhecido na província de Gueldria, filha de Arnoldo van Dehait, descrito pelo próprio Manoel como mestre dos pesos (ou "que tinha o peso") da cidade de Harderwijk, por outros como arrematador dos pesos. Não era, pois, "principal da Bolsa" o sogro de Manoel, nem vivia em Amsterdã.

Arnoldo van Dehait era, contudo, homem de algumas posses, pois "ter o peso" da cidade significava que era um fiscal, possuía o contrato com a municipalidade para cobrar impostos sobre o peso das mercadorias, sendo arrendatário dessa função. Mas, como vimos, a Gueldria não era das províncias mais ricas da república, e Harderwijk era pequena cidade com modesta população de 3 mil habitantes. Além do mais, o sogro parece não ter ajudado em nada o casal, a julgar pelos pedidos de Manoel à WIC.

Pouca coisa mais, infelizmente, se pode extrair do processo inquisitorial acerca do sogro, da própria Margarida ou de como Manoel a conheceu, exceto o fato de que a encontrou em Harderwijk quando foi transferido para a Gueldria, em fins de 1635. Manoel obviamente evitou entrar em detalhes sobre o assunto ao falar dos casamentos com os inquisidores, por mais que estes lhe apertassem. Os denunciantes, por sua vez, pouco sabiam da vida privada de Manoel, exceto pelo rumor público ou por informação de alguém que esteve com ele na Holanda.

Manoel disse aos inquisidores que viveu casado com Margarida por cerca de dois anos, ficando então viúvo, e com ela teve um filho, batizado Francisco. Em depoimento ao Santo Ofício, datado de abril de 1646, Manoel contou que esse menino tinha então seis ou sete anos de idade, enganando-se na idade do filho, que nessa altura tinha oito anos. Francisco havia nascido em 1638, cerca de dois anos após o matrimônio.

Manoel e Margarida viveram por cerca de dois anos em Harderwijk, embora alguns depoentes tenham assegurado ter visto Manoel casado em Amsterdã. Um deles foi o carmelita Tomás de Alagro que, depondo em 17 de novembro de 1639, disse que tinha estado em Amsterdã em 28 de junho do mesmo ano, havia pouco mais de seis meses, e ali soubera que Manoel estava casado com uma "mulher viúva, pobre, e o casou um predicante calvinista". Acrescentou ter visto com os próprios olhos que o padre "tinha em sua casa a dita mulher da mesma maneira que outros homens casados".

O depoimento do carmelita embaralha nossos dados, porque faz passar por "viúva pobre" a filha do mestre dos pesos de Harderwijk. Mas nada impede que Margarida fosse viúva e não tenha contado com a ajuda do pai, ao escolher se casar com um mameluco vindo do Brasil e ainda por cima ex-jesuíta. No entanto, Margarida já era falecida em junho de 1639, e não consta de nenhum depoimento que Manoel tenha vivido com a segunda esposa em Amsterdã.

De todo modo, é difícil imaginar que frei Tomás tenha mesmo visto Manoel em casa com sua esposa (pois convidado é que não

A vida em família e o cuidado com os filhos eram grandes virtudes da moral calvinista. Manoel de Moraes passou por essa experiência com Margarida e com Adriana.

foi), salvo se ficou na espreita para observá-lo, pois o carmelita parecia detestar Manoel. Tinha o frei Tomás motivos para tanto, pois Manoel ficou muito associado à queda da Paraíba, e as terras do mosteiro do Carmo na capitania acabariam confiscadas pelos holandeses. De sorte que, neste particular, presumo que o carmelita mentiu, ao dizer que tinha visto, em junho de 1639, Manoel casado com alguma mulher em Amsterdã. Talvez soubesse do iminente enlace de Manoel com Adriana Smetz, que viria a ser sua segunda esposa. Ou viu, enfim, Manoel com outra mulher, em alguma aventura.

Outro que afirmou ter visto Manoel casado em Amsterdã foi um certo João Fernandes, que estava preso no Santo Ofício por culpas de judaísmo. Em depoimento datado de 5 de julho de 1640, disse tê-lo visto, em 1636, casado na cidade com uma "flamenga calvinista". Mas também esse depoimento não se sustenta, sendo provável que João, sabedor de que Manoel era homem casado em 1640 (pela segunda vez), recuou deliberadamente em quatro anos o episódio para mostrar serviço aos inquisidores. Ou quem sabe viu Manoel com outra mulher em Amsterdã, que não Margarida.

Nesse mar de incertezas e lacunas, sabe-se, porém, que Manoel viveu com Margarida em Harderwijk e enviuvou em 1638, sendo o caso de conjecturar se Margarida não morreu no parto ou em conseqüência dele, fato corriqueiro naquela época. Manoel nada disse sobre isso aos inquisidores, exceto que a criança ficou com o avô, Arnoldo van Dehait, após a morte de Margarida.

Em 1639 já estava em Leiden, ou na aldeia de Rinsburg, como vimos, embora só tenha se matriculado na universidade em julho de 1640. Mas foi em Leiden que conheceu Adriana Smetz, que vivia junto à livraria da mesma cidade, perto da universidade. Desta moça também se sabe muito pouco, exceto que era muito linda. O velho historiador Oliveira Lima, em artigo pioneiro de 1907, sugeriu que talvez Adriana, e não Margarida, fosse a "viúva pobre" com quem se casou Manoel.[1] É possível.

A beleza de Adriana, porém, não se discute. "Uma das mais formosas que havia no país", foi o que dela disse, por ouvir dizer, o embaixador português Francisco de Andrade Leitão (se é que ele mesmo não a viu), diplomata que testemunhou por escrito ao Santo Ofício em maio de 1646. Adriana devia ser mesmo de uma beleza estonteante, para merecer tal comentário do embaixador de d. João IV, sinal de que havia um disse-me-disse sobre a mulher de Manoel entre os portugueses que passaram pela Holanda.

Em texto delicioso sobre os desertores da guerra pernambucana (Manoel incluído, claro!), Leonardo Dantas Silva comenta, com graça, que Adriana "logo se tornou enfeitiçada pelo mulato brasileiro"[2] (na verdade mameluco de tez escura). Mas bem pode ser que tenha sido ele, Manoel, o enfeitiçado pelos atrativos da holandesa. Estamos, então, diante de um provável caso de paixão irrefreável, e o próprio Manoel admitiria mais tarde que se havia casado com ela "por fraqueza da carne", por não haver conseguido controlar seu apetite libidinoso.

Manoel de Moraes viveu com Adriana Smetz por dois anos, mais ou menos, segundo disse. Logo, manteve o segundo casamento até cerca de 1642, quando se mudou para Amsterdã e, desfrutando de melhores condições financeiras, regressou a Pernambuco, em outubro de 1643, como veremos adiante. Com Adriana disse que teve duas meninas, cujo nome ninguém mencionou, nem mesmo ele, quando interrogado no Santo Ofício, as quais abandonaria definitivamente, largando a família e a antiga paixão amorosa por outras paixões e interesses.

Não é impossível, entretanto, que as duas meninas fossem filhas dela com o marido defunto e não com ele, Manoel.[3] Reforça essa hipótese o fato de Manoel jamais ter mencionado o nome das meninas, somente o do filho Francisco. Reforça-a ainda mais o fato de Manoel ter levado Francisco para viver consigo, após se casar com Adriana, tirando-o da casa do avô paterno. Mas é verdade que, embora jamais as tenha citado nominalmente em nenhuma ocasião, nem informado sobre a idade delas, Manoel considerava as meninas como suas filhas. E foi Adriana quem assumiu o papel de mãe na criação de Francisco, filho do primeiro casamento de Manoel.

Uma avaliação de conjunto desses dados escassos permite assegurar que Manoel se casou duas vezes em circunstâncias diferentes, mas com motivações parecidas. No primeiro caso, considerando que na Holanda eram proibidos matrimônios entre pessoas de diferentes religiões, o casamento com Margarida consolidava sua condição de calvinista, abrindo-lhe novas perspectivas no serviço da WIC.

Não sabemos quem escolheu Manoel para marido de Margarida, se o pai ou a própria moça, mas não deixou de ser escolha inusual. Afinal, tratava-se de um recém-chegado do Brasil, ex-padre católico e mameluco. O padrão masculino holandês era sabidamente diferente: "Os homens, em geral altos, fortes e robustos, tinham um físico avantajado, a pele branca, a tez viva, as formas cheias".[4]

Manoel era também alto, porém magro e de tez escura, mestiço de índio que alguns descreveram como preto. Um casamento desse tipo seria quase impossível em Portugal ou no Brasil da mesma época, sobretudo com mulher branca. Mas pode ser que tenha sido Margarida a escolhê-lo, atropelando o pai, e na Holanda isso não era incomum. Mas isso não sabemos, nem saberemos jamais. O certo é que Manoel viu nesse casamento a possibilidade de receber alguma ajuda financeira mais substantiva da WIC, sem prejuízo de outros apetites. Viver casado como calvinista era condição que favorecia sua posição junto à WIC. Era prova de que estava disposto a viver como calvinista e a defender os interesses dos holandeses, especialmente sendo ex-padre católico.

Mas o segundo matrimônio parece ter sido também motivado pelo coração ou pela "fraqueza da carne", como disse Manoel, para não dizer outra coisa. Manoel conheceu Adriana na livraria próxima à universidade da bucólica Leiden, encantou-se por ela, mesmo sendo moça pobre, e ela por ele, preterindo eventuais homens robustos de tez branca que moravam ali. A WIC decerto apoiou esse novo enlace, por seu turno, ajudando o casal com algumas patacas de pensão para a manutenção da casa. Também nesse caso, vale frisar, Manoel fez os seus cálculos financeiros, sem desmerecer os dotes naturais de Adriana.

Seja como for, as informações não ajudam. As notícias dos matrimônios e da vida conjugal de Manoel de Moraes constantes de seu processo são de uma pobreza desanimadora, quase irritante. Há que ter paciência, ao menos porque as raras informações que nele há, e o fato de Manoel de Moraes ter se casado duas vezes, indicam claramente o empenho do ex-padre em mudar de vida. "Viver como aqueles homens" holandeses, foi o que ele mesmo disse, ainda na Paraíba, ao defender seu direito a comer carne, fosse ou não dia santo.

Na falta de informações diretas, vale preencher a lacuna com a imaginação, melhor dizendo, com o que se sabe acerca dos casamentos na Holanda daquela época, os costumes, a conduta das mulheres, os namoros, a família.

Para Manoel ter conseguido se aproximar de uma moça de família, como era Margarida van Dehait, era preciso que tivesse já alguma familiaridade com a língua e os costumes do país.

Era preciso freqüentar as festas em que os rapazes dançavam em volta de fogueiras no campo e cortejavam as moças, como na Gueldria, onde Manoel conheceu Margarida. Subir no telhado da pretendida, de madrugada, para deixar um ramo de flor ou ramagem. Arranhar sua porta em duas noites e na terceira bater, esperando ansiosamente por uma batida do lado de dentro, sinal de aprovação para alguns avanços. Conversar à janela ou à entrada da casa, mandar bilhetes, conseguir autorização paterna para visitar a moça.

Por vezes eram os pais que tomavam a iniciativa de arrumar marido para as filhas solteironas, recorrendo a intermediários especializados (e remunerados). Estes reuniam rapazes solteiros, geralmente nos domingos, na praça da aldeia ou vila, e divulgavam a lista das casadouras, orientando os passos da aproximação, conforme os costumes.[5]

Se foi assim que Manoel conheceu Margarida, eis algo difícil de responder. Isso lhe pouparia de alguns dissabores, não há dúvida, a começar pelo uso da língua. A confirmar esta possibilidade, ele mesmo admitiu para os inquisidores que, na Gueldria, "teve comunicação com os calvinistas que povoam aqueles lugares" e nisso "tratou de casar a seu modo".

É verdade que Manoel foi aprendendo a língua dos holandeses desde os tempos de Pernambuco (como Calabar, que aprendeu muito rápido), mas ali, no Pernambuco conflagrado, se tratava de dominar o vocabulário e os verbos ligados a operações militares e assemelhadas, tratando com oficiais e soldados que falavam várias línguas. Alguns até arranhavam português, como o coronel Artichewski, mas este mesmo era polaco, enquanto Von Schkoppe era alemão, e por aí vai. A comunicação entre os conquistadores "holandeses" e seus colaboradores da terra fluía "babelicamente", por assim dizer. Muito diferente era falar com uma futura noiva, tratar com um Arnoldo van Dehait sobre o interesse em desposar sua filha.

E falar em língua dos holandeses é dizer muito pouco. O holandês (*nederduytsch*) ainda não se havia tornado o idioma nacional, no século XVII, de modo que em algumas províncias se falava flamengo; nos distritos rurais do norte falava-se frísio; em boa parte da Gueldria o comum era um "dialeto derivado do baixo-alemão, nem holandês, nem *plattdeustch*".[6] Justo na Gueldria, onde Manoel conheceu Margarida, falava-se esse tal dialeto que mesclava o *nederduytsch* com o *plattdeustch*!

Seja como for, queimando etapas e contando com alguma ajuda, Manoel percorreu caminhos complicados para desposar Margarida van Dehait. Cumpriu, de todo modo, os ritos nupciais calvinistas.

Tais matrimônios eram geralmente celebrados em série, na igreja, perante um predicante, ou na Câmara municipal, perante um funcionário leigo. Ambos valiam o mesmo, sendo o matrimônio essencialmente um contrato, não mais um sacramento. O próprio Manoel, apesar da relutância, admitiria aos inquisidores que se casou desse modo, dizendo que o costume era o casal se apresentar diante de um predicante e, dando-lhe conta de que estavam ambos de acordo com o matrimônio, rezava o pastor umas breves orações e assunto encerrado.

Também o casamento com Adriana Smetz se fez do mesmo modo oficial, como o próprio Manoel admitiria, depois de preso, e muitos disso sabiam. Mas nesse caso a aproximação deve ter sido mais fácil, ele já dominava melhor a língua, os códigos, os ritos.

E vale a intuição de que Adriana era das que sabia desfrutar das liberdades que caracterizavam as moças holandesas, que costumavam beijar em público, falar sem rodeios, namorar abertamente, costume que indignava os predicantes calvinistas mais implacáveis, e chegou mesmo a chocar alguns estrangeiros que visitaram Amsterdã, inclusive franceses! Afinal, Adriana era moça bela e só, morava perto da Universidade de Leiden, e as liberdades eram muitas.

Manoel de Moraes se casou duas vezes e constituiu família, tendo um filho com Margarida e assumindo as duas meninas com Adriana, se é que as meninas não eram filhas dele mesmo. Viveu, portanto, a rotina dos casamentos holandeses, que tinham na vida conjugal um dos pilares da comunidade, um esteio da república.

Mas, para alcançar melhor a importância da família conjugal como base da comunidade e do Estado, nas províncias calvinistas, o melhor é percorrer os moralistas da época, as canções populares e sobretudo a pintura, a grande pintura holandesa do século XVII. É nelas que encontramos a enorme valorização da vida privada, a mulher como gestora da casa e protetora do marido e dos filhos, o homem como provedor do lar.

No tocante às esposas, uma plêiade de gravuras, de que não cabe aqui dar detalhes, representava as mulheres fiando, costurando, limpando as casas (verdadeiro traço da cultura holandesa essa obsessão com a limpeza), catando piolhos e lêndeas na cabeça dos filhos. A divulgação das pinturas de interiores, da vida em família, de cenas cotidianas da vida doméstica, tudo isso diz muito sobre a importância do lar na Holanda do tempo de Rembrandt.

Esse aconchego familiar era um sólido valor moral na cultura dos Países Baixos calvinistas e, nesse ponto, à diferença do catolicismo, valorizava-se muito o afeto entre os esposos, a ternura, o companheirismo e mesmo o encontro sexual. "Ninguém tinha dúvida de que a afeição conjugal incluía ternura física",[7] escreveu Simon Schama. De sorte que o sentido do casamento, entre os calvinistas da Holanda, longe estava de se limitar à procriação ou à função de remédio para a fornicação. Pelo contrário, o sexo entre marido e mulher era muito recomendado em certos manuais da época.

Nosso Manoel de Moraes se meteu num mundo como esse, quase idílico, e deve ter experimentado um sentimento de liberdade impensável no mundo católico em que até então tinha vivido. Além de poder ganhar algum dinheiro, inclusive ambicionar riqueza, que por isso não iria ao inferno, desfrutava do aconchego do lar numa casa sempre limpa, da companhia de uma esposa dedicada, como foram as suas, para não falar dos deleites ao lado da belíssima Adriana Smetz.

Manoel não esqueceria Adriana e as meninas, nem mesmo depois de preso no Santo Ofício, após passar por mil peripécias. Ao menos declarou, na sessão de inventário, que devia alimentos a Adriana Smetz, em consciência, e às suas duas meninas, sabedor de que tal declaração equivalia a reconhecer de vez a união matrimonial contraída com uma herege.

Na verdade, a vida na Holanda ofereceu a Manoel de Moraes um outro mundo em tudo distante do que havia conhecido na infância paulista, nas matas de Piratininga, entre cobras e lagartos; ou no colégio jesuíta da Bahia, onde aprendera que quase tudo era pecado e condenava ao inferno; ou, ainda, nas guerras pernambucanas, onde a vida de cada um estava sempre por um fio, entre hereges inimigos e católicos rivais, e bastava um descuido para ser "feito em quartos", como Calabar.

Não resta dúvida de que Manoel mergulhou de cabeça nesse mundo holandês. A ética protestante lhe abria novos horizontes e também por isso andou realçando suas virtudes contra o catolicismo, em conversas de rua com portugueses, em Amsterdã. Do mesmo modo se esmerou no serviço da WIC, fazendo o que lhe pediam, no aguardo de melhores oportunidades. Foi assim que assumiu a vida de casado e constituiu família.

Nosso Manoel de Moraes era, porém, homem esquivo, camaleônico, ambivalente, dissimulado. Tinha passado a maior parte da vida como católico, atuando como missionário jesuíta e lutando como capitão de emboscada contra o mesmo holandês a quem agora servia por dinheiro.

Entre o lar calvinista e as origens católicas, Manoel ficava em dúvida. Ficava em dúvida entre a paixão por Adriana e o amor à Virgem Santíssima. Entre a família e a política. Entre a segurança de Leiden e a saudade da guerra colonial. Entre o trabalho e a aventura.

19. Manoel calvinista

Condição *sine qua non* para ascender socialmente na Holanda era aderir ao calvinismo, o que Manoel percebeu ainda em Pernambuco, enturmando-se nos cultos da soldadesca. Na Holanda, foi como calvinista que ele passou a receber seus ordenados; foi nos ritos calvinistas que contraiu seus matrimônios; foi como calvinista que manteve relações pessoais com autoridades holandesas e diretores da WIC, a exemplo de Joannes de Laet, seu padrinho em Leiden.

O calvinismo era o suporte das sete províncias dos Países Baixos que haviam resistido à Espanha católica e fundado a União de Utrecht (1579), o "País dos Estados Gerais". Apesar da tolerância religiosa tradicionalmente atribuída às Províncias Unidas, em especial à Holanda, tratava-se de um *Estado confessional*, ancorado numa certa versão ortodoxa do calvinismo como religião oficial.[1]

Mas nem por isso o calvinismo era uma unanimidade nessas províncias ditas calvinistas. Ainda no século XVII, somente um terço da população das sete províncias era assumidamente calvinista, o que por si só confirma o grau de tolerância desse Estado, ainda que as demais confissões religiosas sofressem restrições.² Mas comparada ao que se passava nos países ibéricos, onde a única religião admitida era o catolicismo, a tolerância religiosa das Províncias Unidas é indiscutível, particularmente na Holanda, a principal delas.

Chegar a este ponto de equilíbrio entre religião oficial e tolerância religiosa foi, porém, processo tortuoso. Basta lembrar a "crise religiosa" dos anos 1610-1619, quando se defrontaram encarniçadamente dois partidos calvinistas, cada qual expressando sua própria leitura teológica e política da "verdadeira religião cristã".

De um lado, os *arminianos*, nome derivado do pastor de Amsterdã, Jacobus Arminius (1560-1609), que pregava um calvinismo mais liberal, adepto do livre-arbítrio, defensor da ação humana como critério para a obtenção da graça divina. Crítico, portanto, da doutrina calvinista da predestinação tomada ao pé da letra.

Os seguidores de Arminius compuseram o famoso documento de cinco pontos, conhecido como *Remonstrance*, propondo uma flexibilização do calvinismo em matéria teológica. Por isso ficaram conhecidos como *remonstrantes* e tiveram o apoio político de Hugo Grotius e sobretudo do "Pensionário da Holanda" (procurador da província), Johan van Oldenbarnevelt (1547-1649), homem poderosíssimo. Os especialistas costumam relacionar, com certa razão, a corrente *arminiana* à burguesia das cidades, bem como a uma expectativa de maior autonomia das províncias e das próprias igrejas protestantes diante dos Estados Gerais.

Em oposição havia os *gomaristas*, nome derivado de Franciscus Gomarius (1563-1641), que havia sido colega de estudos de Arminius, em Leiden, defensor da ortodoxia calvinista e da subordinação da Igreja ao Estado. Isso equivalia, teologicamente, a defender a vontade absoluta de Deus quanto à salvação das almas, independentemente das obras humanas em vida (predestinação radical). Equivalia também a defender o "servo arbítrio", com o pressuposto de que, desde o *pecado original*, o homem era prisioneiro da tentação diabólica, e só a graça de Deus poderia livrá-lo do mal. Os *gomaristas* ou *contra-remonstrantes* foram apoiados, em grande medida, pelo campesinato e pelos pobres da cidade, bem como pelo príncipe Maurício de Nassau-Orange (1567-1625), inimigo mortal de Oldenbarnevelt.

A controvérsia se resolveu, a duras penas, no famoso Sínodo de Dordrecht (1618-1619), que condenou o arminianismo. Muitos pastores arminianos foram depostos e o próprio Oldenbarnevelt foi condenado à morte, como traidor do Estado, e decapitado no mesmo ano de 1619. As perseguições aos arminianos só cessaram com a morte do príncipe Maurício, em 1625, mas o resultado do embate foi a consagração do calvinismo ortodoxo como religião oficial.

Manoel de Moraes chegou a Amsterdã em 1635, passados já dez anos da "crise religiosa" vivida na Holanda, e decerto não fazia a mínima idéia de nada disso. Mal conhecia o *nederduytsch* falado nas ruas da cidade, quanto mais as controvérsias teológicas do calvinismo holandês. Sua visão do calvinismo, que aprendeu no colégio baiano dos jesuítas, era a visão da Contra-Reforma, que tratava a "seita de Calvino" como heresia contestatória da autoridade apostólica do papa, dos sacramentos e dos santos. "Seita de Calvino", "seita de Lutero", dava tudo quase no mesmo na versão oficial (inquisitorial e tridentina) da Igreja de Roma.[1]

É verdade que Manoel era homem razoavelmente preparado em teologia, tendo formação jesuítica, e admitiu, depois de preso, que tinha lido a *Instituição da religião cristã*, de Calvino, provavelmente em latim, língua original do texto publicado em 1536.

Freqüentou, também, igrejas calvinistas em Harderwijk, Leiden e sobretudo em Amsterdã, embora nos primeiros anos compreendesse muito mal a língua. Soube dizer que rezavam com freqüência os Salmos de Davi em holandês, mas deu a entender (ou pelo menos os inquisidores assim o entenderam) que acompanhava as orações em latim. É mais que provável que, com o passar dos anos, incluindo dois casamentos e muitas tratativas com holandeses, Manoel tenha conseguido aprender holandês o suficiente para acompanhar as prédicas, embora tenha sempre insistido junto aos inquisidores que jamais aprendeu a "língua dos hereges".

Na verdade, se dominava mal a língua, Manoel conhecia o calvinismo muito mais do que gostaria de admitir para os inquisidores, como acabou admitindo. Por exemplo, sabia que o calvinismo reconhecia a Santíssima Trindade, apesar de pregar que tudo dependia unicamente de Deus; que o calvinismo valorizava a "Santa Ceia" (presença espiritual de Deus), em contraposição à transubstanciação inerente ao sacramento da Eucaristia, no qual a hóstia e o vinho eram, de fato, o corpo e o sangue de Cristo; que o calvinismo só sacralizava o batismo e a ceia, abolindo os demais sacramentos; que o calvinismo fazia tudo depender da vontade de Deus, sobretudo a Graça, em nada contando as obras do homem no mundo.

Contudo, o calvinismo que porventura atraiu Manoel não era tanto o da fé interior, senão a doutrina que lhe permitia mudar sua vida pessoal. O calvinismo que não penalizava, por princípio, a riqueza material, pelo contrário, reconhecia nela, desde que moderada, um possível sinal da graça divina.[4] O calvinismo que não exigia o celibato dos que assumiam a função pastoral, pelo contrário, valorizava a família conjugal para todos os cristãos. O calvinismo que não condenava o erotismo em absoluto, pelo contrário, aprovava o sexo entre marido e mulher.[5]

Em compensação, Manoel assumiu, ou foi a isso obrigado, o lado mais propagandístico do calvinismo como religião contrária ao catolicismo. E, assim, pregava contra o culto de santos e das imagens, chamava o papa de Anticristo, duvidava de sua autoridade apostólica, questionava o valor dos sacramentos da Igreja. Pregava tudo isso para católicos, a modo de agradar a WIC, mostrar serviço, garantir o seu ganha-pão na Holanda.

Sem desmerecer os estudos que Manoel de Moraes porventura fez da doutrina calvinista, sua leitura da *Instituição da religião cristã* e de outros textos que certamente leu em Leiden, seu guia, nesse ponto, foi Miguel de Montserrate. Um catalão de origem conversa que tinha abraçado o calvinismo na Holanda e vivia casado em Haia.

Miguel de Montserrate que, segundo Manoel, também havia sido sacerdote católico, na verdade tinha fugido da Inquisição como judaizante! Converteu-se ao calvinismo, para desgosto da comunidade judaica de Amsterdã, e se pôs a serviço da WIC ou dos Estados Gerais, recebendo estipêndios *ventris et cupiditatis gratia*. Exatamente como faria Manoel, embora Montserrate se dedicasse a escrever livros contra a Igreja.

Miguel de Montserrate publicou vários opúsculos, mas somente dois deles podem ter chegado ao conhecimento de Manoel, pois os demais são posteriores a 1645. Foram eles a *Christiana confesión de la fé* [Confissão da fé cristã] e o *In Coena Dominis* [Ceia do senhor], ambos impressos em 1629, o primeiro em Leiden, o segundo em Haia. Na *Christiana confesión*, Montserrate defendeu a Santíssima Trindade, a Criação, a Providência, a divindade de Cristo, a Paixão e a Ressurreição. Mas somente reconheceu dois sacramentos, o batismo e a Santa Ceia, a qual chamava, ao modo calvinista, de "recordação e memória". Além disso, sustentou que o "homem era justificado por sua fé, sem as obras da lei", e criticou frontalmente a confissão auricular. Já o *In Coena Dominis* era um libelo contra os inquisidores e o papa.[6]

É possível que Manoel de Moraes tenha lido esses dois livros de Montserrate, com quem aliás devia se identificar, *in ventris et*

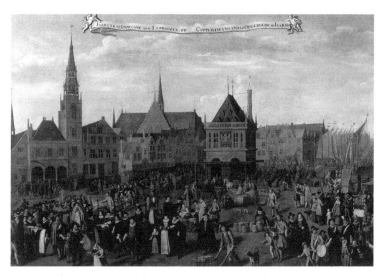

A partir de 1635, Manoel de Moraes passou a circular por Amsterdã a serviço da WIC.

cupiditatis gratia, sem saber, ao que parece, que o catalão era de origem judaica, pois de judeus Manoel não gostava, como veremos. Montserrate dedicou o primeiro livro aos "*ilustríssimos e mui magníficos da Província de Holanda e West-Frísia*", apresentando-se como "*criado muy humilde de Vuestras Señorias Ilustríssimas*". E o segundo dirigiu aos "altos e poderosos senhores das Províncias Unidas dos Países Baixos".

Manoel de Moraes era fã de Montserrate e deve ter aprendido boa parte de seu calvinismo nos livros do catalão. Um deles chegou a comprar, não disse qual, e parece não ter se desgrudado do volume, chegando mesmo a levá-lo consigo para Lisboa, a caminho da Inquisição.

De sorte que o calvinismo de Manoel de Moraes foi, por assim dizer, instrumental. Filtrou da chamada "verdadeira religião cristã", guiado por Montserrate, aquilo que lhe convinha para tentar enriquecer e usufruir dos prazeres do mundo. E, nisso, também adotou a visão estereotipada do combate calvinista à Igreja de Roma. Seu calvinismo era individualista e profissional. É provável que, no entusiasmo dos primeiros anos de Holanda, quando escreveu seu livro sobre "as fertilidades do Brasil", e sobretudo quando passou a Leiden, travando contato com sábios da universidade, Manoel sonhasse em se tornar um novo Montserrate.

Mas nada disso significa dizer que Manoel sempre permaneceu católico de coração e calvinista por conveniência, como se esforçou em demonstrar para os inquisidores. Nem seu calvinismo era tão superficial, nem seu catolicismo tão inabalável. Afinal, por conveniência material ou convicção circunstancial, Manoel desafiou muitas crenças, ritos e sacramentos da Igreja de Roma, além de romper unilateralmente os votos de obediência, pobreza e castidade que havia feito como clérigo de ordens sacras, para não dizer jesuíta (só faltou o voto solene para sê-lo completamente).

No entanto, Manoel esteve longe de laicizar totalmente sua consciência, assumindo-se como *homo oeconomicus* indiferente às coisas da fé. Por mais pragmático e ardiloso que fosse, permanecia um homem religioso e cristão, talvez mais católico do que calvinista.[7] Manoel valorizava o sacramento da missa, acreditava na confissão como meio de expiação dos pecados, no valor das obras para a salvação ou condenação eternas. Manoel acreditava na santidade da Virgem Maria como intercessora por excelência entre Deus e os homens.

Seus atos, muito mais do que disse ou deixou de dizer, sob pressão, aos inquisidores, eis o que permite cogitar dessa hipótese. Hipótese de que Manoel de Moraes, em matéria religiosa, viveu um tremendo drama de consciência.

20. Na igreja do Cordeiro Branco

Apesar da força do calvinismo nos Países Baixos e da afirmação da ortodoxia como base de seu Estado confessional desde 1619 (com o triunfo do gomarismo no Sínodo de Dordrecht), o catolicismo esteve longe de desaparecer do país.

O historiador Henk van Nierop estima que, no século XVII, nada menos que 50% da população das Províncias Unidas era composta de católicos e, particularmente na Holanda, essa população alcançava cerca de um terço.[1] Jonathan Israel propõe números mais prudentes, demonstrando que os católicos eram muito numerosos, mas minoritários. Em Amsterdã, 14 mil eram católicos, em 1635, numa população total de 120 mil habitantes. Em Leiden, cerca de 3 mil o eram, numa população de 55 mil. A província com maior índice de católicos era, sem dúvida, a de Utrecht, que contava com cerca de 9 mil deles numa população de cerca de 30 a 35 mil pessoas.[2]

De todo modo, havia na Holanda e demais províncias calvinistas uma minoria de católicos nada desprezível, que, por sinal, enfrentava enormes dificuldades para manter sua religião. A maior ou menor tolerância das autoridades em relação aos católicos variou muito entre províncias e cidades. A tolerância foi maior nas cidades onde havia regentes de tendência *arminiana* e menor nas zonas rurais e nas cidades *gomaristas*, que eram a maioria. No caso das províncias, foi maior em Utrecht e menor na Zelândia e na Frísia, que eram muito rigoristas. A Holanda ocupou situação intermediária nesse quadro, apesar de sua fama de tolerante em matéria de "liberdade de consciência". Mas Amsterdã era a cidade que mais abrigava católicos, em números absolutos, na Holanda do século XVII.

Tolerância à parte, a vida dos católicos era difícil, sobretudo a partir de fins do século XVI, quando os Estados Gerais proibiram os cultos públicos, as igrejas, os mosteiros e os conventos católicos sob a jurisdição da casa de Orange. Onde havia mais tolerância, os católicos podiam manter um culto discreto, desde que pagassem taxas às autoridades municipais. Mas não ficavam livres de multas, prisões ou até banimentos, em caso de transgressões ou escândalos. Se não chegou a haver, em todo o país, perseguições sistemáticas contra católicos, a exemplo do que ocorria nos países católicos contra os "hereges", a restrição ao catolicismo talvez seja o aspecto que mais relativiza a tolerância holandesa nos séculos XVI e XVII.

A Igreja de Roma tentou resguardar seus fiéis na Holanda e demais províncias calvinistas, criando um vicariato-geral, em 1592, encarregado de organizar a vida eclesiástica naquelas partes. Foi a chamada *Missio Batava* ou *Missio Hollandica*, na qual se destacou o vigário Felipe Rovenius (1574-1651), sobretudo nas décadas de 1630-1640, exatamente no tempo em que Manoel viveu na Holanda. Basta dizer que o número de sacerdotes católicos nas províncias calvinistas saltou de setenta, em 1609, para 482, em 1638, incluindo clérigos seculares e regulares (até mesmo jesuítas militaram na Holanda naquele tempo).

A *Missio Hollandica*, no entanto, somente pôde sustentar um catolicismo mais ou menos clandestino, variando a situação das igrejas secretas conforme as negociações, caso a caso, com as municipalidades. Predominavam, no conjunto, capelas secretas, igrejas particulares. Os "papistas" e "idólatras", como eram depreciativamente chamados os católicos na Holanda, viviam sua religiosidade num confinamento quase criptocatólico. Nada de procissões, de culto público a santos ou de celebrar a Virgem Maria Santíssima. Em algumas localidades, chegou-se ao ponto de a missa ser proibida, sob ameaça de fortes penalidades (multas, desterros).[3]

Manoel de Moraes viveu todo esse clima anticatólico nos seus tempos de Holanda. Dele participou do lado dos calvinistas, provocando portugueses ou espanhóis que passaram por Amsterdã e freqüentando cultos calvinistas. Mas não foi sempre assim.

É claro que, respondendo aos interrogatórios inquisitoriais, a partir de 1646, Manoel negou o quanto pôde o proselitismo calvinista que lhe foi imputado, embora tenha admitido que participava de cultos protestantes. Mas insistiu em que, desde o início, freqüentou as capelinhas secretas de Amsterdã, ouvindo missa, comungando e fazendo confissões. Mentira de Manoel dizer que freqüentava igrejas católicas desde sua chegada à Holanda, o que só disse por recear os piores castigos do Santo Ofício.

Por outro lado, não resta dúvida de que, algumas vezes, e a partir de certo tempo, passou a freqüentar as capelas clandestinas de Amsterdã, a exemplo das "missas rezadas fora da porta das Regalias" ou na igreja do Cordeiro Branco. No início de seu processo, chegou a dizer que mais de duzentas pessoas, entre homens e mulheres, poderiam testemunhar que ele era *habitué* da igreja do Cordeiro Branco, pelo visto a principal igreja da "colônia portuguesa" na cidade.

Houve, porém, testemunhas que deram notícia detalhada das "recaídas católicas" de Manoel. Foi o caso de João Guterres de Oliveira, que havia lutado a seu lado na resistência de Itamaracá.

Estando na Holanda, foi com Manoel algumas vezes "a ouvir missa em casas particulares" e o viu com rosário na mão, rezando como católico.

Foi também o caso do capitão João Pessoa Bezerra, a quem Manoel livrou da prisão, em Amsterdã, também testemunha de que ele rezava "pelas contas" na igreja do Cordeiro Branco. O jovem João Pereira, soldado que passou por Amsterdã, confirmou a mesma coisa. Sebastião de Carvalho também "ouviu missa na Holanda" em companhia de Manoel de Moraes, de João Bezerra e de seu criado Francisco Carvalho. Sebastião de Carvalho ainda acrescentou que Manoel defendia muito o catolicismo contra o calvinismo, pelo que o aconselhou a ter cuidado, para que os holandeses não o matassem.

Jerônimo de Oliveira Cardoso foi outro, e com esse completo a lista dos que viram Manoel freqüentar, com grande risco, as capelas clandestinas de Amsterdã, comungando e confessando, embora mantivesse a barba e o traje de secular. Jerônimo era homem graúdo, pois representava ninguém menos que João Fernandes Vieira, futuro líder da insurreição pernambucana, nos negócios que este mantinha em Amsterdã.

Foram tais depoimentos muito favoráveis a Manoel, no Santo Ofício, porque confirmavam seu catolicismo enrustido. É possível, no entanto, colocá-los em xeque. Alguns desses depoentes eram homens que Manoel havia ajudado, livrando-os de apuros em Amsterdã, graças a seus contatos. João Guterres era velho companheiro de guerra, e mais prezava a ajuda que Manoel lhe havia dado na Holanda que sua traição na Paraíba. Jerônimo de Oliveira Cardoso era comerciante de grosso trato, procurador de João Fernandes que, como Manoel, tinha negócios com os holandeses. Todo o grupo, enfim, tinha "pousado" com Manoel na mesma casa, em Amsterdã, ainda que em ocasiões diferentes.

Mas, se por um lado, muitos deles realçaram as recaídas católicas de Manoel por gratidão ou amizade, por outro lado, o fato de terem compartilhado com ele a vida em Amsterdã reforça a verossimilhança dos testemunhos. Reforça ainda mais esta possibilidade o fato de serem testemunhos relativos aos anos de 1641 a 1643. Jerônimo de Oliveira Cardoso, por exemplo, testemunha-chave dessa turma que ia ao Cordeiro Branco ouvir missa secreta, permaneceu em Amsterdã desde 1641 até julho de 1643.

A confirmar essa pista, vale mencionar os depoimentos dos embaixadores de Portugal com os quais Manoel se encontrou nessa época, propondo "negociatas", como veremos mais tarde. Refiro-me a Tristão de Mendonça Furtado, com quem esteve em 1641, e a Francisco de Andrade Leitão, com quem esteve em 1642, além do secretário diplomático de d. Tristão, do camareiro do embaixador e muitos outros. Apesar de não caírem totalmente na conversa de Manoel, pois viam como ele agia publicamente, os diplomatas e seus assessores ou criados foram de opinião de que Manoel não era "verdadeiramente herege", e no fundo permanecia católico. Há que considerar esses testemunhos, ainda que com a devida reserva, pois partiram de homens que tinham absoluta clareza da traição perpetrada por Manoel.

Foi provavelmente nesse tempo que, discutindo com o capucho frei Ângelo em Amsterdã sobre certo "caso de consciência", Manoel usou argumento de autoridade, dizendo que "mais valia um cozinheiro da Companhia de Jesus" que um letrado franciscano. Até o *esprit de corps* jesuítico Manoel foi capaz de resgatar num momento de raiva.

E com isso conseguimos dar um passo a mais para alcançar os sentimentos de Manoel, em matéria de religião, durante seu "exílio" holandês. Nos primeiros anos, algum deslumbramento com o calvinismo, disposição para estudá-lo, necessidade de exercitá-lo para garantir seus ordenados, manter a família, quem sabe galgar algum posto importante ou arrancar um contrato vantajoso da WIC.

Com o passar do tempo, frustrado com a falta de melhores chances, e não obstante a licenciatura obtida em Leiden ou seus amores com Adriana Smetz, passou a freqüentar as capelas clandestinas da *Missio Hollandica* em Amsterdã. Rosário na mão, comunhão na missa e confissões dos pecados para padres secretos — e os dele eram muitos. Veremos a seu tempo que as notícias que veio a ter de Portugal, especialmente da Inquisição, tiveram peso considerável nesta recaída católica de Manoel.

Mas foi uma recaída secreta, lenta, errática, indicativa do dilema religioso que afligia Manoel de Moraes, por mais ardiloso e calculista que ele fosse. Se Manoel não foi sempre católico, como tentou convencer mais tarde os inquisidores, também não mergulhou totalmente no calvinismo publicamente assumido. O certo é que, pelos idos de 1641, começou a viver dramaticamente a contradição entre, de um lado, ser ainda muito católico, e de outro, ter escolhido viver no calvinismo. Num tempo em que a religião ainda era traço poderoso na construção de identidades coletivas e individuais, o drama pessoal de Manoel não era de pouca importância.[4]

Situação paradoxal a do ex-jesuíta: calvinista público nas igrejas reformadas e criptocatólico na capela do Cordeiro Branco. Mas essa ambivalência não causa surpresa nenhuma, sendo quem era o nosso Manoel de Moraes: homem que, com drama ou sem ele, estava acostumado a duplicidades.

21. Manoel e os judeus

Não satisfeito em freqüentar missas católicas clandestinas em Amsterdã, Manoel de Moraes bateu de frente várias vezes com os judeus portugueses que, exatamente nestes anos, consolidavam sua vigorosa comunidade na Holanda.

E, quando digo judeus portugueses, não estou me referindo aos cristãos-novos, aos descendentes de judeus convertidos à força por d. Manuel, em 1496-1497, os quais, em sua maioria, no transcurso das gerações, quando não adotaram de vez o catolicismo, mantinham em suas casas um judaísmo secreto. Um criptojudaísmo limitado basicamente a guardar o sábado, jogar água fora dos potes quando morria alguém da casa, não comer carne de porco ou de peixe sem escama, proferir certas orações e outros costumes transmitidos oralmente, sobretudo pelas mulheres, de geração em geração. O fechamento das sinagogas, o confisco dos livros hebraicos e sobretudo a instalação da Inquisição em Portugal, em 1536-1540, levaram progressivamente o judaísmo dos cristãos-novos à fragmentação e ao confinamento doméstico. Ainda assim, milhares de cristãos-novos foram condenados, e muitos queimados na fogueira, como hereges, pela prática de um judaísmo que, na verdade, conheciam cada vez menos.[1]

Não eram esses criptojudeus que formavam a comunidade judaica de Amsterdã. Os judeus de Amsterdã só eram cristãos-novos por origem, em sua maioria, mas judeus completos na fé. Públicos e assumidos. Compunham uma minoria que não se conformou em abdicar do judaísmo ou de conservá-lo às escondidas, correndo o risco de acabarem seus praticantes na Inquisição. Buscaram, assim, novos exílios, numa diáspora voluntária. Amsterdã tornou-se o principal refúgio de cristãos-novos espanhóis, e sobretudo portugueses, ansiosos por reencontrar o judaísmo pleno de seus antepassados, refazendo o percurso de outros indivíduos ou famílias incorformadas, que outrora haviam reestruturado comunidades sefarditas no Norte da África; em certas partes do Império Otomano, como Esmirna; em algumas cidades italianas, como Veneza ou Livorno; em certas cidades francesas, como Avignon, Bordeaux ou La Bastide; na própria Flandres, como no caso de Antuérpia.

Mas Amsterdã foi mesmo o grande destino dessa migração de cristãos-novos portugueses, cidade que então ostentava a posição de maior centro comercial e financeiro da Europa, além de afamada pela liberdade religiosa que concedia aos judeus. Amsterdã foi o maior foco da diáspora sefardita na primeira metade do século XVII.[2]

O punhado de cristãos-novos portugueses que partiu da Madeira e do Minho para Amsterdã, em fins do século XVI, cresceu em progressão geométrica. Eram eles cem, em 1599, saltaram para cerca de quinhentos, em 1615, e logo para mil, em 1620. Ainda em fins do século XVI, fundou-se a sinagoga *Beth Yacob*, tendo por rabinos José Pardo e Moisés Ben Arroyo. Em 1608, Isaac Franco Medeiros fundou a *Neweh Shalom*, e foi dela que saiu Menasseh Ben Israel, um dos principais rabinos de Amsterdã. Em 1618, apareceu a *Beth Israel*, fundada por David Bento Osório, da qual sairia Isaac Aboab da Fonseca, futuro rabino no Recife holandês. As três congregações se unificaram por volta de 1639, dando origem à sólida Talmud Torá, com estatutos próprios, rabino principal, ou *Haham*, e conselho único – o *mahamad* – com sete gestores, a saber, seis *parnassim* ou principais, e um tesoureiro, o *gabay*.

Estruturou-se essa comunidade com autorização discreta das autoridades holandesas, para não dizer apoio explícito, dado que boa parcela desses "judeus novos" eram comerciantes de grosso trato ou financistas que muito tinham a contribuir para o crescente poderio mercantil da Holanda. E todos esses judeus portugueses, sem exceção, fossem ricos ou pobres, tinham em comum com os calvinistas o ódio aos espanhóis, a memória das perseguições, o repúdio do catolicismo que qualificavam como "papista" e "idólatra".[3]

A trajetória fascinante dessa comunidade judaico-portuguesa de Amsterdã, cada vez mais estudada pelos historiadores da diáspora sefardita no século XVII, foi acompanhada de perto por Manoel de Moraes. Foi ele contemporâneo da unificação das três congregações judaicas na Talmud Torá, do florescimento da literatura sefardita na cidade, da afirmação dos grandes rabinos Menasseh Ben Israel ou Saul Morteira. Acompanhou as disputas internas da comunidade, embora não tenha conhecido Baruch Spinoza, filósofo de espírito inquieto que ousou desafiar o rabinato de Amsterdã, negando a imortalidade da alma e a Providência divina, sendo excomungado em 1656. Manoel de Moraes foi também contemporâneo das primeiras levas de judeus *ashkenazim*, isto é, os da Europa centro-oriental: "polacos" e "tudescos" (alemães) que chegaram pobres a Amsterdã, fugindo da Guerra dos Trinta Anos (1618-1648), e ainda se viram ali discriminados pelos sefarditas portugueses e espanhóis.

Manoel de Moraes não bateu de frente com esses pobres

judeus poloneses ou alemães falantes de iídiche, senão com seus "patrícios" portugueses ou espanhóis. Com eles foi visto em discussão acérrima por várias testemunhas, o que reforça o antijudaísmo cultivado por Manoel.

Antijudaísmo, vale frisar, mais do que anti-semitismo, pois Manoel tratava com muitos judeus de Amsterdã, deles devia comprar roupas e alimentos, já que alguns burlavam as interdições municipais e vendiam a retalho nas ruas e tendas. Chegou mesmo a travar alguma amizade com certo mestre Nicolau, "alfaiate dos judeus" em Amsterdã, em cuja casa pousou várias vezes, tratando com os judeus que freqüentavam o albergue.

Não por acaso, Manoel chegou a nomear judeus, em seu processo, como testemunhas de que ele sempre havia defendido o catolicismo contra todas as heresias, sinal de que andava com eles, tratava e discutia com eles. Afinal, eram portugueses que, embora judeus de crença, falavam a sua língua, traziam notícias do Brasil, da guerra pernambucana, da guerra portuguesa de Restauração. O fato é que os portugueses que viviam ou passavam por Amsterdã, fossem católicos, fossem judeus – ou mesmo calvinistas, como no exemplo singular de Manoel –, integravam uma certa rede de sociabilidade, que não raro incluía negócios de variado porte. Bebiam juntos, acertavam contas, discutiam política e religião. Com Abraão Zacuto pode ter mantido alguma colaboração intelectual, pois o célebre médico português foi, como vimos, um dos que teve acesso aos originais de sua *Historia Brasiliensis*. Manoel de Moraes era muito conhecido de certos judeus portugueses mencionados em seu processo, gente que sabia dos casamentos e mais heresias do ex-jesuíta.

A birra de Manoel de Moraes com os judeus portugueses de Amsterdã, não obstante o convívio, tinha a ver, em certa medida, com a natureza e o perfil desse grupo. Ou com a maneira pela qual Manoel possivelmente via e sentia o grupo. Gente que tinha abandonado o catolicismo em favor do judaísmo, assumindo de público a apostasia, organizada em congregações, desfrutando alguns do apoio oficial. Manoel era tão apóstata como eles, e aqui há um traço, ainda que tênue, de identidade. Mas Manoel era cristão e estava muito só na sua opção apóstata, enquanto eles eram judeus e possuíam sólida rede de defesa coletiva. Eis um motivo para ressentimento, quiçá inveja, especialmente porque alguns desses judeus eram riquíssimos, enquanto nosso Manoel apenas sonhava em fazer fortuna.

Manoel de Moraes certamente se indignava, todavia, com a desigualdade de condições entre judeus e católicos em Amsterdã. Aos judeus era permitido ter sinagoga pública, celebrar suas festas religiosas, divulgar seus livros, de nada adiantando o clamor quase histérico dos predicantes mais radicais. Aos católicos, pelo contrário, não se permitia coisa alguma. As missas eram celebradas em capelas clandestinas, as procissões interditadas, os santos achincalhados, a Virgem tripudiada. Os católicos não chegaram a ser propriamente perseguidos, como vimos no capítulo sobre o Cordeiro Branco, fossem holandeses, fossem estrangeiros, mas tiveram sua vida religiosa muito cerceada. De modo que esse contraste fazia Manoel de Moraes sentir-se mais católico do que nunca. Diante dos judeus, Manoel assumia o catolicismo e deixava seu calvinismo de lado, na reserva.

É nesta teia de sentimentos e motivações contraditórias que se podem compreender as disputas de Manoel de Moraes com os judeus portugueses em Amsterdã. Disputas recorrentes, que em dada ocasião quase chegaram às vias de fato, sendo Manoel contido para não espancar um judeu que zombava do catolicismo. Era este um irmão de Simão Dias Solis, queimado como judaizante pelo Santo Ofício, em 1631, e pela acusação de ter roubado a igreja de Santa Engrácia, em Lisboa, num caso de grande repercussão.

É impossível saber se Manoel discutiu com o irmão do Solis

por causa do "sacrilégio da Santa Engrácia" ou por outra razão, mas não resta dúvida de que os judeus zombavam do catolicismo em Amsterdã. Já os cristãos-novos o faziam com freqüência em Portugal, na Espanha ou no Brasil, arriscando-se a denúncias de heresia, ao debocharem de santos, da festa do Santíssimo Sacramento, dos demais sacramentos, dizendo que os católicos criam em paus, pedras e biscoitos. Os "judeus-novos" de Amsterdã podiam fazer o mesmo com liberdade, porque os calvinistas também zombavam do catolicismo. Para judeus e calvinistas, o catolicismo era idolatria falsa e papista, nada mais.

Em certos casos, a discussão esquentava, pois os judeus sempre afirmavam que "o Messias ainda não veio"; que "o único Deus verdadeiro", na sua infinita divindade invisível e absoluta, não se poderia tornar humano, fazendo-se carne para morrer na cruz; que a Ressurreição era impossível por razões humanas e sobretudo divinas; porque o "Deus único e verdadeiro era eterno". Os debates da rua ecoavam, nesse caso, polêmicas antigas, com os judeus comuns reeditando as condenações rabínicas ao cristianismo que vinham da Baixa Idade Média.[4]

Manoel de Moraes devia ficar mesmo colérico ao ouvir tais argumentos de seus "conterrâneos" judeus, como atestam vários depoimentos feitos ao Santo Ofício. Mas nada deve tê-lo irritado mais que certa discussão, infelizmente não detalhada nos papéis da Inquisição, envolvendo a figura da Virgem Santíssima. Mas é possível presumi-la, a julgar pelo que os cristãos-novos costumavam dizer, quando irreverentes, sobre a Virgem Maria, chegando alguns a chamá-la de "vaca" ou de "puta", e outros a jurar, com máximo deboche, "pelo pentelho da Virgem!". Não causa espanto que, vivendo em liberdade, os judeus de Amsterdã ainda imprecassem mais contra a dita "Mãe de Deus", já que, para eles, Deus não tinha mãe, nem pai, sendo eterno.

Nesse caso da iconoclastia antimarial, os judeus não estavam sós, pois também a Igreja reformada moveu forte campanha para erradicar da Holanda a devoção mariana. Ninguém menos que o próprio Calvino havia posto a Virgem abaixo, no século XVI, quando escreveu que as "putas" eram mais decentemente fantasiadas em seus bordéis do que as imagens das Virgens em seus templos de idolatria.

Para muitos, portanto, fossem judeus (ex-cristãos-novos) ou calvinistas do século XVII, Maria não valia mais nada e era motivo de escárnio. Simon Shama nos ajuda nesse ponto: "O iconoclasmo calvinista contribuíra para erradicar da arte holandesa setentrional pelo menos um protótipo da mulher idealizada: a Virgem Maria".[5] Quem sabe por essa razão as jovens holandesas beijavam em público, e flertavam sem pejo, como Adriana Smetz, paixão de Manoel de Moraes.

Conjecturas à parte, também essas temerárias, a discussão sobre a Virgem devia esquentar ainda mais quando os judeus, fazendo eco da tradição rabínica, questionavam a virgindade da Virgem. No cotidiano popular, o questionamento judaico dessa virtude marial era vazado em linguagem chula, como vimos, mas o assunto era mais complexo. Entre rabinos e talmudistas, desde a Idade Média não faltava quem sustentasse que a palavra hebraica *Almath* que, nos Evangelhos originais designava Maria, aliás *Miriam*, não significava "virgem", senão moça ou jovem, sendo erroneamente traduzida para o grego como virgem, e daí para o latim, *Virgo*.[6]

Manoel de Moraes não suportava ouvir os judeus escarnecerem de Maria, "Mãe Santíssima", muito menos colocarem em xeque a sua divina virgindade. Quando isso ocorria, Manoel se transtornava e era tomado do mais genuíno jesuitismo. Um soldado de Cristo que, por formação, defendia Maria, e por temperamento ou vocação, era capaz de estapear os oponentes, como de fato quase fez em dada ocasião.

Na disputa com os judeus, Manoel de Moraes era um católico radical. Negociação impossível. "Ave Maria, cheia de graça, o senhor é convosco, bendita sois vós entre as mulheres...". Santa Maria, "Mãe de Deus", alvo de uma adoração quase divina para os católicos, intercessora por excelência entre Deus e os homens, muito acima de todos os santos. Maria sempre virgem, "antes, durante e depois do parto". Maria, *Virgo semper*.

22. Queimado em estátua

Enquanto Manoel de Moraes vivia na Holanda a serviço da WIC, casado e convertido ao calvinismo, o Santo Ofício de Lisboa, atento a seus passos, urdia contra ele um grave processo, do qual ele não fazia a mais vaga idéia.

As denúncias, como vimos, datam do tempo em que Manoel traiu os portugueses em Pernambuco e se multiplicaram até 1640, acusando Manoel de ter se passado aos holandeses no Brasil, de viver casado na Holanda e de ter aderido ao calvinismo. No Brasil, cinco denúncias contra Manoel foram apresentadas ao bispo da Bahia, d. Pedro da Silva, que, em 1635, levantou devassa para descobrir os frades e clérigos que apoiavam os holandeses em Pernambuco.

Entre junho de 1635 e dezembro de 1636, Manoel foi denunciado pelo franciscano Belchior dos Reis, capelão da Armada Real, pelo capitão d. José de Sotto e pelos padres Manoel Dias, Frutuoso Miranda e Manoel de Passos, todos eles testemunhas oculares da traição de Manoel de Moraes. As duas últimas denúncias não constam do processo, por algum lapso, mas aparecem nos Cadernos do Promotor.[1]

Meses depois, em Lisboa, duas denúncias complementaram este primeiro passo da Inquisição contra Manoel de Moraes, em 22 e 24 de outubro de 1635: a de Domingos Velho, que havia lutado no Arraial, e a de Domingos Vicente, mestre de caravela, ex-prisioneiro dos holandeses.

O caso ficou parado, no entanto, até fins de 1639, quando apareceram Duarte Guterres, em 14 de novembro, e frei Tomás de Alagro, carmelita, em 17 de novembro, ambos garantindo terem visto Manoel fazer das suas em Amsterdã. Em 12 de junho de 1640 foi a vez de o jesuíta Rafael Cardoso acusar a traição de Manoel, a quem conhecia desde os tempos de estudante e, a 26 de junho, frei Antônio Caldeira acusou Manoel de pregar o calvinismo ainda no Recife. Enfim, em 5 de julho, os inquisidores ouviram a acusação do cristão-novo João Fernandes, preso no cárcere por culpas de judaísmo.

Doze denúncias, no total, que o Santo Ofício considerou evidência suficiente das culpas de Manoel de Moraes ou, quando menos, forte suspeição de heresia calvinista. O perfil dos denunciantes, como se pode perceber, era bem variado. Leigos e religiosos de várias ordens, inclusive o jesuíta Rafael Cardoso. Alguns ex-companheiros da guerra pernambucana, como o capitão José de Sotto, ou testemunhas oculares dos episódios de 1635, como frei Antônio Caldeira. Outras eram testemunhas das atitudes de Manoel em Amsterdã, entre 1636 e 1639. Quase todos, é claro, tinham motivos de sobra para acusar Manoel, pois haviam passado dificuldades como prisioneiros dos holandeses ou viram a religião católica lesada pela conversão de Manoel ao calvinismo.

O único que não tinha absolutamente nada contra Manoel, aparentemente, era o cristão-novo João Fernandes, que deve tê-lo acusado para mostrar-se colaborador do Santo Ofício. Padre Rafael Cardoso tinha muito contra Manoel, jesuíta que era, mas deu depoimento bem ponderado. Frei Antônio Caldeira parecia muito indignado com as atitudes de Manoel no Recife, ao acusá-lo em 1640, embora também ele tenha colaborado com os holandeses em 1635. Frei Tomás de Alagro, por sua vez, parecia ser o que mais odiava Manoel, como vimos, porque as terras da Ordem do Carmo, justamente na Paraíba, haviam sido confiscadas pelos holandeses. Motivações à parte, as denúncias desse grupo são mais do que verossímeis, salvo em pequenos detalhes cronológicos, aqui ou ali, como vimos. Combinam com o que alguns cronistas da guerra escreveram sobre Manoel de Moraes e se encaixam, salvo por miudezas, no conjunto das declarações que o próprio Manoel daria mais tarde ao Santo Ofício. Enfim, o mais importante é que vários depoentes, quando não viram *in loco* a conduta de Manoel, aludiram a um certo rumor público muito específico e, por isso, mais confiável, mencionando grupos de soldados ou prisioneiros de guerra, em Pernambuco; religiosos da Companhia de Jesus, no Arraial Velho; judeus portugueses, em Amsterdã; marinheiros, no porto de Londres.

O promotor do Santo Ofício, Domingos Esteves, não perdeu mais tempo. Requereu aos inquisidores que, por "lançar-se com os holandeses" e "viver na cidade de Amsterdã publicamente casado, professando a danada seita dos calvinistas", fosse Manoel preso, com seqüestro de bens, e citado por edital, na forma do regimento, estando o acusado ausente do reino. A mesa inquisitorial examinou as denúncias e despachou de acordo com o promotor, por unanimidade, em 26 de julho de 1640.

Dias depois, em 11 de agosto de 1640, a Inquisição fez divulgar um edital ou carta citatória, convocando diversas pessoas ausentes do reino a se apresentarem ao Santo Ofício, num prazo de seis meses, para responder a processos de heresia e apostasia. Foram citadas 23 pessoas ausentes, das quais nada menos do que 22 eram cristãos-novos portugueses refugiados na Holanda ou no Brasil holandês.

"Judeus-novos", portanto, que se haviam "reconvertido" ao judaísmo. Entre eles, vários mercadores de panos ou de sedas e comerciantes de grosso trato, com destaque para Duarte Saraiva, um dos judeus mais ricos do Pernambuco nassoviano, dono de vários engenhos de açúcar,[2] e Manoel Dias Soeiro, nome português do grande rabino da Talmud Torá, em Amsterdã, Mennasseh Ben Israel.[3] Por ironia do destino, Manoel de Moraes foi citado como herege em meio a uma turma de judeus portugueses com os quais pelejava em Amsterdã.

A convocatória foi repetida em separado para cada um dos citados, na forma do regimento. No caso de Manoel, as três *revelias*, como eram chamadas tais convocações, foram registradas sucessivamente em 8, 18 e 27 de julho de 1641 e, ao menos na primeira, o acusado foi descrito como "religioso da Companhia de Jesus, ausente em Flandres". Nessa altura, é provável que Manoel tenha tomado conhecimento de que havia um caso contra ele na Inquisição, pois as notícias corriam mais rapidamente do que se pensa naquela época. O ir-e-vir de pessoas entre Portugal, Brasil e Holanda era intenso.

Seja como for, a Companhia de Jesus logo tomou conhecimento de que Manoel de Moraes estava sendo processado à revelia no Santo Ofício e descrito em edital como "religioso da Companhia de Jesus". Apressou-se, então, o provincial de Portugal, padre Simão Dias, a escrever à Inquisição, relatando que Manoel de Moraes havia sido "despedido" da Companhia antes que se passasse aos holandeses e "muito antes" que aderisse ao calvinismo. Além disso, só havia professado os votos simples dos jesuítas, concluídos os dois anos de noviciado, mas não os votos solenes.

Considerou o provincial que, por tais motivos, sobretudo pela expulsão, estava desobrigado dos votos de religião e não se poderia chamá-lo de religioso. Sua preocupação era óbvia e explícita: "o descrédito da Companhia (de Jesus) e seus religiosos" por causa da divulgação de tais editais. De modo que para evitar "infâmias como as que a Companhia tem experimentado em outras ocasiões", solicitou o provincial que, nos editais seguintes, bem como na sentença contra Manoel de Moraes, fosse suprimida qualquer alusão à Companhia de Jesus.

O provincial Simão Dias parece ter distorcido deliberadamente os fatos, porque Manoel havia sido expulso da Companhia depois que se passou aos holandeses e ao calvinismo, e não "muito antes", além do que havia professado três votos, sendo inclusive padre ordenado, faltando professar somente o último voto. Era já considerado um jesuíta, a quem se tinha confiado a direção do aldeamento de São Miguel de Muçuí, em Pernambuco.

A mesa inquisitorial examinou o pleito e despachou em 25 de agosto de 1640. Indeferiu o pedido de não se chamar o acusado de religioso, considerando que ele assim o era quando passou aos holandeses e somente depois disso foi expulso da Companhia. Mas concordou em elidir o nome da Companhia na futura sentença, limitando-se a qualificar Manoel como "religioso expulso de certa religião", ou seja, de certa ordem religiosa.

Inquisidores e jesuítas, pelo visto, não se entendiam muito bem nesse tempo que antecedia em meses a Restauração portuguesa contra a Espanha, e o quadro só iria piorar nas décadas seguintes.[4] Mas a solução encontrada pelos inquisidores foi, até certo ponto, conciliatória, embora todos soubessem que Manoel havia sido mesmo jesuíta. No Brasil, em Portugal, na Espanha, na Holanda, até no porto de Londres!

Distante dessa rusga entre o Santo Ofício e a Companhia de Jesus, é claro que Manoel de Moraes não se apresentou e continuou sua vida em Leiden. Menos tranqüilo do que antes, se é que alguma vez esteve tranqüilo, mas firme e forte com os holandeses, além de casado com Adriana Smetz.

Manoel de Moraes foi, portanto, processado à revelia por não atender ao apelo inquisitorial. Antes mesmo de a mesa despachar o pedido do provincial Simão Rodrigues, em 11 de agosto de 1641, veio o promotor do Santo Ofício com libelo contra o ex-padre, anexando, em 20 de agosto, a "Prova da Justiça", peça que resumia cada uma das denúncias contra o réu.

No libelo, Manoel foi acusado de ter se passado aos holandeses; de ter largado o hábito religioso, passando a usar traje secular de "gente de guerra"; de ter ajudado os holandeses em prejuízo dos católicos; de ter escrito certo livro para proveito dos hereges; de receber sustento dos hereges com certa quantia ordinária; de ter se casado com herege calvinista; de ser reputado como calvinista; de ter comido carne em dias proibidos pela Igreja; de não ter se apresentado para confessar suas culpas, sendo convocado pelo tribunal. Isso posto, o promotor solicitou que o réu fosse castigado com todo o rigor da justiça, isto é, excomungado, confiscado em seus bens, queimado em estátua, e ficasse "com a memória danada".

A Mesa se reuniu em 25 de agosto de 1641 para o despacho, presentes os inquisidores e deputados Pedro de Castilho, João Delgado Figueira, Estêvão da Cunha, Francisco de Miranda Henriques e Manuel de Magalhães e Menezes. E, resumindo as acusações constantes do libelo da promotoria, consideraram Manoel herege apóstata da Santa Fé Católica, negativo, revel e contumaz, condenando-o às penas indicadas pelo promotor, inclusive a que "relaxava à justiça secular", célebre fórmula usada pelo Santo Ofício quando condenava alguém à fogueira. No caso, estando Manoel ausente, condenaram-no à fogueira em estátua, isto é, queimariam um boneco de palha e estopa com seu nome, à guisa de morte simbólica, em ato público.[5]

Nada surpreende na sentença contra Manoel de Moraes com exceção de um detalhe intrigante: o fato de o réu ter sido considerado culpado de todos os crimes que lhe imputaram somente "do mês de junho de 1636 em diante".

A hipótese mais plausível para esse estranho detalhe é naturalmente um lapso do notário, uma vez que nas culpas imputadas a Manoel de Moraes estão incluídos seus atos de traição nas guerras pernambucanas. O lapso seria, portanto, no tocante ao ano, tendo o notário escrito 1636 no lugar de 1635.

Não sendo caso de lapso, os inquisidores parecem ter tomado como critério, para datar o início dos erros de Manoel, os atos que ele veio a cometer em Amsterdã, dos quais só havia denúncias relacionadas a 1636, ao passo que as acusações relativas a 1635 diziam respeito às traições de Manoel no Brasil. Embora percebessem, com base nas denúncias, que a heresia de Manoel resultava da traição no Brasil, e tenham listado, no libelo acusatório, os desvios pernambucanos de Manoel, os inquisidores podem ter adotado esse formalismo.

Em contrapartida, o Santo Ofício desconhecia completamente o que se pode alcançar noutras fontes, a exemplo das preciosas informações que Manoel dera aos holandeses logo depois de se render na Paraíba, as quais sem dúvida adensavam suas culpas. Se soubessem disso, ou do que Manoel tinha contado ao irlandês O'Brien em Amsterdã, em junho de 1635 (!), os inquisidores talvez estreitassem a relação entre traição e heresia, percebendo essa última já nas ações do ex-padre desde fins de 1634. De todo modo, convencido da conduta herética do réu, ao menos na Holanda, o Santo Ofício condenou Manoel de Moraes à morte simbólica.

O Conselho Geral do Santo Ofício só confirmou o juízo da mesa em 18 de março de 1642, meses depois de exarado o parecer, e a sentença foi lida no auto-de-fé realizado em Lisboa no dia 6 de abril de 1642. Estiveram presentes, com grande pompa, Sua Majestade, o rei d. João IV, a rainha d. Luisa de Gusmão, o príncipe d. Teodósio, infantas, muitos fidalgos e pessoas religiosas. Pregou o sermão do auto o provincial dos jesuítas, padre Bento Sequeira. A "estátua" de Manoel de Moraes saiu no cortejo, composto de 85 condenados, junto com outros três bonecos de réus ausentes e mais seis sentenciados a morrer na fogueira, em carne, ainda que garroteados antes.

O boneco de Manoel ardeu no Terreiro do Paço, junto com os demais condenados, presentes ou ausentes. Manoel de Moraes estava simbolicamente morto em 6 de abril de 1642.

23. Manoel e a Restauração

Manoel de Moraes somente soube que havia sido condenado pelo Santo Ofício ao longo de abril, talvez maio de 1642. Mas pode ter sabido que corria processo contra ele em Lisboa desde a primeira citação inquisitorial, convocando réus ausentes, em agosto de 1640. Em 1641, com certeza, Manoel já sabia do caso.

Manoel ficou inquieto ao saber que o Santo Ofício estava no seu encalço, inquietação que só fez crescer quando veio a notícia de que havia sido "queimado em estátua", como herege, no Terreiro do Paço lisboeta. Embora longe de Portugal, Manoel de Moraes se sentia de alguma maneira ligado ao reino e temia que, por alguma circunstância desfavorável, acabasse na Inquisição.

Entretanto, seguia firme em sua vida na Holanda. Provavelmente soube que d. João IV havia desbaratado com vigor uma conspiração pró-Espanha, em 1641, sendo condenados à morte o marquês de Vila Real, d. Miguel Luiz de Menezes e outros fidalgos, acusados de integrar a conjura contra o novo rei. O próprio inquisidor-geral, d. Francisco de Castro, tinha sido preso como conspirador, e o era, de fato.[1] E se o rei estava contra a Inquisição, talvez não fosse o caso de temê-la tanto, eis o que Manoel pode ter pensado, nos idos de 1641.

Seja como for, o fato é que Manoel de Moraes apoiou, desde logo, a causa da Restauração portuguesa contra a Espanha. Melhor dizendo, desde o início de 1641, quando se encontrou com o embaixador Tristão de Mendonça Furtado, ministro plenipotenciário que d. João IV enviou à Holanda para negociar o destino das possessões portuguesas conquistadas pelos holandeses no tempo da União Ibérica.

Manoel de Moraes não só encontrou o embaixador como lhe dedicou um opúsculo, publicado em Leiden, em 1641, provavelmente na altura de maio ou junho desse ano. Escrito em espanhol, trazia o título de *Pronóstico y Respuesta a una Pregunta de un Caballero muy ilustre sobre las cosas de Portugal*.

Foi esse o primeiro texto propriamente político de Manoel de Moraes, no qual ele se posicionou perante a polêmica sobre a Restauração portuguesa que então corria solta. O texto infelizmente se perdeu, embora tenha sido lido e comentado por alguns contemporâneos. Não é impossível, aliás, que o próprio Manoel tenha depois se encarregado de destruir as cópias que porventura conservou em seu poder. Isso pela simples razão de que Manoel se apresentou na capa do texto como *Lusitano Teologo, Historico de la Ilustríssima Compañia de las Indias Occidentales*.

Esse é um detalhe de suma importância para se avaliar o que pensava Manoel de Moraes naquela época. Possivelmente avaliou que, proclamada a Restauração portuguesa, e estando em curso as tratativas diplomáticas entre a casa de Bragança e os Estados Gerais das Províncias Unidas, dar-se-ia uma aliança entre os dois países. Quem sabe a devolução do Brasil a Portugal, mediante alguma indenização, quem sabe a cessão do Brasil à Holanda, em troca do apoio holandês à nova dinastia portuguesa. Foram essas, aliás, possibilidades muito discutidas na diplomacia luso-holandesa daqueles anos.

Seguro de que Portugal e Holanda tinham a Espanha como inimiga comum e haveriam de negociar alianças, Manoel de Moraes não hesitou em imprimir na folha de rosto do opúsculo sua condição de "historiador" da Companhia das Índias. A mesma Companhia que então dominava a maior parte das capitanias açucareiras do Brasil. Foi precipitadíssima essa avaliação de Manoel sobre as relações luso-holandesas, como o tempo logo haveria de mostrar.

Mas o texto de Manoel em favor da dinastia de Bragança não foi uma iniciativa singular nestes primeiros anos de Restauração. Pelo contrário, integrou vasta "publicística" editada em várias partes da Europa, em diversas línguas, em favor da causa portuguesa, contra a qual se voltaram, igualmente, diversos textos defendendo os direitos de Felipe IV à Coroa de Portugal. A disputa entre a casa de Habsburgo e a casa de Bragança pela Coroa portuguesa foi acompanhada por uma verdadeira guerra de panfletos entre os defensores de cada um dos países ibéricos. Uma autêntica "guerra de papel", como diria o historiador Fernando Bouza Álvares.[2]

Esta guerra de papel entre "publicísticas" rivais começou ainda em 1639, quando saiu publicado em latim, depois traduzido para o francês e o espanhol, o texto do Juan Caramuel Lobkowitz, doutor em Louvain, abade do mosteiro cisterciense de Antuérpia (na atual Bélgica, católica e então fiel aos Habsburgo) intitulado *Philippus prudens, Caroli V Imper, filius, Lusitaniae, et legitimus rex demonstratu* [Felipe, o prudente, filho do Imperador Carlos V, rei português legítimo e demonstrado]. Nele o cisterciense buscava fundamentar, com argumentos históricos, a legitimidade do poder hispânico sobre Portugal, Algarves, Índia e Brasil, desde Felipe II, o que não deixava de ser uma resposta ao descontentamento que parte da nobreza portuguesa já externava contra a dominação filipina.

Proclamada a Restauração portuguesa em 1º de dezembro de 1640, e iniciada a guerra entre Portugal e Espanha, explodiu a disputa de panfletos, opúsculos, emblemas, até peças de teatro, cada lado defendendo sua causa e desqualificando a causa adversa. Fernando Bouza sublinha que muitos desses textos não passavam por nenhuma censura prévia, fossem manuscritos ou impressos, sendo que, no caso dos últimos, vários saíam de imprensas que "caberia qualificar como não profissionais", instaladas em conventos, paróquias ou casas nobiliárias. Essa guerra de panfletos somente terminaria em 1668, com o fim do conflito militar e o reconhecimento espanhol da independência portuguesa.

Mas, enquanto durou a guerra, a disputa entre os panfletos foi acirradíssima. Juan Alonso Calderón, partidário dos felipes e autor, no início dos anos 1650, de *Portugal concluido y el tirano Braganza conbenzido de sus mismos argumentos por el Rei Católico y obligación de el Papa para salir contra ella con anbos cuchillos*, anexou ao manuscrito (hoje na Biblioteca Nacional de Madri) um apêndice contendo rol de 21 títulos, publicados ou escritos entre 1640 e 1653, que defendiam a dinastia brigantina contra a Espanha. Entre textos anônimos e autorais, Calderón fez constar o opúsculo de nosso Manoel de Moraes, numa evidência clara de que o texto do ex-padre ultrapassou as fronteiras da Holanda.

Juan Alonso listou o texto de Moraes, mas não lhe dispensou maiores comentários. Não foi o caso do próprio Juan Caramuel Lobkowitz, o patriarca desta "guerra de papel", que no seu opúsculo *Respuesta al Manifesto del Reyno de Portugal*, publicado em 1642, dedicou um capítulo inteiro a contestar o texto de Manoel de Moraes.

É graças a esse texto de Caramuel que podemos saber o essencial do que escreveu Manoel em seu *Prognóstico*, pois seu crítico teve o cuidado de resumir as principais idéias nele contidas.[3]

Manoel de Moraes procurou contestar a idéia de que Felipe IV possuía direito legítimo sobre o trono português, sustentando, pelo contrário, que d. João IV devia se defender da Espanha pelas armas, sendo o legítimo monarca de Portugal.

Em primeiro lugar, porque os portugueses eram mais capazes do que os castelhanos, para o que Manoel recorreu a uma citação do teólogo Juan de Mariana (1636-1623), autor de *Del Rey y de la Institución real*, cujo original saiu em latim, em 1598. Foi dessa edição latina que Manoel extraiu o trecho citado, traduzindo-o do seguinte modo: "La gente (de Portugal) es muy deseosa de honra y muy valiente entre todas de España; señalada en la templança del comer y vestido; dada a la piedad y a los estudios de la sabiduria, de toda humanidad y politia".

Em segundo lugar, porque, segundo Manoel, o nome João, que trazia o novo monarca português, sinalizava infalível prognóstico de vitória, pois todos os reis com esse nome na história portuguesa haviam sobrepujado os reis de Castela. A começar por d. João I, fundador da dinastia de Avis contra as ambições castelhanas, num claro sinal de que Portugal estava fatalmente destinado à independência.

Em terceiro lugar, porque a causa portuguesa era justa, e por isso contaria com a proteção de Deus, acrescentando que a legítima sucessora do trono português, em 1580, morto d. Sebastião em Alcácer-Quibir, dois anos antes, era d. Catarina, duquesa de Bragança, e não Felipe II, que teria se apossado do reino por força das armas.

O que mais importa sublinhar nesse texto, antes de tudo, é sua possível inserção, por sinal precoce, no campo da literatura política de corte "sebastianista" ou, mais propriamente "joanista", no contexto da Restauração. A ênfase de Manoel de Moraes no fatalismo glorioso do nome João, a dar prova de seu "prognóstico", abre a possibilidade de Manoel de Moraes ter conhecido as trovas do sapateiro de Trancoso, Gonçalo Annes Bandarra, escritas por volta de 1540, contendo profecias que glorificavam o destino de Portugal e um certo rei de nome João. Manoel pode ter lido as famosas *Trovas do Bandarra* que, em futuro próximo, Antônio Vieira iria transformar numa espécie de "bíblia" do sebastianismo português.[4]

Mas não foi Vieira, que ainda não era sequer o poderoso conselheiro de d. João IV, a inspiração de Manoel. Ou bem Manoel teve acesso a uma das mil cópias manuscritas, em várias versões, das "trovas" que celebravam o destino português e um certo "rei João", ou pode ter lido a *Paráfrase e concordância de algumas profecias de Bandarra, sapateiro de Trancoso*, publicada por d. João de Castro, em Paris, no ano de 1603. Foi nessa obra que apareceram, pela primeira vez impressas, parte das "trovas" de Bandarra.

Seguramente Manoel não leu aquela que é considerada a primeira edição completa das *Trovas*, só publicada em 1644. Mas pode ter lhe bastado ler alguma parte, ou alguma versão manuscrita, para ele vaticinar a glória de d. João, como dissera Bandarra, um século antes: "Saia, saia esse infante, bem andante, o seu nome é d. João, tire e leve o pendão, e o guião…".

A historiadora Jacqueline Hermann, que esmiuçou as matrizes e os discursos dessa primeira literatura "sebastianista", depois transformada em "joanista" e restauradora, disse não ser fácil "identificar com segurança a que monarca ou infante português Bandarra se referia quando mencionava d. João". Sugeriu, porém, considerando que as "trovas" datam de 1540, que o tal rei glorificado era o fundador da dinastia de Avis, d. João I, ou o monarca dos grandes descobrimentos, d. João II.[5]

Manoel de Moraes não teve dúvida, contudo, em atribuir essa glória portuguesa, em seu *Prognóstico*, ao duque de Bragança, d. João IV, frisando seu invencível nome João. Vieira faria o mesmo, décadas depois, e com muito mais sofisticação e eloquência. Por outro lado, Manoel exumou o argumento político que, nos idos de

1580, defendia a sucessão do cardeal d. Henrique, tio-avô do finado d. Sebastião, em favor de d. Catarina de Bragança.

Assim Manoel deu sua "resposta" aos que sustentavam o direito castelhano de reinar em Portugal, e fazia seu "prognóstico" de que a vitória portuguesa nesta guerra era uma fatalidade abençoada pelos Céus. Misturou profecia e política. Bandarrisno e Restauração. Sebastianismo e joanismo.

É óbvio que Caramuel desqualificou o texto de Manoel de Moraes e o próprio autor, começando por desmerecer o mau uso que Manoel fazia da língua castelhana (caracteriza o texto como "hispano-bárbaro"), bem como os conhecimentos de latim do ex-jesuíta. Mas a investida foi além. Caramuel acusou Manoel de adulador do embaixador português, d. Tristão, e apontou a incongruência de Manoel defender d. João IV e, ao mesmo tempo, servir à "ilustríssima" Companhia das Índias holandesa.

O essencial da crítica sublinhava, porém, a falta de evidências históricas e racionais para a sustentação da tese lusófila de Manoel, que considerava mergulhada em crendices. Em resumo: no juízo de Caramuel Lobkowitz, Manoel de Moraes era um autor despreparado e oportunista, e seu texto uma coletânea de erros e superstições. Soubesse Caramuel que Manoel de Moraes já tinha sido condenado como calvinista pelo Santo Ofício nesse mesmo ano de 1642 (o que, pelo visto, desconhecia), e sua crítica seria ainda mais implacável.

Mas se Caramuel desconhecia a encrenca em que se havia metido Manoel de Moraes na Inquisição portuguesa, queimado em estátua em ato público, tal não era o caso de Antônio de Sousa Tavares, homem que integrava a linha de frente da diplomacia portuguesa nesse início de Restauração. Pois foi Sousa Tavares quem tomou as dores de Manoel de Moraes, ainda em 1642, num opúsculo de título compridíssimo, intitulado *Juan Caramuel Lobkovvitz, religioso de la orden de cister abbad de melrosa, &c.: convencido en su libro intitulado, Philippus prudens Caroli V, Imper. filius, Lusitania, &c. legitimus rex demonstratus, impresso en el anäo de 1639: y en su respuesta al manifiesto del reyno de Portugal, en el año de 1642* [Juan Caramuel Lobkowitz religioso da Ordem de Cister, abade de Melrosa e convencido em seu livro intitulado Felipe, o prudente, filho do imperador Carlos V, rei português legítimo, demonstrado, impresso no ano de 1639 e em resposta ao manisfeto do reino de Portugal, no ano de 1642].

O texto tinha por meta enfrentar todas as teses de Caramuel, mas em certa passagem desceu às particularidades e achou por bem defender os conhecimentos de latim de Manoel de Moraes, afiançando que tinha ele razão na tradução que fizera de Juan de Mariana relativa à superioridade dos portugueses sobre os castelhanos em termos de honra, valentia e mais virtudes.

O diplomata de d. João IV, pelo visto, não ligava a mínima para o fato de Manoel de Moraes ter sido simbolicamente queimado no Terreiro do Paço, em Lisboa. Afinal, neste ano de 1642, o inquisidor-geral, inimigo do rei, a quem servia Sousa Tavares, ainda estava preso em Lisboa, suspeito de conspirar contra os Bragança.

Nessa polêmica que parecia interminável, d. Nicolás Fernandez de Castro, cavaleiro da Ordem de Santiago, e também ele autor de um texto intitulado *Portugal convenzida con la razón para ser venzida* (1648), lastimava o nível da polêmica em que juristas se faziam de teólogos e teólogos de juristas: "*Y se andan paseando por el mundo Caramueles con Anti-Caramueles, Manifestos y Anti-Manifestos...*".

Nessa guerra de panfletos, Manoel de Moraes fez literalmente o seu papel. Publicou seu *Prognóstico e resposta* em favor de d. João IV, dedicou-o ao embaixador do rei e cuidou de defender a soberania portuguesa, talvez confiando em que estavam para terminar os tempos da Inquisição, bem como as hostilidades entre Holanda e Portugal.

Manoel fez nova aposta, em sua vida complicada, e outra vez errou no cálculo. A Inquisição ainda duraria mais de um século e as relações luso-holandesas ficariam mais complicadas do que nunca nos anos seguintes.

24. Manoel e os diplomatas

Manoel de Moraes preparou e publicou seu *Prognóstico e resposta* em Leiden nos primeiros meses de 1641. Coincidiu a publicação com a visita do embaixador português Tristão de Mendonça Furtado, que partiu de Lisboa em 9 de fevereiro e permaneceu em Haia até a assinatura do primeiro tratado luso-holandês no pós-Restauração, em 12 de junho de 1641.

Esse tratado, aliás, daria mostras de que Manoel tinha sido muito otimista quanto à aliança entre Portugal e Holanda, além de imprudente ao estampar, no rosto de seu opúsculo, a condição de "historiador" da Companhia das Índias. Isso porque, apesar de firmar acordos comerciais e de cooperação militar contra a Espanha e fixar uma trégua de dez anos entre os dois países, o tratado deixava em aberto a questão sobre o que fazer com os territórios portugueses sob domínio holandês. Em seu artigo 24, o tratado admitia vagamente a possibilidade de tais territórios serem objeto de partilha ou troca, o que, convenhamos, estava muito aquém das pretensões portuguesas. Com razão Evaldo Cabral de Mello considerou que esse tratado mais não fez do que congelar o "*status quo* territorial".[1] Portugal não conseguiu a mínima garantia de que os territórios ultramarinos conquistados pelos holandeses lhe seriam algum dia devolvidos.

Além disso, a trégua entre holandeses e portugueses revelou-se muito fajuta, pois entre agosto e novembro de 1641 Nassau conquistou nada menos que Angola, incluindo Luanda, Benguela e os portos satélites de São Tomé e Ano Bom.[2] E no Brasil, ainda em novembro, ampliaria o domínio holandês até o Maranhão. É óbvio que os portugueses se queixaram dessas invasões, mas os holandeses alegaram, um tanto cinicamente, que o tratado de trégua só valeria depois de ratificado pelo rei (o que só veio a ocorrer, de fato, em 18 de novembro!). Na verdade, o que a WIC fez foi ordenar as novas conquistas logo depois da assinatura do tratado, antes que o rei português o ratificasse.

Portugal estava mesmo num aperto neste ano de 1641. O rei tinha enfrentado uma conspiração. A Espanha lhe havia declarado guerra. E a Holanda avançava nas possessões ultramarinas portuguesas, sendo que a dominação holandesa no Brasil caminhava para o auge, ampliada pela ramificação nas principais regiões africanas envolvidas no tráfico de escravos.

Os holandeses fizeram evidente jogo duplo com Portugal, e Manoel não cogitou dessa possibilidade. Mas, em matéria de jogo duplo, Manoel de Moraes era mestre. Procurou Tristão de Mendonça Furtado para sondá-lo sobre um possível retorno a Portugal, embora continuasse como funcionário da WIC.

O próprio Manoel diria anos depois aos inquisidores que, sabendo da chegada do embaixador, foi logo de Leiden a Haia para encontrá-lo, munido de três petições. A primeira dirigida aos inquisidores, pedindo perdão pela culpa da "ilícita conversação" que tivera com Margarida e com Adriana, acrescentando que desde então se afastara da mulher. A segunda dirigida ao rei, prometendo colaboração nas guerras pernambucanas, e a terceira ao arcebispo de Lisboa.

Manoel disse pouco aos inquisidores sobre tais encontros com Tristão de Mendonça e, como sempre, tentou embolar ou distorcer os fatos. Em suas declarações, como réu do Santo Ofício, buscou tão-somente sublinhar suas boas intenções de transferir-se para o Portugal católico desde o tempo em que vivia na Holanda, o que não era verdade. No mais, basta dizer que, nesse depoimento, Manoel transformou seus casamentos em mera "conversação ilícita", como se tivesse mantido um simples *affair* amoroso com as duas mulheres, quando, na verdade, havia casado e tido filhos com elas.

Para sabermos o que Manoel foi mesmo tratar com o embaixador português, o melhor é ouvir o que contaram duas testemunhas privilegiadas desses encontros, a saber, o desembargador Antônio de Sousa Tavares, então secretário da embaixada portuguesa em Haia, homem que chegou mesmo a visitar Manoel em sua casa, em Leiden, e o camareiro do embaixador, Jerônimo Esteves, que conversou com Manoel nas "muitas vezes" em que ele esteve na casa do embaixador.

Segundo Sousa Tavares, que inclusive considerava Manoel um "bom católico", apesar de tudo, Manoel levou ao embaixador um memorial no qual solicitava ao rei d. João IV licença para passar ao reino português, levando a mulher com quem vivia e um filho. Solicitou, ainda, ao embaixador que informasse ao rei que ele estava disposto a servir na "guerra do Brasil", acrescentando que sua ação "poderia ser de grande serviço para a guerra". Manoel fez mesmo de tudo para convencer o embaixador de suas intenções, inclusive alegando que desejava ver o filho criado no catolicismo.

Quanto às petições, Sousa Tavares somente se recordava do memorial dirigido ao rei, que ele mesmo leu como secretário do embaixador. Mas não viu nem leu os documentos dirigidos aos inquisidores e ao arcebispo de Lisboa, embora tenha admitido que talvez Manoel os tivesse encaminhado. Acrescentou, porém, ter visto uma certidão de nosso velho conhecido coronel Artichewski, escrita em latim, na qual o oficial polonês afirmava o grande valor militar de Manoel de Moraes na luta contra os holandeses, a tal ponto que, por reconhecer sua coragem, teria lhe poupado a vida, enquanto degolava outros soldados vencidos.

Manoel arrumou essa certidão com Artichewski na Holanda, depois que o oficial deixou de vez o Brasil, em junho de 1639. Talvez no próprio ano de 1640, quando soube que seu nome tinha sido citado pelo Santo Ofício como suspeito de heresia. Antônio de Sousa Tavares, o secretário da embaixada, tentou mais tarde procurá-la entre seus papéis para entregá-la à Inquisição, mas não a encontrou. Manoel, porém, guardou cópia desse documento, o primeiro de uma coleção.

Desde 1640, na verdade, Manoel de Moraes passou a colecionar certidões de pessoas importantes, seja porque temia ser preso pela Inquisição em alguma circunstância, seja porque considerava a hipótese de algum dia se apresentar ao Santo Ofício para resolver esse problema, mudando de lado uma vez mais.

O camareiro do embaixador, Jerônimo Esteves, acrescentou detalhes interessantes, confirmando que Manoel tinha ido "muitas vezes à casa de seu amo", d. Tristão de Mendonça. E foi o próprio embaixador quem dissera ao camareiro, em meio a confidências típicas das relações entre nobres e criados, que Manoel lhe havia assegurado o desejo de passar a Portugal. Temia, porém, que o castigassem por ter passado para o lado holandês na guerra pernambucana e por estar, na Holanda, "ensinando a religião que os holandeses seguiam".

Segundo disse o embaixador a seu camareiro, Manoel permanecia católico em seu coração, e só fazia o que fazia na Holanda "em remédio de vida", para ganhar seu sustento com o estipêndio que lhe davam em Leiden, onde morava, "e que se assim o não fizesse, ou lhe não dariam coisa alguma ou o matariam".

A confiar nesse depoimento, mui verossímil, penso eu, pelas circunstâncias em que a informação foi produzida (conversa de alcova entre o embaixador e criado de câmara), Manoel estava a serviço dos holandeses por razões financeiras e sabia da importância que tinha ao ostentar sua conversão ao calvinismo, sendo ex-jesuíta.

É também verossímil que sentisse medo. Medo dos holandeses, no caso de mudar outra vez de lado e fugir para Portugal. Medo dos portugueses, pelas traições passadas e pelas heresias presentes. Mas é claro que Manoel estava jogando, sondando as possibilidades de conseguir alguma renda e livrar-se das acusações, caso mudasse outra vez de lado e passasse a lutar pelos portugueses nas guerras pernambucanas.

Tanto é que, quando o embaixador insistiu para que fosse com ele para Portugal, prometendo ajudá-lo em tudo, Manoel alegou que não poderia fazê-lo, por ora, pois tinha mulher e três filhos para sustentar. Mas se o rei lhe desse algum recurso ou "certos partidos" para o sustento da família, e o não castigassem no reino, Manoel se dizia pronto a servir d. João IV.

O camareiro contou tudo isso aos inquisidores, anos depois, convencido de que Manoel era sincero, acrescentando que o vira "chorar muitas lágrimas" por causa dos apertos em que vivia. Nosso camareiro acreditou em Manoel de Moraes, portanto, achando que o homem era, no fundo, católico. O secretário da embaixada também acreditou em Manoel, seguro de que o ex-padre desejava voltar ao catolicismo, apesar das aparências de herege, atribuindo a má fama do ex-padre ao fato de viver escandalosamente como casado, sendo sacerdote. E o próprio embaixador, pelo visto, acreditou que Manoel queria mesmo passar a Portugal, desde que não fosse castigado e recebesse alguma mercê do rei.

É possível, repito, que Manoel considerasse essa hipótese. Afinal, portugueses e holandeses estavam negociando "as pazes", e

Portugal era agora inimigo da Espanha, na sua guerra pela Restauração. Afinal, quando se passou para os holandeses, Manoel havia traído Felipe IV, agora inimigo de d. João IV, a quem tinha celebrado no opúsculo *Prognóstico e resposta*, de 1641. Por que não esperar do novo rei um perdão e alguma mercê, já que o tinha apoiado de público contra o rei espanhol?

Manoel estava, como sempre, fazendo uma aposta. Convenceu o camareiro do embaixador com suas "lágrimas de crocodilo", convenceu o secretário da missão diplomática e persuadiu o próprio embaixador, nobre que tinha aderido a d. João IV na primeira hora da Restauração, mas não era diplomata muito esperto. Aliás, Tristão de Mendonça Furtado foi criticadíssimo, em Portugal, por sua atuação frouxa, quase desastrada, nas negociações com os holandeses.

Ficam por esclarecer as razões que levaram d. Tristão a receber Manoel e ainda se dispor a ajudá-lo. Se acaso vislumbrou a possibilidade de obter informações sobre a WIC, por meio de Manoel, ou mesmo a de utilizá-lo nas negociações, eis algo que a documentação não permite responder. É certo que Manoel tinha contatos com os *Dezenove Senhores*, sobretudo com Joannes de Laet, e o embaixador devia saber disso. Mas nada indica que Manoel, nesse caso, tenha se jactado dos contatos que mantinha com os holandeses. Pelo contrário, ofereceu-se ao rei português para traí-los. Se assim foi, d. Tristão deve ter logo abandonado a idéia de utilizar Manoel em sua missão diplomática, caso tenha considerado essa hipótese.

Tristão de Mendonça não conseguiu, de todo modo, ajudar Manoel de Moraes. Morreu pouco depois dessa missão diplomática e foi substituído por Francisco de Andrade Leitão, desembargador da Casa de Suplicação que alinhava entre os diplomatas de carreira do Portugal restaurado. Ocupou o posto entre 1642 e 1644 e também foi procurado por Manoel de Moraes.

Francisco de Andrade Leitão era diplomata com fama de

intransigente e fez jogo duro com os holandeses tão logo assumiu o posto, denunciando treze violações do tratado de 1641, pouco depois de chegar em Haia, em março de 1642. Se não chegou a colaborar para o avanço das expectativas portuguesas de reaver as possessões sob domínio holandês, ao menos permitiu que Portugal enxergasse a realidade sem ilusões: a Holanda não pretendia devolver nenhum território aos portugueses, exceto, talvez, por um preço muito alto.

Francisco Leitão fez jogo duro com os holandeses e também com Manoel de Moraes, que o procurou ainda em 1642. Este segundo embaixador parece não ter sequer cogitado de utilizar Manoel de Moraes em sua missão diplomática, embora o tenha recebido algumas vezes.

Anos mais tarde, o próprio Manoel diria aos inquisidores que Francisco de Andrade Leitão não o quis amparar no seu pleito, deixando-o sem opção senão a de se apresentar ao Santo Ofício – o que, na verdade, Manoel não fez de imediato, pelo contrário. Veremos, no devido tempo, que o relato de Manoel sobre esse encontro atropelou, como sempre, a ordem e o conteúdo dos fatos, mas pelo menos num aspecto era fidedigno: Francisco de Andrade Leitão não caiu na conversa de Manoel, ao contrário de Tristão de Mendonça Furtado.

Disso dá prova uma carta escrita pelo próprio embaixador Francisco Leitão, respondendo consulta do Santo Ofício de Lisboa, datada de 6 de agosto de 1646, quando Manoel já estava preso e o embaixador participava, em Münster, das negociações que resultariam no Tratado de Vestfália (1648), que pôs fim à Guerra dos Trinta Anos na Europa.

Lembrou Francisco Leitão que Manoel o tinha procurado várias vezes em Haia, pedindo que interferisse junto ao Santo Ofício a seu favor. Temia ser castigado pelo rei por suas traições em Pernambuco, e temia, ainda mais, ser queimado pelo Santo Ofício.

Manoel começou a molestar o embaixador com seu pleito, logo no início de 1642, porque sabia que sua estátua havia sido queimada em 6 de abril, e continuou a sua tentativa até 1643. Francisco Leitão também confirmou o oferecimento que Manoel fez ao rei, para compensar seus erros passados, dispondo-se a "servir na guerra do Brasil, onde poderia ser de grande utilidade para esse reino e mui prejudicial aos inimigos", para o que desfiou seus feitos a favor dos portugueses no início da guerra pernambucana. Além disso, é claro que Manoel pediu dinheiro para sustentar sua mulher e os filhos que tivera na Holanda, do mesmo modo que tinha feito com d. Tristão.

O embaixador se dispôs a examinar o caso, porém insistiu com Manoel para que se apresentasse voluntariamente ao Santo Ofício, sem a interferência de ninguém. Assegurou-lhe que os inquisidores agiriam com a devida misericórdia ou com menos rigor do que antes, quando Manoel foi processado à revelia. Mas é claro que Manoel recusou essa opção, insistindo que precisava de garantias, ou seja, perdão pelos erros passados e algum posto remunerado a serviço do rei.

A proposta de Manoel se enquadrava, em princípio, no sistema de mercês régias tipicamente ibérico, no qual o monarca concedia títulos e pensões financeiras como remuneração de serviços prestados à Coroa. Feitos militares, por exemplo, que tradicionalmente rendiam mercês, ou a produção de algum conhecimento, na forma de relatórios ou *relações* úteis à governação das conquistas ultramarinas.[3]

Nesse caso, porém, Manoel inverteu completamente a ordem das coisas. Queria receber do rei mercês por antecipação, vantagens por serviços militares a serem prestados no futuro, quando, na verdade, estava inserido noutro sistema e tinha já vendido seus conhecimentos e serviços à companhia de comércio holandesa. É claro que o embaixador não caiu nessa, seja porque a Coroa não compraria o que Manoel já tinha vendido ao inimigo, seja porque a proposta feria totalmente a lógica ibérica das mercês régias, ao ferir um de seus princípios fundamentais: a lealdade ao rei.

De todo modo, Manoel agregou a seu pedido alguns papéis, provavelmente a petição ao rei e aos inquisidores, quem sabe alguma cópia da certidão de Artichewski, papéis que Francisco Leitão guardou por algum tempo, mas depois rasgou, ao saber que Manoel se passara ao Brasil recebendo "ordenados" dos diretores da Companhia.

Na opinião do embaixador, a quem os inquisidores pediram que externasse seu "sentimento" acerca do ex-padre, Manoel estava movido pelo medo, ao pedir sua ajuda: medo da Inquisição e do rei. Mas movia-lhe também a ambição, quando menos o interesse de servir a Portugal com a contrapartida de alguma mercê. Pareceu-lhe também que Manoel se mantinha unido à mulher holandesa "por luxúria" (e o embaixador foi quem disse que ela era linda), "afeição natural" e "necessidade", pois também receava que, se abandonasse a esposa, perderia "os alimentos que os diretores (da WIC) lhe davam e outras comodidades necessárias para a vida humana".

Francisco de Andrade Leitão não ajudou Manoel, portanto, quando foi por ele procurado, mas percebeu muito bem os dilemas que o afligiam, entre voltar ao catolicismo ou permanecer calvinista, entre servir à Companhia das Índias ou ao rei de Portugal, entre viver a salvo na Holanda ou arriscar-se a novo processo no Santo Ofício.

Manoel vivia mesmo dilacerado por dramas de consciência, não há por que duvidar disso. Afinal, ganhava o sustento à custa da WIC, casado com Adriana, sua "paixão holandesa", a quem parecia muito ligado, e ainda tinha filhos com os quais se preocupava. Se o Santo Ofício lhe havia condenado à morte, pelo menos o queimaram somente em estátua, sendo remota, ainda que possível, a chance de o pegarem em pessoa. Manoel estava bem vivo e lhe bastava ficar com sua família em paz e continuar a serviço dos holandeses.

Mas não foi essa a escolha de Manoel, que preferiu arriscar mais um lance ousadíssimo. Tentou fazer um acordo com o Santo Ofício, cogitou de fugir para Portugal e ali obter remuneração por serviços na guerra pernambucana, dessa vez (ou novamente) contra os holandeses. Manoel não faria tais gestões junto aos embaixadores portugueses em Haia, caso estivesse convencido de sua opção holandesa e calvinista. A angústia de Manoel parecia dilacerante.

Mas nosso homem era um jogador, sempre disposto a arriscar novos lances. Enquanto insistia junto a Francisco Leitão, secretamente, para que o representasse nesse pleito, negociava com os holandeses um contrato, também em segredo, para voltar ao Brasil como comerciante, montado em algum empréstimo da WIC.

Pode-se mesmo dizer que, apesar do drama que o afligia, Manoel colocou seus serviços numa espécie de leilão secreto, a ver quem dava mais por sua pessoa. Se Portugal o perdoasse, passaria a lutar contra os holandeses, desde que pudesse levar consigo a mulher e os filhos para o reino. Se a Holanda o regalasse com bom empréstimo em florins, continuaria a servir de exemplo nessa guerra de símbolos, fazendo o papel do jesuíta convertido ao calvinismo. Portugal não aceitou negociar com Manoel, como vimos, e a WIC lhe daria o empréstimo, como veremos.

O fato é que ninguém era santo nesse imbróglio, seja no plano geral, seja no drama minúsculo de Manoel de Moraes. A WIC instruía os diplomatas holandeses a negociarem com Portugal, ao mesmo tempo que ordenava a Nassau novos avanços na África e no Brasil. Portugal não tardaria a jogar o mesmo jogo, continuando a negociar com os holandeses em Haia, ao mesmo tempo que passou a fomentar, desde 1644, embora discretamente, o levante luso-brasileiro em Pernambuco.

Nosso Manoel de Moraes não ficaria atrás, guardadas as proporções e escalas, fazendo o seu papel, novamente ousado, nesse emaranhado de interesses. Negociou com os dois lados simultaneamente, prometendo ajudar um contra o outro e o outro contra o um. Quem desse mais por ele ganharia a partida, e ele mesmo alcançaria melhores posições, fosse como capitão do gentio pelo rei português, fosse como agente comercial da WIC.

Manoel continuava seu jogo. Jogo duro. Jogo duplo.

25. O mistério do núncio

Fracassada a tentativa de negociar com o rei através de seus embaixadores, Manoel de Moraes tratou de se resguardar buscando a absolvição papal para seus erros. Se não dava para se livrar do Santo Ofício com o apoio do rei, que fosse com o aval do papa. Mas é claro que ao papa Manoel não pediria nenhuma mercê terrena, interessado que estava tão-somente numa certidão absolvitória.

Este é um episódio recorrente no processo inquisitorial contra Manoel de Moraes, desde que chegou preso a Lisboa. Um dos escritos que levou consigo no baú era um breve memorial dirigido aos inquisidores pedindo perdão, e nele, logo na primeira frase, mencionou ter confessado seus erros a um "comissário de Sua Santidade", *cum plenitude potestatis ad agendum fidem* [com plena autoridade para agir em matéria de fé], dele recebendo absolvição.

Mais adiante, na confissão que fez em 23 de abril de 1646, repetiu a história com mais detalhes. Contou que, decidindo se afastar de Adriana Smetz para o bem de sua alma, aproveitou um achaque e se mandou para Amsterdã, sob pretexto de que preferia os médicos portugueses, com os quais se entendia melhor, do que com os "flamengos" de Leiden. Foi então que, sabendo da presença do tal comissário do papa em Amsterdã, "que tinha poderes para absolver de quaisquer culpas, ainda que gravíssimas", pediu que o chamassem na casa onde estava, confessou e recebeu o certificado de absolvição.

Acrescentou, ainda, que considerava esse documento essencial, "caso tivesse ocasião de se apresentar ao Santo Ofício", ao que o comissário do papa teria dito que confessar as culpas na Inquisição era ação de bom católico, mas não precisava chegar a tanto, porque ele, comissário, já o tinha absolvido.

Num terceiro momento, na altura em que fez as contraditas ao libelo acusatório da Inquisição, em 10 de novembro de 1646, Manoel insistiu nesse ponto. Acrescentou, porém, que o comissário do papa se intitulava *frater franciscus a Gouvea Capucinus comissarius ad agendum fidem cum plenitude potestatis* [frei Francisco Gouveia, capuchinho, comissário para agir em matéria de fé com plena autoridade], o qual, além de absolvê-lo dos pecados, dera-lhe patente para voltar a usar ordens sacras e dizer missa.

Finalmente, na sua confissão final de 6 de setembro de 1647, repetiu a história, mas admitiu que tinha perdido o papel que lhe dera o comissário e não se fez outro registro do despacho "porque ali residem aqueles comissários escondidos e tudo fazem em segredo, por não se descobrir o intento de suas comissões".

Há, como de praxe, muita confusão nas narrativas de Manoel para os inquisidores, sempre empenhado em embaralhar os fatos. Tantas são as versões, umas razoáveis, outras improváveis, que por vezes fica a impressão de que não houve nenhum comissário *cum potestatis*, muito menos o certificado de absolvição. Mas há que ter paciência com o desconcerto das fontes, pois a situação de Manoel nos Estaus não era fácil, e o episódio é muito importante.

O que Manoel pretendia, evidentemente, era relacionar a

confissão ao comissário papal com as tratativas junto aos embaixadores e sua decisão de abandonar a segunda esposa, sublinhado, por meio disso, seu regresso ao catolicismo, ainda que no foro íntimo. Alguma coisa há de verossímil nessa versão, considerados o sentimento de culpa que o afligia e seu pavor do Santo Ofício.

O problema reside nos detalhes, na invenção de uns e na deliberada omissão de outros. Sem contar que, de volta a Pernambuco, em 1643, Manoel andou espalhando que estava absolvido por um núncio do papa em Amsterdã, dando ares de grandeza ao documento que tinha e à sua própria pessoa. Nem o conde de Vila Franca, condenado pela Inquisição por variados atos sodomíticos com seus pajens, conseguiria anular a sentença inquisitorial na cúria pontifícia, embora fosse nobre leal a d. João IV. Somente Antônio Vieira, décadas mais tarde, conseguiria semelhante proeza. Mas Vieira era Vieira. Manoel era muito menos.

Manoel espalhou, porém, que tinha sido absolvido pelo papa, ainda em Amsterdã, através do tal "núncio". Até aos holandeses chegaria essa notícia, mais tarde, estando Manoel outra vez em Pernambuco, como consta de uma carta dirigida pelo governo holandês no Recife aos *Dezenove Senhores*, em Amsterdã, datada de 4 de setembro de 1645: "E trouxe daí um perdão do papa para a sua apostasia do catolicismo, como mais tarde ele contou".[1]

Mas o fato é que, em termos estritamente institucionais, nenhum núncio papal foi enviado à Holanda entre 1642 e 1643, salvo clandestinamente, como alegou Manoel. Dos vários núncios nomeados no conturbado pontificado de Urbano VIII (1623-1644), que condenou as idéias de Galileu (1632) e de Jansenius (1642), nenhum esteve na Holanda. A nunciatura apostólica na diplomacia européia da época esteve prioritariamente relacionada às negociações que puseram fim à Guerra dos Trinta Anos. Alguns estiveram na vizinha Münsnter, cidade alemã, como Carlo Rosetti e Fábio Chigi, mas na Holanda não passaram. Inclusive porque, oficialmente, Urbano VIII desaprovou as concessões aos protestantes, em matéria de religião, em especial aos holandeses, pelas sabidas restrições que esses faziam aos católicos nos Países Baixos.²

No entanto, é quase impossível imaginar um núncio de Urbano VIII atendendo ao chamado do nosso Manoel, largando eventuais contatos secretos na esfera diplomática para se meter escondido na "casa de um framengo", entre foragidos e aventureiros, a ouvir as confissões de um deles e ainda por cima lavrar certidões.

Manoel não encontrou núncio apostólico nenhum, mas isso não significa que todo esse enredo fosse mais uma de suas invenções. Se ele realmente fez confissão a um comissário papal residente em Amsterdã, deve ter sido a um dos 482 religiosos que atuavam nos quadros da *Missio Hollandica*, ministrando os sacramentos para a numerosa população católica dos Países Baixos.

Outra hipótese é a de que o comissário em causa teria sido frei Francisco de Jesus, integrante da comitiva do embaixador Francisco de Andrade Leitão, em 1642. Dois detalhes mínimos sustentam essa possibilidade: o fato de Francisco de Jesus ser citado como testemunha do episódio e a circunstância da homonímia. Frei Francisco de Jesus seria, neste caso, o nome religioso de frei Francisco de Gouveia, o capucho mencionado por Manoel como núncio apostólico. Mas se trata de hipótese frágil, desmentida por outras circunstâncias do caso, como veremos. Fosse o comissário papal este frade português, o episódio seria menos misterioso do que de fato é.

De todo modo, houve mesmo algum arranjo envolvendo a confissão de Manoel a certo religioso, bem como a lavratura de alguma certidão absolvitória. Mais uma certidão para a coleção de Manoel, inaugurada com a do coronel Artichewski. Pelo menos duas pessoas por ele indicadas como testemunhas confirmaram depois o episódio, ambos amigos de Manoel: João Guterres da

Silva e Jerônimo de Oliveira Cardoso. Pedro Ortis Maciel, também presente, era já morto quando o caso foi parar na Inquisição.

João Guterres apenas confirmou o fato, dizendo que estavam todos hospedados na casa do "flamengo católico" chamado Nicolau, acrescentando tê-lo testemunhado juntamente com Jerônimo de Oliveira e um certo capitão Ortis. Jerônimo de Oliveira acrescentou ter mesmo visto o certificado, com seus "selos e sinais", e ainda acrescentou que seu confessor, frade Jacinto Lendano, assegurou-lhe que o dito capucho, "como todos os religiosos que assistiam no Estado da Holanda, tinha poderes de Sua Santidade para passar os tais despachos e absolver em todos os casos". O único problema é que Jerônimo de Oliveira viu o documento, com seus "selos e sinais", mas "não o entendeu, por estar em língua flamenga".

Uma história muito mal contada, de todo modo, essa do comissário *cum plenitude potestatis* para absolver Manoel e ainda lhe restaurar as ordens sacras. O documento, Manoel perdeu. E a principal testemunha do fato na Holanda, Jerônimo de Oliveira, além de amigo de Manoel, disse não ter entendido o teor da certidão por ela estar redigida em língua flamenga.

A razão de tal documento pontifício estar escrito em língua flamenga, e não em latim, é algo que ninguém esclareceu no processo. Na hipótese de o comissário pontifício da *Missio Hollandica* desconhecer o latim, o que é impossível, fica por esclarecer como Manoel, que dizia não entender holandês, fez nesta língua a tal confissão, de modo a que o comissário monoglota o compreendesse. Enfim, mais complicado ainda é aclarar a razão de um frade capuchinho com o notório nome português de Francisco Gouveia ter atestado a absolvição de Manoel em holandês.

Um fato é, porém, indiscutível. Quem quer que tenha sido o capucho que ouviu (se ouviu) Manoel em confissão, somente tinha poder para absolvê-lo de seus pecados, jamais para atropelar o Santo Ofício e absolver das heresias. Quanto mais as de um homem que, naquele mesmo ano de 1642, tinha sido queimado em estátua no auto-de-fé. Se houve mesmo a tal confissão, Manoel deve ter confessado ao capucho somente os "amancebamentos" que teve com duas mulheres holandesas, minimizando ou ocultando a face herética dessas uniões. Adotaria, aliás, esta versão na posterior defesa diante da Inquisição.

São tantas, porém, as incongruências envolvidas nesse episódio que tudo pode não ter passado de um arranjo de Manoel com os amigos que viviam com ele na pousada de mestre Nicolau (e depois testemunharam), quem sabe com a participação do tal frei Francisco de Jesus ou Francisco de Gouveia.

Mas é possível que alguma certidão tenha sido passada por algum capucho, quem sabe forjada. Manoel, que colecionou certidões em seu favor, chegou ao ponto de registrá-la mais tarde, em Pernambuco, junto ao tabelião público Manoel João. Quem garantiu isso, por ter visto o documento, foi um certo Manoel Fernandes Cruz, homem de sessenta anos, morador na capitania, que depôs em maio de 1647. Segundo Manoel Fernandes, o papel possuía instrumento de "testemunhas conhecidas" e dizia que Manoel de Moraes "ouvia missa e se confessava com um núncio na Holanda". Esse depoimento é, porém, tão detalhado quanto discutível, pois Manoel Fernandes Cruz tornar-se-ia procurador de Manoel de Moraes em Pernambuco, a partir de 1643 ou 1644.

Um certo João Lourenço, francês de nação, também disse ter visto o documento, mas novamente o depoimento é suspeito. João Lourenço era homem de sessenta anos que conhecia Manoel desde o tempo em que ele missionava na aldeia de São Miguel, nas cercanias de Igarassu. Disse ter sido testemunha ocular da prisão de Manoel por quatro ou cinco soldados, em 1645, ocasião em que estes, além de o prenderem, roubaram-no, levando "um bulleto do núncio de Holanda", além de um livro. Se de fato isso ocorreu, foi assim que Manoel perdeu essa misteriosa certidão.

A existência dessa certidão permanece, contudo, duvidosa, considerados a incongruência das informações e o fato de que as testemunhas do caso eram todas ligadas a Manoel. Moral da história: Manoel tentou fabricar mais uma prova de que não era calvinista ou, pelo menos, que se havia "reduzido Santa Fé Católica", como se dizia à época. Fracassadas as tratativas com os embaixadores, nas quais Manoel exigia, para passar a Portugal, mercês e garantias do rei, cuidou de se prevenir apenas contra a fúria inquisitorial. Fez uma confissão auricular e tentou transformá-la em absolvição pontifícia de heresias.

Mas de fato abandonou a esposa e os filhos, em 1643, e passou a agir cada vez mais como católico às escondidas. Se já nesta altura pretendia se apresentar aos inquisidores para "regularizar" sua situação, é muito difícil saber ao certo. Manoel deve ter ao menos pensado nessa possibilidade, ouvindo os conselhos dos embaixadores e do próprio franciscano com quem se confessou. Mais tarde voltaria a cogitar mais dessa possibilidade arriscada.

Entretanto, enquanto confessava tudo ao presumido "núncio", negociava um contrato com a WIC para voltar a Pernambuco. Contrato vantajoso, pois envolvia grande crédito para explorar o pau-brasil nas matas pernambucanas. Manoel deixaria Amsterdã em outubro de 1643, sendo provável que estivesse, nos seus últimos meses de Holanda, negociando o contrato com os holandeses.

Estava decidido a regressar ao Brasil e, por mais sólido que fosse o domínio holandês em Pernambuco, os católicos viviam ali, e uma negociação diplomática bem poderia restaurar o domínio português na região. Com Portugal restaurado em Pernambuco, a Inquisição mostraria suas garras. Era tudo incerto, o jogo indefinido, diplomatas portugueses em Haia. Era preciso fazer a aposta com a prudência necessária.

Manoel apostou no contrato com a WIC, nele vendo a grande chance para tornar-se um homem rico. Seguiu para Pernambuco "a fazer o pau", como se dizia à época, montado em generoso crédito dos holandeses, opção que não surpreende, sendo Manoel um aventureiro incorrigível. De maneira que, com ou sem drama de consciência, Manoel escolheu voltar a Pernambuco. A certidão de Artichewski e a história do "núncio apostólico" integravam, como se diria hoje, o seu *plano B*.

26. De volta a Pernambuco

Manoel de Moraes conseguiu da WIC um crédito equivalente a 2500 cruzados (quase o dobro, em florins) para explorar pau-brasil em Pernambuco, o que foi decisivo na sua opção de partir para o Brasil. O embaixador Francisco de Andrade Leitão, a quem Manoel havia pedido, em 1642, que agenciasse junto ao rei mercês e perdões, percebeu esse movimento, considerando que Manoel talvez tivesse escolhido voltar ao Brasil "para granjear alguma coisa" para sua mulher e filhos.

É bem possível, no entanto, que a WIC tenha descoberto as visitas de Manoel aos embaixadores portugueses, ainda que ignorasse os detalhes da negociação, concedendo, por isso, o crédito tão desejado a Manoel. Melhor ter Manoel do lado holandês do que como capitão do gentio do lado português. Se assim foi, e a WIC, em vez de executá-lo como traidor, preferiu lhe aquinhoar com créditos financeiros, o homem-chave da operação foi Joannes de Laet. Era um dos *Dezenove Senhores* da Companhia das Índias que, desde 1635, apreciava Manoel. Encantou-se com o "plano para o governo dos índios" que Manoel tinha oferecido logo ao chegar a

Amsterdã e, mais ainda, admirava os conhecimentos lingüísticos e geográficos do ex-jesuíta. Utilizara-os, como vimos, em sua renomada obra de naturalista.

Foi Joannes de Laet quem decerto deu o xeque-mate nessa história, não sendo impossível que Manoel de Moraes lhe tenha posto a par da situação, de seus medos e frustrações. Pelo elevado posto que ocupava na WIC e pela estreita relação que mantinha com Manoel desde 1635, Joannes de Laet deve ter se empenhado, nos bastidores, para contemplar as expectativas do ex-padre e colaborador. Manoel deve ter prometido a Joannes, como era de seu feitio, perseverar no calvinismo e ajudar os holandeses no Brasil como e quando fosse necessário, em troca do crédito postulado.

Nesse caso, porém, sendo a WIC uma sociedade por ações, tratava-se de um negócio, não de uma mercê. Um empréstimo, na forma de escravos, bois, machados e outras peças para explorar o pau vermelho na Mata do Brasil. Com os lucros desse negócio, Manoel deveria pagar à WIC a dívida com juros e sustentar a família calvinista que formara na Holanda.

O negócio específico foi feito com um certo Daniel Gance Pull, que também era traficante de escravos, e talvez por isso Manoel tenha dito que conseguiu seus recursos com "os holandeses de Guiné". Há documentos no Arquivo de Haia que comprovam esta ligação,[1] e Manoel seria, de fato, parceiro de Daniel Gance Pull no seu negócio com pau-brasil, a partir de 1643.

Em outubro de 1643, Manoel deixou o outono europeu e regressou a Pernambuco, largando Adriana, o filho Francisco e as meninas, talvez pensando regressar algum dia, ou levar a família para Portugal no futuro, como chegou a propor aos embaixadores de d. João IV. Mas naquele momento o importante era pôr em funcionamento a sua empresa extrativa. Chegou ao Recife em 2 de dezembro de 1643.

O Pernambuco que Manoel encontrou quando regressou a

"fazer o pau" estava na fase final do chamado período nassoviano, tempo em que o Brasil holandês se estendeu do Sergipe ao Maranhão e, desde 1641, consolidou o comércio com a África, conquistada a praça de Luanda, uma vez que São Jorge da Mina, na Guiné, já tinha sido tomada em 1637. Tudo obra dirigida por João Maurício de Nassau que, além de "príncipe humanista", era militar reconhecido.

A economia pernambucana havia recebido enorme impulso com a instituição do "livre-comércio", em 1638, pelo qual todos os comerciantes holandeses, e não somente os licenciados da WIC, foram autorizados a negociar nos "portos do Norte" do Brasil. Mas o auge do comércio exportador nos domínios da WIC já tinha passado. A exportação de açúcar branco, por exemplo, que tinha alcançado 14 542 caixas, em 1641, não passou de 10 812 caixas, em 1643, e caiu para 8587, em 1644. Cairia ainda mais, de forma vertiginosa, nos anos seguintes.[2] O tráfico de escravos africanos, por outro lado, caminhava para o pico: 2378 negros foram vendidos no Brasil em 1642; 4014, em 1643; 5465, em 1644.[3]

O quadro estrutural da crise estava dado: diminuição das exportações de açúcar, entre 1641 e 1644, e aumento do tráfico de escravos no mesmo período. Diminuição dos lucros da WIC, de um lado; aumento das dívidas dos produtores de açúcar, de outro.

Mas a semente da crise ainda não tinha frutificado neste momento da "paz nassoviana".[4] O próprio Nassau revelou-se, desde sempre, um hábil negociador e contemporizador das múltiplas tensões que marcavam o Brasil holandês.

Administrou o conflito entre comerciantes, de um lado, e lavradores e senhores de engenho, de outro, embora tenha alertado a Companhia, nos últimos anos de seu governo, do perigo de sublevação. Estreitou as relações com o governo português na Bahia, após a Restauração portuguesa, encenando com o marquês de Montalvão um idílio diplomático. Recebeu legações africanas

O governo de Maurício de Nassau correspondeu ao auge do domínio holandês no nordeste açucareiro.

do conde do Sonho e do rei do Congo, em 1643, potentados rivais que, no entanto, tinham em comum a hostilidade ao português e, logo, afinidade política com o holandês.[5] Manteve o equilíbrio entre as comunidades católica, calvinista e judaica no Pernambuco, autorizando as procissões, permitindo o livre funcionamento da sinagoga, acalmando os *predikants* calvinistas na sua fúria contra judeus e "papistas".

Neste particular, foi muito cobrado pelo Sínodo calvinista que estabelecido no Recife, em 1636, ao permitir que a congregação *Kahal Kadosh Zur Israel*, filiada à Talmud Torá de Amsterdã, mantivesse culto público na cidade, e os católicos fizessem suas procissões às claras, o que era impensável na Holanda. Tornou-se, por isso, muito benquisto pelos judeus portugueses, que se empenharam em manter Nassau no Brasil. Chegaram a escrever aos *Dezenove Senhores* da WIC, dizendo que nenhum preço seria demasiado alto para que Nassau permanecesse no Brasil, ainda que o próprio sangue, desde que ele ficasse.[6] O mesmo em relação aos católicos que, segundo frei Manoel Calado, o chamavam de "o nosso santo Antônio".

Transformado em mito de nossa história seiscentista, Nassau ficaria também celebrizado pela missão de pintores e naturalistas que fez vir ao Recife: Willem Piso, Georg Marcgrave, Frans Post, Albert Eckhout, Gaspar Barléus, Johan Nieuhof e tantos outros. Ficaria celebrizado pelas melhorias urbanas no Recife, pela construção da Cidade Maurícia, na ilha de Antônio Vaz; da famosa ponte unindo Maurícia e Recife; do palácio de Vrijburg, com parque e jardim botânico, emblema de seu governo de oito anos no Brasil.

Ficaria afamado pelas festas pomposas que ordenou em Pernambuco,[7] como a comemorativa da Restauração portuguesa contra os odiados espanhóis, celebrada em abril de 1641, dando mostras, talvez fingidas, de que desejava a paz na região. E nesta festa não faltaram cavalhadas, que encenaram, no entanto, um combate entre holandeses e portugueses (!) – e, neste caso, o jogo exprimia mais a realidade do que as intenções diplomáticas do conde.

Houve ainda outra festa na qual, para provar a robustez de seus aliados tapuias, Nassau ordenou que dois deles enfrentassem um touro bravíssimo no terreiro de seu palácio, grande público presente, expectativa alta, arena cercada como se fosse praça de touros. Eis que os índios derrotaram a fera, picando-lhe com flechas, depois de várias escaramuças ao redor de uma árvore, sendo que um tapuia chegou mesmo a pegar o touro ensagüentado pelos chifres, arrojando-o no chão para delírio dos assistentes.

E, já que falo de touros, vale lembrar a concorridíssima inauguração da ponte Recife–Maurícia, em fevereiro de 1644, na qual Nassau prometeu que voaria um boi. E, de fato, viram os espectadores entrar num sobrado o boi manso de um certo Melchior Álvares e, ato contínuo, atravessar pelo ar o espaço entre o sobrado e uma casa fronteiriça da rua. O famoso "boi voador" de Nassau era na verdade empalhado, movido pela tração de grossos arames, mas fez bem o seu papel no programa da festa. A renda do espetáculo foi alta: 1800 florins, soma resultante do pedágio cobrado pela travessia da ponte nesse grande dia.

Manoel de Moraes não perdeu a festa do boi porque chegou ao Recife em dezembro de 1643. Encontrou, de todo modo, uma cidade muito diferente da que havia deixado, em 1635. Cidade superpovoada, para os padrões coloniais, com cerca de 8 mil habitantes, dos quais 3 mil civis (*vrijluiden*), 1450 judeus, e a maioria gente de armas e funcionários da WIC (*dienaaren*). Uma cidade, talvez a única do mundo ocidental na época, que abrigava templos calvinistas, igrejas católicas e sinagoga no mesmo espaço urbano. Uma cidade avantajada, com ponte para a ilha de Antônio Vaz, agora com o imponente nome de *Mauritsstadt*, incluindo palácio e jardim botânico.

Manoel se manteve, porém, longe deste Recife nassoviano. Meteu-se na Mata do Brasil, no lugar chamado de Aratangy, com seus escravos, que agora os tinha, a cortar madeira para vender aos holandeses. Manoel de Moraes se tornou, enfim, um típico "brasileiro" que, no vocabulário da época, significava exatamente seu novo ofício. Ofício de "fazer pau". Pau-brasil.

27. Manoel *brasileiro*

Manoel se estabeleceu em Aratangy ou Alagoa Grande, na assim chamada Mata do Brasil, ao sul de Pernambuco, área muito rica em pau-brasil. Aratangy ficava, aliás, muito próxima à aldeia de São Miguel de Muçuí, onde Manoel outrora havia missionado, "distante cinco léguas (trinta quilômetros) do embarcadouro".

Era o comércio do pau-brasil negócio dos mais rendosos do Brasil holandês, um dos poucos produtos que se mantiveram como monopólio da WIC, mesmo depois da "liberdade de comércio" instituída em 1638. A exportação do pau-brasil permaneceu reservada à Companhia, assim como a importação de material bélico e escravos africanos, de modo que os holandeses fizeram uma versão própria do regime de *estanco* praticado pelos portugueses na exploração das madeiras tintórias desde o século XVI.

Na prática, à semelhança do que fazia a Coroa portuguesa, a WIC arrendava o direito de explorar o pau-brasil a particulares, que recebiam crédito para derrubar as árvores e organizar o transporte das toras para o Recife, ficando obrigados a vendê-las para a companhia monopolista. Na versão holandesa, o pau-brasil foi rebatizado como "pau-de-pernambuco" ou *pernambucshout*, nome que até hoje se encontra, como sinônimo de pau-brasil, nos dicionários de língua holandesa.[1]

Manoel de Moraes entrou nesse negócio no melhor ano do comércio holandês de pau-brasil. Basta dizer, seguindo os dados de Hermann Wätjen, que as exportações, em peso, saltaram de 294 613 libras, em 1642, para 437 995, em 1643, e para 920 690, em 1644, quando esse comércio alcançou seu melhor desempenho. Nessa conjuntura, interessados em investir mais no pau vermelho, os holandeses abriram crédito para novos particulares da terra explorarem o negócio. E nesta onda foram o nosso Manoel e também o riquíssimo João Fernandes Vieira.

Manoel recebeu 2500 cruzados, o que, *grosso modo*, correspondia, em 1643, ao dobro em florins. É verdade que, até 1642, o câmbio cruzado/florim foi quase paritário, como se diria hoje, pois o cruzado equivalia a quatrocentos réis, em moeda portuguesa, e um florim equivalia a vinte *stuivers* (que no Brasil chamavam de "chapa"), em moeda holandesa. Vinte "chapas" valiam cerca de quatrocentos réis, de modo que o florim e o cruzado chegaram a possuir valor idêntico.[2]

No entanto, como d. João IV aumentou o valor do cruzado de quatrocentos para 750 réis, em 1642, a paridade cambial foi por água abaixo, para alegria de Manoel de Moraes.[3] Negócios envolvendo escravos confirmam esse cálculo, pois o preço médio de um africano variava entre 228 e 280 florins, ou seja, cerca de 100 mil réis ou 130 cruzados, em moeda portuguesa, em 1643. Os escravos angolanos que Manoel veio a adquirir valiam, cada qual, cerca de 90 mil réis ou 120 cruzados.

O crédito que Manoel recebeu da WIC, cerca de 4750 florins, foi bastante razoável, se lembrarmos que ele mesmo pediu (e parece que não levou) 1500 florins à Companhia, em 1636, em pagamento de seus escritos e para ajudar no casamento com Margarida van Dehait. Considerando que um escravo vendido no Recife, em 1643, custava, em média, cerca de 280 florins, se *guiné*, e 228 florins, se *angola*, Manoel recebeu bom crédito para seu negócio. Quantia suficiente para comprar cerca de vinte escravos angolanos.[4]

Manoel comprou, porém, menos escravos: catorze angolanos, mais baratos, sendo oito homens e seis mulheres, a imensa maioria na faixa de 25 anos. Chegou a possuir mais, pois andou vendendo e comprando escravos, entre 1644 e 1645, além daqueles declarados, e um casal de escravos seus já tinha um recém-nascido de um mês. Na estimativa que fez, seus escravos valiam entre 90 e 100 mil réis, exatamente o preço médio registrado (em florins) nas estatísticas do tráfico africano à época, perfazendo esse patrimônio cerca de 1700 cruzados.

E não ficava nisso a riqueza de Manoel. Para o corte da madeira, Manoel dispunha de 27 ou 28 machados, sete enxadas, oito ou dez formões, três ou quatro "ferros de fazer covas", que não chegou a estimar quanto valiam. E para transportar as toras de pau-brasil para o litoral, possuía quatro carros de boi praticamente novos, valendo cada qual quatro mil réis, num total de 16 mil réis, e quatro bois, valendo cada junta de 26 a 30 mil réis. Além dos carros-de-boi, possuía um cavalo, com sela velha, no valor de 10 ou 12 mil réis, duas vacas e dois bezerros, valendo cada um também 10 ou 12 mil réis.

Curiosidade digna de nota é o fato de Manoel ter marcado seus bois com um "L latino", "que queria dizer licenciado". Ou bem é uma prova definitiva de como valorizava o título universitário que havia conseguido na Holanda, ou bem é uma prova de que não tinha mais como definir-se. Porque jesuíta não era mais, e clérigo de ordens sacras também não, apesar do "núncio pontifício" ter lhe restituído, presumidamente, as prerrogativas sacerdotais. Por ironia do destino, acabaria o título de "licenciado" marcado como sinal dos bovinos que puxavam os carros de Aratangy carregados de pau-brasil.

Seja como for, o "capital fixo" da empresa de Aratangy alcançava cerca de 100 mil réis, sem contar os machados, enxadas e ferros, que tudo junto, bois, carros e instrumentos, não devia passar de 130 cruzados. Por aí se pode ter uma boa idéia do altíssimo valor do escravo na economia colonial, pois todos os equipamentos e animais necessários ao corte, preparação e transporte da madeira valiam o preço de apenas um escravo angolano.

O pau-brasil, porém, valia muito, e Manoel chegou a estocar entre mil e 1200 quintais, que mantinha num sítio com roça na Mata do Brasil, terra de tão pouco valor que Manoel não estimou preço. Mas o quintal de pau-brasil, equivalente ao peso de cem libras, podia ser cotado, segundo Wätjen,[5] em três ou quatro florins cada um, embora, por inadvertência, a WIC tenha chegado a pagar até quinze florins por quintal nos anos 1635 e 1636. Manoel não teve a sorte de pegar esta fase eufórica, de modo que os quintais de pau-brasil que possuía, cotados a quatro cruzados o quintal, podiam valer, em tese, até 4800 florins ou 2400 cruzados.

O mesmo Manoel informou, no entanto, que o valor ordinário do quintal de pau-brasil era duas vezes menor: apenas um cruzado ou dois florins. Ao menos era esse o preço que os "judeus do Recife" pagaram por seus quintais, em dada ocasião. Se assim foi, as rumas ou pilhas de toras estocadas por Manoel não valiam mais que 1200 cruzados ou cerca 2400 florins.

Manoel tinha, porém, mais pau-brasil em outros cantos. Possuía outra pilha de duzentos quintais pertencente ao sócio holandês Daniel Gance Pull, que lhe foi dada de presente por João Fernandes Vieira ao iniciar-se a guerra de Restauração, na onda de saques perpetrados contra os inimigos da "liberdade divina". Possuía, ainda, outros cinqüenta quintais que havia emprestado a Gregório de Caldas, seu vizinho na Mata do Brasil, da qual esperava o pagamento em dinheiro. Possuía, enfim, mais cinqüenta e tantos na aldeia de Muçuí (a mesma em que havia missionado havia mais de dez anos!), que havia sido incediada na guerra, mas o pau "estava aí todo". Este resíduo de trezentos quintais de *pernambucshout* valia, portanto, no mínimo, uns 1200 florins ou seiscentos cruzados.

Os negócios de Manoel de Moraes com o pau-brasil envolviam parceiros, por assim dizer, operacionais. Manoel mantinha os escravos no engenho de Camaçari, de Manoel Fernandes Cruz, procurador do ex-padre, e somente os mandava vir em dias certos para cuidar da roça, cortar as árvores e empilhar as toras. O mesmo em relação aos carros-de-bois e cavalo: ficavam na posse de Fernando Mendes, filho de Manoel Fernandes Cruz, também procurador de Manoel de Moraes, que os enviava por ocasião do transporte do pau para o Recife, o seu e o de outros arrendatários que exploravam a mata.

Manoel passou a entender desse negócio muito bem, seguindo as recomendações que a WIC dava aos *brasileiros* desde 1637: "que as árvores abatidas fossem bonitas e de muita tinta", bem desgalhadas, de preferência situadas em outeiros ou terrenos pedregosos, não em vales. E, depois de derrubadas e feitas em toras, o melhor era levá-las ao porto o quanto antes. Manoel chegou a ponto de advertir aos inquisidores, estando preso (!), ser urgente recolher as toras de pau que tinha estocado em Pernambuco. Do contrário, poderiam apodrecer ou, quando menos, perder a metade do peso, o que não deixava de ser uma tragédia.

Manoel "fez pau" por conta própria e ainda negociou com a madeira de outros arrendatários. Costumava deixar os seus quintais em consignação com o holandês Daniel Gance Pull, para vender no Recife, o mesmo "sócio" que, em 1645, ele haveria de lesar, aceitando a oferta de João Fernandes, que presenteou Manoel com o pau-brasil do holandês. Outras vezes transportava os quintais alheios, como os de um holandês morador no Recife, cujo nome esqueceu, que lhe contratou "para tirar um pouco de pau" nas carroças dele, Manoel, para vender na cidade. E não deixou de emprestar pau para outros brasileiros, como os cinqüenta quintais que cedeu a Gregório Caldas, seu vizinho.

Afora o pau-brasil, Manoel fez pequenos negócios nessa curta permanência em Pernambuco, do que dá notícia o rol de credores e devedores constantes de seu inventário.

Era credor de 18 mil réis de um morador do São Francisco, a quem vendera "fazendas", não disse o quê, por meio do galego Francisco Ruiz. Era também credor de Manoel João Gago pela venda de um negro, pelo que só havia recebido uma prestação de 11 ou 12 mil réis.

Sebastião de Carvalho, dono de canaviais, antigo companheiro nas missas que freqüentou em Amsterdã, devia cerca de 40 mil réis a Manoel, "de resto de contas", e dessa dívida, contou Manoel, sabia Diogo da Silva, secretário de João Fernandes Vieira. Frei Manoel Calado esclareceu, em testemunho posterior, a razão da dívida: Manoel de Moraes vendera a Sebastião de Carvalho as roupas de sua falecida esposa, Margarida van Dehait, o que não espanta, pois era costume vender as roupas de parentes defuntos.

Luiz de Carvalho lhe devia cinco patacas, cerca de 1600 réis, o que dava para comprar umas cinco libras de manteiga holandesa ou um alqueire de farinha. Tudo isso sem contar o que lhe devia Gregório Caldas, a quem Manoel considerava um "trapaceiro", por não lhe ter pago o empréstimo de cinqüenta quintais de pau-brasil.

Manoel era mais credor que devedor, descontada a enorme dívida que tinha com a WIC. Devia dez ou doze patacas ao capitão António Gomes Taborda; meia pataca ao alfaiate Gaspar Gonçalves, morador em Igarassu, preço aproximado de um quartilho de conhaque ou três de cerveja holandesa; cinco patacas ao vizinho Domingos Lopes por uma caixa de farinha.

O desempenho de Manoel como negociante é difícil de avaliar pelo desencontro de informações. A confiar na sua própria informação de que os judeus do Recife pagavam somente um cruzado por quintal do pau-brasil, o patrimônio total de Manoel alcançava cerca de 3300 cruzados, perfazendo lucro de pouco mais de 30% em dois anos. Mas se os dados de Wätjen estão corretos (e devem estar), valendo o quintal de pau-brasil cerca de quatro florins ou dois cruzados, em média, Manoel de Moraes prosperou como comerciante. Em menos de dois anos acumulou patrimônio de, aproximadamente, 4830 cruzados, entre escravos, animais, ferramentas, carroças e pau-brasil estocado, um lucro de quase 100% sobre o empréstimo recebido da WIC, em 1643. O ex-jesuíta e teólogo por Leiden tornou-se, pelo visto, negociante talentoso. Se não lucrou tudo isso que calculamos, longe esteve de ficar no prejuízo.

O mais incrível, porém, é que Manoel juntou esse patrimônio desrespeitando o contrato que havia feito na Holanda, pelo qual ficava obrigado a vender todo o pau-brasil extraído à WIC, jamais a "comerciantes livres". O decreto holandês de 1638 que instituiu o "livre-comércio", convém lembrar, não incluía o pau-brasil, nem armas, munições ou escravos vindos da África.

Manoel, no entanto, vendia pau-brasil para os judeus-portugueses do Recife, como chegou a admitir na sessão de inventário, e parecia ludibriar o holandês Daniel Gance Pull, seu sócio no Recife, arrendatário da exploração de pau-brasil no âmbito da WIC.

Fontes holandesas confirmam os indícios de que Manoel deve ter prosperado como contrabandista de pau-brasil. Numa carta das autoridades holandesas no Recife aos *Dezenove Senhores*, datada de 24 de março de 1645, lê-se, nesse caso com espanto, que Manoel "ainda não fez entrega até esta data de qualquer quantidade de pau-brasil à Companhia", e ainda se queixou de que, no início de seu contrato, "a maior parte da madeira lhe tinha sido roubada". Os holandeses não tinham ilusões: "Percebemos que do seu contrato não devemos esperar grande coisa".[6]

E não deviam esperar mesmo. Manoel deu um tremendo calote nos holandeses. Tomou emprestado 2500 cruzados, quase dobrou o capital como negociante e deixou a WIC a ver navios. Sua propensão a trair era quase compulsiva, não importava o lado, tanto mais que agora as vítimas eram "holandeses hereges", o que talvez aplacasse o drama de consciência que o afligia desde a Holanda.

O certo, porém, é que Manoel de Moraes era um traidor perfeito. Traiu os jesuítas; traiu os portugueses na guerra de resistência; voltou a traí-los, prometendo servir a d. João IV em troca de mercês e perdões, enquanto arrancava dos holandeses o contrato de pau-brasil; traía, ao mesmo tempo, a WIC, oferecendo-se aos embaixadores portugueses para combater os holandeses no Brasil; traiu Adriana Smetz, não nos esqueçamos dela, ao abandoná-la com três crianças em Leiden. Não haveria de ser como *brasileiro* que Manoel honraria algum contrato.

28. Nhô Manoel & Sinhá Beatriz

Manoel possuía no mínimo catorze escravos nominalmente declarados aos inquisidores, em abril de 1646. Mas chegou a vender um escravo a Manoel Travassos, morador em Pernambuco, pelo visto em parcelas, pois o homem lhe devia 20 mil réis pelo "resto" desse africano, que Manoel tinha comprado de um holandês do Recife por 64 mil réis. E disputou com Francisco dos Santos Bacellar, alferes em Pernambuco, a posse de um escravo que Manoel dizia ser seu, o alferes negou, Manoel levou o negro consigo, sob ameaça de vingança.

Os escravos de Manoel eram, porém, os que nomeou em detalhe, todos angolanos de cerca de 25 anos, a maioria casada: Inácio com Maria, Bartolomeu com Isabel, Pedro com Luzia, Mateus com Juliana, Lourenço como Missia, sendo que esse último casal já tinha um filho pequeno. Além dos casados, Manoel tinha três negros solteiros, Francisco, Antônio e Felipe, e outra negra também solteira, essa especialíssima, veremos bem o porquê, chamada Beatriz.

Viviam todos, ou quase todos, no engenho de Manoel Fernandes Cruz, de onde seguiam para trabalhar em Aratangy, as mulheres na roça, os homens no corte das árvores e toras de pau. Era trabalho árduo, considerando que uma árvore dessas podia alcançar de vinte a trinta metros de altura, os troncos duros e pesados. Cada tora, por exemplo, media cerca de um metro e meio e pesava até trinta quilos, em medidas atuais.

O trabalho implicava cortar a árvore, carregar o tronco, fazer as toras, ordená-las em quintais de cem libras, carregá-las para os carros de boi ou empilhá-las em algum canto, no aguardo da partida para Recife. Não raro os escravos andavam mais de dez quilômetros carregando troncos derrubados ou toras já feitas para empilhar. E, conforme apontou Barléus, no seu livro de 1647, era ainda preciso tirar da árvore a casca mais grossa, que não é vermelha como o lenho, mas branca, "de espessura de três dedos, nodosa e grosseira".[1] Árvore cheia de galhos e ramos, com folhas pequenas, mas pontudas. Não era simples derrubar árvores de pau-brasil e preparar as toras em quintais.

Manoel de Moraes, agora senhor escravista, assumiu perfeitamente a sua nova posição de negociante. Nem sequer supervisionava o trabalho, embora fosse um pequeno escravista, confiando tudo a um feitor. Melhor dizendo, a uma feitora, "que governava e feitorizava os ditos escravos": a negra Beatriz. Não recordo de outro caso em que o feitor fosse mulher na história da escravidão colonial, exceto na empresa extrativa do supreendente Manoel de Moraes. Se houve outras feitoras em nosso antigo escravismo, devem ter sido raríssimas, sobretudo numa atividade como esta.

A poderosa Beatriz, que tinha a mesma idade de seus colegas cativos, era quem cuidava de tudo, dos casais de escravos, do ir-e-vir entre o engenho de Tasuapina e as matas de Aratangy, do corte das árvores e toras, do empilhamento, da carregação de tudo para o Recife.

Beatriz era, ao que tudo indica, a senhora de Aratangy. Vivia na casinha com Manoel, na Mata do Brasil, supervisionando todo o serviço, o trabalho na roça, os mantimentos, tudo.

É mais do que provável que Beatriz fosse amante de Manoel de Moraes, embora ninguém tenha denunciado Manoel por concubinato. Vale lembrar, porém, que o concubinato não era delito de foro inquisitorial, somente da justiça eclesiástica e, além disso, todas as diligências ordenadas pela Inquisicão em Pernambuco depois de 1646, no tocante ao processo de Manoel, trataram de argüir as testemunhas em pontos específicos. Pontos e dúvidas ligadas às heresias de que era suspeito, nada mais. A Inquisição não se interessava por meros pecadores, senão por hereges.

Enfim, vivendo o "casal" numa tapera no meio da mata pernambucana, poucos haveriam de saber com quem Manoel dormia, se dormia. Aliás, a esmagadora maioria dos depoimentos sobre Manoel nessa segunda fase pernambucana menciona nosso homem em outros lugares e ocasiões, nos negócios, nas igrejas, na guerra. Aratangy ou Alagoa Grande é, quando muito, um lugar de referência, nos testemunhos de 1646 ou 1647. Um lugar onde Manoel residia e "fazia pau", nada além disso.

Há poucas evidências, portanto, sobre a vida privada de Manoel na sua derradeira fase pernambucana. São elas tão escondidas que fazem as pífias informações sobre os casamentos holandeses de Manoel parecerem um colosso de dados!

Há, porém, elementos que sustentam tal dedução. Antes de tudo, o fato de ser corriqueiro, na sociedade colonial, o amancebamento de senhores com escravas domésticas, mesmo se casados, e ainda que padres obrigados ao voto de castidade. Seria quase tedioso citar a vasta bibliografia dedicada a esse tópico, estudando a sociedade escravista desde seus primórdios.[2]

Manoel tornou-se um senhor de escravos como tantos outros, tinha escrava em casa, sua mulher estava na Holanda, e de padre ele já não tinha nem o hábito. Difícil não admitir que tenha

Uma negra retratada por Albert Eckhout, quem sabe parecida com Beatriz, a feitora e amante de Manoel em Pernambuco.

aderido a esse costume senhorial, tomado outra vez da luxúria, amancebando-se com sua escrava predileta, estando com ela na tapera de Aratangy.

Além disso, embora tenha sido jesuíta dos mais comportados nos tempos de missionário, depois que passou a capitão do gentio descobriu-se como homem. Deitou-se com índias, depois com as meretrizes vindas de Amsterdã, quem sabe a Cristianazinha, a Cabelo de Fogo ou a Chalupa Negra. Casou-se duas vezes na Holanda movido também pela luxúria, por apetites libidinosos, como diria depois. Ainda que se tenha casado também por outros apetites, não resta dúvida de que Manoel se assumiu como varão.

Quando regressou a Pernambuco, estava com quarenta e tantos anos. Impossível imaginar que, senhor de Beatriz, uma angolana de vinte e poucos anos, no máximo trinta, restaurasse o "voto de castidade" que já tinha abandonado havia muito tempo. Por mais que tenha freqüentado igrejas católicas na Holanda (e voltaria a fazê-lo ainda mais no Brasil), Manoel de Moraes era homem de grandes apetites mundanos. "Pecava no sexto mandamento", como dele disse o provincial Domingos Coelho. Pecava no sexo. Beatriz não deve ter escapado do assédio de Manoel, se é que não foi ela mesma quem o assediou.[3]

Passando do terreno das suposições às evidências empíricas, há pelo menos duas dignas de nota. A primeira é o fato de Manoel, sendo quem era e tendo abandonado Adriana Smetz à míngua na Holanda, ter se preocupado com o destino de Beatriz depois de preso pela Inquisição. Pois fez ele questão de dizer aos inquisidores, enquanto desfiava seus bens na sessão de inventário, que havia dado à Beatriz, em Pernambuco, uma carta de alforria: "Sendo Deus servido de o levar para si, ficasse a dita Beatriz forra".

Por prudência, sem saber se iria parar outra vez na fogueira, e dessa vez para valer, Manoel cuidou de alforriar Beatriz. Alforria condicionada à morte dele, Manoel. Voltasse ele para Aratangy, Beatriz continuaria escrava. Mas, ainda assim, Manoel lhe deu alforria, porque não queria vê-la seqüestrada por um juiz do fisco qualquer, junto com bois e carroças e rumas de pau-brasil confiscadas, no caso de condenação fatal.

O segundo indício do concubinato aparece na segunda sessão de inventário, já em setembro de 1647. No final do documento, informando sobre os preços de seus escravos, disse que a "feitora Beatriz" devia valer ao menos uns 100 mil réis. Isso se tivesse saúde, "porque (ela) ficara muito achaquosa, quando ele declarante se apartou...". Beatriz ficara, pois, desconsolada e doente com a partida de Manoel. E foi ele a dar conta da melancolia de Beatriz aos inquisidores, que não estavam minimamente interessados nesse assunto. Numa linguagem que mais lembrava a do amante que a do amo...

Manoel trocou, portanto, ao que tudo indica, a holandesa Adriana pela angolana Beatriz. Abrasileirava-se o ex-jesuíta, nesse território amoroso, e outra vez mudava de vida, agora secretamente, sem escândalo. Ninguém soube, ninguém viu. Mas não seria esta a sua última mudança. Nem a principal.

29. Regresso ao catolicismo

Manoel tornou-se explorador de pau-brasil, próspero negociante, senhor de pequeno plantel de escravos e provável amante de sua feitora, a angolana Beatriz. Mas não se libertou do passado católico e da formação jesuítica. Embora sua prosperidade como negociante fosse quase um prêmio pelos oito anos de dedicação aos holandeses, o fato de regressar ao Brasil deu a Manoel melhores condições para recuperar, ao menos no foro íntimo, suas raízes católicas.

No Brasil holandês, a tolerância em relação ao catolicismo era bem maior do que na Holanda, pois a população da terra era majoritariamente católica. É certo que os jesuítas tinham sido expulsos, mas desde a "liberdade de culto" instituída na Paraíba, em 1635, a tendência foi no sentido da tolerância larga.

Nassau buscou equilibrar os contrários. Aceitou a pressão dos predicantes, em 1638, e proibiu a saída das procissões pelas ruas. Mas nada fez para reprimi-las, de modo que nos dias de grandes santos ou nos enterros, as procissões continuaram. O mesmo em relação às missas, que continuaram a ser oficiadas nas capelas de engenho, em casas particulares e mesmo em algumas igrejas.

O clima azedou em 1640, quando Nassau mandou prender os beneditinos, franciscanos e carmelitas, sob a suspeita de que se correspondiam com o bispo da Bahia (o que era verdade) e conspiravam contra os holandeses. A conjuntura tornou-se ainda mais complicada pela ameaça da Armada do conde da Torre contra o Recife, ainda que esta tenha resultado num grotesco fiasco.

Mas, de modo geral, o catolicismo seguiu firme nas capitanias dominadas pelo holandês, apesar das restrições, menores, vale repetir, do que as vigentes na própria Holanda.

Manoel de Moraes aproveitou-se desse clima e deu vazão a seu catolicismo enrustido, a começar pelo tratamento dispensado aos escravos. Não há notícia, por menor que seja, de castigos hediondos por ele perpetrados. Somente os mandava cortar e carregar as pesadíssimas toras de pau-brasil. Mas isso fazia parte da escravidão. Os castigos brutais, nem sempre.

Respondendo aos inquisidores, Manoel contou que, ao comprar seus escravos dos holandeses, constatou que uns já eram batizados, embora no calvinismo, e sete eram pagãos. Pois instruiu a todos na doutrina católica e os levou ao padre secular Manoel Leal para que recebessem "o santo batismo".

Manoel não mentiu nesse ponto. Em depoimento de 23 de maio de 1647, padre Manoel Leal confirmou que nosso Manoel levou seus escravos para doutrina e batismo na capela de Nossa Senhora da Esperança, para serem batizados. Além disso, procurou manter os cinco casais de escravos unidos segundo o matrimônio católico, se é que não foi ele mesmo quem promoveu os casamentos.

Este ânimo católico, Manoel já o trazia da Holanda, como vimos. Contou aos inquisidores que, ao embarcar para o Brasil, em 1643, levou consigo seis "brandões" de cera branca (velas compridas), "muito formosos", na sua opinião. Dois para Nossa Senhora do Amparo, dois para os santos Cosme e Damião e dois para "o glorioso são Gonçalo". Tudo isso foi confirmado posteriormente, inclusive o número de velas e os santos encomendados, por Luis Álvares da Silva, homem de 42 anos, morador em Olinda, em cuja casa Manoel morou durante um mês ao regressar a Pernambuco. Também confirmou esse fato um certo Manoel Antunes Taborda, morador em Olinda, que esteve com Manoel de Moraes e Luis Álvares naquele mês.

Tais episódios demonstram que, já nos primeiros tempos de seu regresso a Pernambuco, Manoel parecia mais à vontade para assumir seu catolicismo. Trouxe velas para santos, ministrou doutrina, promoveu matrimônios e fez batizar seus escravos na Igreja Católica Apostólica Romana.

Mesmo depois que se mudou para Aratangy, a "fazer pau", continuou freqüentando capelas católicas. Quando ia ao Recife para negócios, dava um jeito de ouvir missa na capela de Nossa Senhora da Esperança, em Olinda, e na de Nossa Senhora do Amparo. Por vezes, ia com bordão na mão, como faziam os demais "portugueses católicos". Diversos depoentes confirmaram esses fatos, testemunhando em 1647.

Na própria Mata do Brasil, freqüentou missas oficiadas pelo padre Manoel Leal no sítio da Coresma, distante duas léguas (12 quilômetros) de sua casa, em Aratangy. Ia às missas com devoção, apesar da "aspereza das matas e caminhos". Santos Mendes, vizinho de Manoel, homem de sessenta anos, foi um dos que confirmaram que, havendo missa na mata, Manoel aparecia, depois de percorrer duas léguas a pé, sempre com o rosário no pescoço, e rezava ali na capela algumas horas. Não largava o rosário da Virgem.

Manoel estava passando por evidente recaída católica. Além de freqüentar capelas em Olinda, Recife ou Aratangy, trouxe consigo da Holanda uns livros de prédica católicos, segundo contou

Manoel Antunes Taborda, que os guardou e, a mando do nosso Manoel, os entregou a um de seus procuradores, Manoel Fernandes da Cruz. O próprio Manoel de Moraes tratou desse assunto com os inquisidores, em seu inventário, informando que deixara quinze ou dezesseis livros variados num cofre com seu procurador, a quem deu a guarda da chave. Um desses livros era um *Calepino de onze línguas*, que havia comprado do livreiro Laurentius Blau, em Amsterdã, por cinco patacas. Referia-se Manoel ao léxico de Ambrogio Calepino (1440-1511), conhecido como "cornucópia", incluindo latim, hebraico, grego, francês, italiano, alemão, flamengo, castelhano, polonês, húngaro e inglês.

Negociante de pau-brasil, *brasileiro*, portanto, Manoel de Moraes continuava, porém, a ser letrado e, no íntimo, católico. Nas horas que passava nas capelas, rezando contrito (talvez atrito), devia examinar bem a sua consciência, conforme aprendera com os jesuítas em Piratininga e na Bahia, onde fizera muitas vezes os *Exercícios espirituais* de santo Inácio. O calvinismo adotado por fora, o catolicismo persistente, as diversas traições que perpetrara, a deslealdade ao rei de Portugal, os casamentos heréticos, o abandono da mulher e dos filhos, quem sabe a secreta mancebia com a feitora Beatriz, tudo devia atormentá-lo nessas horas de reflexão espiritual. Manoel, apesar de tudo, era um homem religioso.

Isso talvez explique certas passagens de suas sessões de inventário no Santo Ofício, embora ali ele se tenha esmerado em mostrar seu lado católico aos inquisidores, por razões óbvias. Mas justamente por se tratar de uma sessão de inventário, basicamente técnica, limitada a identificar bens materiais confiscáveis, certas declarações de Manoel ganham maior credibilidade.

Há trechos do inventário totalmente deslocados de uma peça processual do Santo Ofício, como se Manoel estivesse a fazer um testamento cartorial, no qual o futuro defunto dispõe plenamente de seus bens e os distribui conforme sua vontade. E, na realidade, o arrolamento dos bens na Inquisição não passava de um instrumento para o confisco, no caso de condenação.

Na sessão de 13 de abril de 1646, Manoel declarou que tinha três filhos na Holanda, as duas meninas vivendo com a mãe, em Leiden, insinuando seu desejo de beneficiá-los, caso morresse. Lembrou-se também de sua meio-irmã pobre e solteira, que vivia no Espírito Santo, embora tenha confundido seu nome, pedindo que lhe dessem alguma "esmola e alimentos", para sustento dos filhos.[1] E declarou que sua feitora Beatriz devia ficar forra, por papel que lhe havia passado, caso Deus o quisesse levar.

Na sessão de 18 de setembro de 1647, foi explícito ao dizer que devia, em consciência, alimentos a Adriana Smetz e suas duas meninas. Reservou, ainda, trinta patacas de seus bens para o colégio jesuíta de Pernambuco, recomendando que fossem entregues ao provincial Francisco Carneiro. Destinou quarenta patacas para os pobres. E reservou mais duas patacas e meia para missas "por um defunto" não mencionado, talvez ele mesmo.

Neste inventário, que mais parece testamento, Manoel externou algumas culpas que o afligiam: o abandono da família em Leiden; o destino da negra Beatriz, com quem tinha compartilhado a vida em Pernambuco; a irmã pobre, solteira e com filhos; os jesuítas do Brasil, dos quais se julgava devedor; os pobres de Deus, em nome da caridade cristã; a sua alma condenada, quando menos ao purgatório. Mas vale frisar que esta segunda sessão de inventário foi feita no tempo em que Manoel aguardava a sentença inquisitorial, quando temia pela própria vida.

As declarações "testamentárias" de Manoel depois de preso, bem como seus gestos católicos na segunda fase pernambucana, permitem entender sua reconversão religiosa, apenas esboçada na Holanda e assumida em Pernambuco.

Nesse movimento silencioso de regresso ao catolicismo, Manoel de Moraes chegou mesmo a tentar uma aproximação com frei Manoel Calado do Salvador, o famoso Manoel dos Óculos, que privava do convívio de Nassau, mas era um guardião do catolicismo em Pernambuco. Frei Manoel Calado fez regressar ao catolicismo, como vimos, vários cristãos-novos que se haviam passado ao judaísmo, atraídos pela sinagoga do Recife. Ele era uma referência para os católicos da capitania naquele tempo.

E já vimos também que frei Manoel Calado tinha opinião muito negativa de Manoel de Moraes, chegando a responsabilizá-lo pelo sucesso da conquista holandesa, nos idos de 1635. De todo modo, terminando frei Manoel Calado de dizer missa na igreja de Nossa Senhora do Amparo, Manoel de Moraes lhe mandou um bilhete, no qual propunha, ao que parece, um encontro. Mas frei Manoel Calado não quis recebê-lo e, quando depôs no Santo Ofício, em março de 1647, fez pesada carga contra Manoel de Moraes.

O que interessa destacar desse testemunho é, antes de tudo, o fato de Manoel estar assistindo a uma missa oficiada por Manoel dos Óculos e sua tentativa de aproximação, talvez para dele conseguir mais uma certidão abonatória, talvez para reduzir-se de vez ao catolicismo (como muitos judeus andavam fazendo). Mas o principal é o fato de frei Manoel dos Óculos ter dito que não recebeu Manoel de Moraes porque temeu conversar com ele, uma vez que estava já "acusado entre os holandeses". Ato contínuo, Manoel Calado foi contar o ocorrido a João Maurício de Nassau.

Nosso Manoel de Moraes já estava mal falado entre os holandeses e decerto isso tinha a ver com o calote que deu na WIC, pois não entregava o pau-brasil previsto no contrato com eles firmado.

Mas não era essa a única razão. Na quinta sessão da Assembléia Geral do Sínodo da Igreja Reformada do Recife, realizada entre 18 e 26 de julho de 1644, "perguntaram se não convinha tomar cuidado com a pessoa de *Emanuel de Moraes*, ex-jesuíta nesta colônia, considerado um instrumento pernicioso, procurando atrair as pessoas para as idolatrias e superstições papistas". Decidiram solicitar providências ao Conselho do Recife.[2]

Nada melhor do que um documento holandês, por menor que seja, para abordar Manoel de Moraes pelos flancos, driblando as armadilhas da documentação inquisitorial.

Manoel estava em pleno trânsito para o catolicismo no seu regresso a Pernambuco. Irritava os holandeses da Companhia. Indignava os ministros do Sínodo calvinista. Havia, de certo modo, se alinhado aos padres agitadores, que tanto inquietavam as autoridades holandesas do Recife. A conduta de Manoel em Pernambuco sugere que guardava algum ressentimento dos holandeses pelos oito anos passados sem grande remuneração. Não tinha conseguido o posto de diretor da missão calvinista, vivia à sombra de Joannes de Laet como letrado, era escalado para encenar sua apostasia nas ruas de Amsterdã. Uma vez em Pernambuco, refez laços de cumplicidade, recompôs sua vida amorosa, ganhou dinheiro e resolveu se desforrar dos holandeses e do seu "calvinismo herético". A recaída católica de Manoel era também uma revanche pessoal.

Só não mergulhou de vez nesse caminho porque continuava trajado de secular, metido no negócio do pau-brasil com o dinheiro dos holandeses. Mas sem pagá-los pelo empréstimo, vale lembrar, nem honrar o monopólio da WIC neste comércio.

Impossível não admitir a hipótese de Manoel ter regressado ao catolicismo, inclusive no foro íntimo. Não fosse assim, não se poderiam entender suas escapulidas à igreja do Cordeiro Branco ou mesmo suas tratativas com os embaixadores do rei português, ainda na Holanda. Também não se poderia entender sua adesão cada vez mais assumida ao catolicismo em Pernambuco, a ponto de irritar os predicantes do Sínodo calvinista.

Afinal, ressentido ou não com os holandeses, Manoel tinha

enfim conseguido ascender socialmente, depois de quase dez anos a serviço da WIC. Bastava-lhe seguir com seu negócio do pau-brasil, aumentar sua fortuna e desfrutar do *status* que perseguiu por anos em Amsterdã, finalmente alcançado no Brasil. Vale a pergunta: por que Manoel de Moraes não seguiu até o fim sua opção, tomada em 1635, de bandear-se para os holandeses e adotar o calvinismo? Apesar de tudo, essa opção lhe rendeu salário, estudos em Leiden, casamento, filhos, contrato com a WIC, escravos africanos e até amante angolana. Tornou-se senhor de escravos que, embora não fosse o mesmo que um senhor de engenho, era "título a que muitos aspiram", como diria o jesuíta Andreoni, em frase clássica, porque também trazia "consigo o ser servido".[3]

Manoel rejeitou a opção flamenga por causa de seu catolicismo enraizado, jesuítico, temperado pelo ressentimento que tinha dos holandeses e pela culpa que carregava na consciência. Medo do Santo Ofício? Talvez, mas só se caísse na teia da Inquisição por acaso. Vários cristãos-novos portugueses passaram à Holanda, rejudaizaram, migraram para o Brasil holandês, regressaram a Amsterdã em 1654 e jamais foram pegos pelo Santo Ofício, nem cogitaram de se apresentar.

A diferença entre um Manoel Dias Soeiro, aliás Menasseh Ben Israel, grande rabino de Amsterdã, e nosso Manoel de Moraes (ambos intimados a se apresentar ao Santo Ofício em 1640, sendo residentes na Holanda), resume-se ao seguinte: Manoel Dias Soeiro tinha assumido de vez seu judaísmo em Amsterdã, nunca foi visto em igrejas católicas com rosários (é óbvio!), tornou-se o principal rabino da Talmud Torá e jamais atenderia às intimações da Inquisição, como não atendeu; Manoel de Moraes, por sua vez, nunca assumiu de vez a "seita de Calvino", vivia em capelinhas católicas às escondidas e se preocupava em como resolver sua pendência com o Santo Ofício, cogitando apresentar-se aos inquisidores e oferecendo serviços ao rei de Portugal!

Manoel Dias Soeiro só havia sido católico de fachada, que assumiu seu judaísmo na Holanda, a "Jerusalém do Norte", onde escolheu viver. Manoel de Moraes foi calvinista por circunstância, mas nostálgico do catolicismo e, por mais que tenha apostasiado, sentia-se português, súdito do rei de Portugal e até jesuíta. Havia cogitado viver em Portugal com sua mulher e filhos!

Não resta dúvida de que Manoel já estava enganando os holandeses no aspecto financeiro, como arrendatário do pau-brasil, e ainda faria muito mais, no início da guerra restauradora. Mas sua insistência em desafiar o calvinismo que havia adotado por meio de gestos católicos, agora públicos, mostra que o pragmatismo materialista de Manoel de Moraes tinha limites.

É provável que acalentasse o desejo, ou mesmo intenção, de algum dia se apresentar ao Santo Ofício para zerar a dívida espiritual que carregava na consciência. Preocupava-se mais com essa dívida do que com a soma que devia à Companhia das Índias. Manoel vivia com a consciência pesada. Identidade fragmentada.

30. Capelão da guerra divina

A partir da demissão de João Maurício de Nassau e seu retorno à Holanda, em maio de 1644, a dominação holandesa no Brasil entrou numa fase de colapso irreversível.

Nassau havia conseguido manter um certo equilíbrio nas tensões internas das capitanias conquistadas e firmara mesmo uma trégua com o governo da Bahia, em julho de 1641, envolvendo troca de prisioneiros e cessação das incursões portuguesas no interior do Brasil holandês. Mas essa "paz nassoviana" sempre foi muito precária. O próprio Nassau ordenou, como vimos, as conquistas de Angola e do Maranhão, no mesmo ano de 1641, e não se cansou de alertar a WIC sobre o perigo de uma insurreição geral dos luso-brasileiros contra o domínio holandês. Desse perigo deu prova o levante do Maranhão, em 1642, que resultou na expulsão dos holandeses da capitania no ano seguinte.

A diplomacia luso-holandesa, por sua vez, não avançava na Europa. Os embaixadores portugueses não conseguiam arrancar dos Estados Gerais sequer uma vaga promessa de devolução dos territórios conquistados no tempo da União Ibérica. Portugal, em guerra contra a Espanha pela sua independência, não tinha condições de enfrentar a Holanda, principal potência marítima do século XVII.

O enfrentamento do domínio holandês no Brasil dependia, assim, do levante dos próprios colonos que, nos anos 1642-1643, não pareciam dispostos a desafiar os holandeses, ao menos nas principais capitanias açucareiras. Nem estavam interessados nisso, pois contavam com largo crédito da WIC. João Fernandes Vieira não se cansou de dar mostras de lealdade e jurar fidelidade aos holandeses.

É verdade que o novo governador-geral do Brasil, Antônio Teles da Silva, que assumiu na Bahia, em agosto de 1642, fez articulações discretas em favor da revolta e não manteve, com Nassau, as relações cordiais que mantivera seu antecessor, o marquês de Montalvão. Mas as condições para deflagrar uma guerra contra os holandeses eram nulas, nessa altura. Tampouco a Coroa portuguesa encorajava esses movimentos, apostando numa saída diplomática em Haia.

O regresso de Maurício de Nassau à Holanda, em 1644, bem como a diminuição dos gastos militares da WIC na defesa do Brasil mudaram completamente o quadro. Tudo agravado pelo desempenho da economia. A exportação de açúcar branco, por exemplo, principal fonte de lucro dos holandeses nas capitanias conquistadas, caiu quase 40%, como vimos, entre 1641 e 1644. Quando Nassau deixou o Brasil, os negócios do açúcar estavam em franco declínio e os lavradores e senhores de engenho da colônia, endividados até o pescoço. João Fernandes Vieira, futuro chefe da rebelião, devia a espantosa soma de quase meio milhão de florins!

A WIC começou a apertar os moradores da colônia. O próprio Manoel de Moraes, que era negociante miúdo, comparado a esses potentados da "açucarocracia pernambucana", tinha quase duplicado seu patrimônio, entre 1643 e 1645, sem pagar um tostão dos 4750 florins tomados de empréstimo aos holandeses.

A insurreição pernambucana foi, portanto, urdida por devedores insolventes que, de início, contaram com o apoio discreto da Coroa portuguesa, não raro temperado com mensagens de prudência ou desencorajamento. Não por acaso esta "nobreza da terra" alegaria, no futuro, que a Restauração de Pernambuco e mais capitanias se dera à custa do "sangue, vida e fazendas" dos moradores.[1]

No seio dos conspiradores, a idéia de insurreição foi crescendo, entre fins de 1644 e inícios de 1645, até se transformar numa grande causa: a luta contra os holandeses hereges que tiranizavam o Brasil. O "levantamento da terra" não tardaria a se transformar, ideologicamente, numa guerra "em nome da liberdade divina". Liberdade divina, Restauração católica.

Eclodiu a guerra em 13 de junho de 1645, dia de santo Antônio, quando João Fernandes, à frente de 150 homens, mais o Terço de Henrique Dias e os índios de Felipe Camarão lançaram o primeiro ataque, na Várzea do Capibaribe. Não passaram de escaramuças esses primeiros combates, mas foi o suficiente para deixar os holandeses inquietos.

O Conselho do Recife enviou, logo em julho, oficial para protestar, junto ao governador Antônio Teles da Silva, contra a violação da trégua firmada em 1641. Aí foi a vez de o governador português dar o troco, alegando que não tinha nada a ver com aquilo (o que era só meia verdade) e lembrando que os mesmos holandeses haviam rompido o acordo de Haia, meses depois de assinado, quando invadiram Angola e o Maranhão. Prometeu, no entanto, fazer gestões para chamar Henrique Dias e Felipe Camarão à ordem. É claro que não fez nada disso, pelo contrário. Usou essa promessa como pretexto para enviar tropas de apoio a João Fernandes e André Vidal de Negreiros.

Manoel de Moraes não participou de nenhuma conspiração contra os holandeses, embora andasse pregando contra o calvinismo, desde 1644, sempre que ia ao Recife ou nas capelas do inte-

João Fernandes, principal comandante da guerra de restauração pernambucana, aceitou incorporar Manoel de Moraes como capelão da tropa, em 1645.

rior. Mas, afora isso, prosseguia, como vimos, no seu negócio com o pau-brasil, refugiado em Aratangy com a negra Beatriz.

É bem possível que tomasse a iniciativa de juntar-se ao movimento, pois já havia regressado no foro íntimo e mesmo de público à religião católica. Estava pronto para aderir à "guerra da liberdade divina" convocada por João Fernandes, com quem tinha ligações mediadas por Jerônimo de Oliveira Cardoso, seu companheiro na Holanda. Além disso, um dos primeiros atos de João Fernandes Vieira como chefe da rebelião foi declarar nulas as dívidas dos rebeldes para com os holandeses, embora não tivesse nenhum poder para tanto.

"Liberdade divina" e calote nos holandeses era tudo o que poderia desejar Manoel de Moraes. Há, portanto, indícios poderosos de que Manoel estaria mesmo inclinado a aderir à insurreição contra os holandeses, seja pela dor de consciência que o flagelava havia pelo menos três anos, seja pelo interesse imediato em livrar-se da dívida que havia contraído junto à WIC. Mas, sendo Manoel quem era, aventureiro inveterado, nunca se sabe ao certo o que seria capaz de fazer.

João Fernandes não pagou para ver o que faria Manoel, nessa conjuntura de crise, e o mandou prender, em julho de 1645, como aliás fez com diversos outros religiosos, de cuja conduta suspeitava. No caso de Manoel de Moraes, tais suspeitas eram mais que fundamentadas. Assim como se bandeara para o lado holandês em 1635, poderia voltar a fazê-lo se o preço valesse a pena. João Fernandes era homem de negócios e conhecia bem o estilo de Manoel de Moraes quando entravam em causa certas paixões e interesses, *in ventris et cupiditatis gratia*.

Essa era uma hipótese perigosa que convinha eliminar, pois Manoel havia sido grande capitão do gentio na luta contra os holandeses, nos idos de 1630. Só não causara maior dano militar aos portugueses, porque os mesmos holandeses o transferiram para a Holanda, um pouco para usá-lo como exemplo de católico renegado, outro tanto para aproveitar seus conhecimentos sobre o Brasil, e certamente para evitar nova traição do jesuíta, sempre possível, caso o mantivessem como capitão.

Ninguém realmente confiava em Manoel de Moraes, nem mesmo João Fernandes, que cortejara Nassau por anos a fio, enriquecera com os holandeses, mas nunca havia lutado contra os portugueses. João Fernandes acautelou-se e mandou prender Manoel.

Ao tratar desse episódio com os inquisidores, em 1646, Manoel simplesmente omitiu o fato de ter sido preso por ordens de João Fernandes. Limitou-se, nas contraditas, a dizer que havia servido aos portugueses contra os holandeses logo no início da guerra de Restauração, do que deu, evidentemente, inúmeros detalhes.

João Fernandes Vieira, por sua vez, deu versão diferente dos fatos, mas também omitiu sua decisão de mandar prender Manoel em julho de 1645. Depondo em 23 de maio de 1647, disse que, naquela ocasião, tinha ordenado a um alferes que fosse recrutar gente para a guerra e, entre os que vinham com os soldados estava, por acaso, Manoel de Moraes. Acrescentou que tão logo veio à sua presença, pôs-se Manoel "a seus pés", ao que ele, João Fernandes, respondeu dizendo que se levantasse, pois "não era juiz para castigá-lo". No entanto, advertiu Manoel para que "não saísse fora da tropa", do contrário o "havia de mandar matar".

Dois testemunhos desencontrados, que, contudo, coincidem na omissão de que Manoel havia sido preso a mando do mestre de campo. Ao omitir que João Fernandes mandara prendê-lo, Manoel tencionava, como sempre, amenizar o mar de suspeições de que era alvo, por razões óbvias, preferindo sublinhar sua adesão voluntária à luta contra os holandeses. João Fernandes, por sua vez, tentou colaborar com essa versão, mascarando a própria suspeita que tinha de Manoel. Mas acabou escorregando no depoimento, ao descrever o gesto desesperado de Manoel, caindo de joelhos, a pedir perdão ou jurar fidelidade aos portugueses e, sobretudo, ao admitir que o mandaria matar no caso de nova traição. Encontramos descrição muito parecida com a de João Fernandes em outro tipo de fonte, no caso a *História da guerra de Pernambuco*, de Diogo Lopes Santiago, uma das melhores crônicas portuguesas desta fase da guerra. Sem nenhum rodeio, Diogo Lopes conta que João Fernandes mandou prender Manoel, "que naquele sertão vivia na lei ou seita de Calvino, debaixo da obediência dos flamengos". E, uma vez preso, Manoel se prostrou aos pés do mestre de campo, "com copiosas lágrimas, que lhe corriam sem cessar (...) com mostras de grande arrependimento". Conta Diogo Lopes que Manoel pediu, então, para conversar a sós com o governador e dali saiu resolvido a ajudar na luta contra os holandeses.[2]

Frei Rafael de Jesus realçou ainda mais o episódio, no *Castrioto Lusitano*, baseado no que escrevera, entre outros, o mesmo Diogo Lopes Santiago:

> Teve (João Fernandes) certa informação de que naquele distrito vivia o Padre Manoel de Moraes, apóstata da fé e de seu Estado, refinado hereje por obediência e por observância, seguindo, pregando e defendendo os erros de Lutero e de Calvino: não ardia no peito do governador menos o zelo da religião, que o favor da guerra. Mandou buscar preso o apóstata; chegou este a seus pés banhado em lágrimas; protestou emenda, e com religioso pejo pediu ao governador fosse servido dirigi-lo...[3]

Da prisão de Manoel por ordens de João Fernandes deu testemunho inequívoco o francês João de Lourenço, a quem já mencionamos a propósito da certidão do "núncio". Vizinho de Manoel, este francês viu quando quatro ou cinco soldados do "governador da guerra", João Fernandes, prenderam o ex-padre em Aratangy e ainda o achacaram, roubando-lhe um livro e papéis. Frei Manoel

Calado confirmou o fato, informando que João Fernandes havia mandado uma tropa de soldados para prender Manoel e sublinhando que, somente dois dias depois de preso, é que Manoel resolveu integrar-se aos portugueses na guerra.

Não resta dúvida, portanto, de que Manoel foi mesmo preso por João Fernandes, em razão das fortes suspeitas que os rebeldes dele nutriam. Mas é igualmente certo que essa circunstância deu a Manoel a chance de bandear-se outra vez para o lado português e católico. O conjunto de depoimentos sobre esta reaproximação, judiciários ou literários, sugere que João Fernandes prendeu Manoel para evitar qualquer possibilidade de o ex-padre lutar ao lado do inimigo e, mais que isso, para cooptá-lo. Reuniu-se com ele a sós e comprou seu passe, como hoje se diria, prometendo alguma coisa ao ex-padre. Do adiantamento pecuniário que João Fernandes lhe deu já demos notícia no capítulo sobre o patrimônio de Manoel: duzentos quintais de pau-brasil que pertenciam a Daniel Gance Pull, comerciante da WIC e sócio de Manoel de Moraes.

Mas seria inexato reduzir a reviravolta de Manoel a um simples negócio, como se pode inferir da recaída católica de que Manoel vinha dando mostras desde que tinha voltado a Pernambuco. O papel que João Fernandes lhe atribuiu, iniciada a guerra, foi o de capelão da tropa, o que não deixa de ser curioso, pois Manoel já não era mais padre. Tinha sido expulso da Companhia de Jesus em 1636, como vimos, e deposto das ordens sacras pela sentença inquisitorial de 1642. Descartada a possibilidade de Manoel ter conseguido a restituição de suas ordens pelo fantasioso núncio, em Amsterdã, foi mesmo João Fernandes quem ousou fazê-lo na Várzea do Capibaribe! Afinal, não era João Fernandes o general da "guerra da liberdade divina"?

O fato é que João Fernandes não queria qualquer padre como capelão de suas primeiras batalhas, senão Manoel de Moraes, com ordens sacras ou sem elas. Manoel de Moraes, somente ele, no entender de João Fernandes, era capaz de encarnar a bandeira católica da guerra restauradora! Precisamente por ter sido renegado e amigo dos holandeses, Manoel de Moraes era o capelão exato.

Reinvestido em suas funções sacerdotais pelo mestre de campo, Manoel teve atuação verdadeiramente espetacular na batalha do monte das Tabocas, em 3 de agosto de 1645. Ele mesmo, obviamente, fez questão de detalhar sua atuação, em especial nas contraditas ao libelo acusatório do Santo Ofício, em 1646. Contou que, parecendo a batalha perdida, os portugueses desanimados, muitos na iminência de desertar, depois de quatro horas de combate, tomou ele nas mãos um "Cristo crucificado" e tratou de exortá-los ao combate, que Cristo os haveria de auxiliar naquela luta. Seguia a pé e descalço pelas serras e matas, lágrimas nos olhos, encorajando os portugueses como autêntico capelão da tropa. E aos portugueses pediu que chamassem por Nossa Senhora, "dizendo-lhe uma salve-rainha", ele mesmo gritando a oração, após o que o inimigo recuou. E retomados os combates, foi ele, Manoel, descalço por águas e lamas, animando os portugueses com palavras e exortações até a vitória final, que Deus fez mercê aos combatentes da guerra divina.

Talvez tenha sido esta a narrativa mais verdadeira de Manoel dentre todas que fez no Santo Ofício. João Fernandes Vieira e André Vidal de Negreiros confirmaram por escrito esses fatos, nas certidões abonatórias que Manoel levou no seu baú para Lisboa. O mesmo João Fernandes voltou a descrever a mesma atuação de Manoel, no seu testemunho de 1647. Diversas outras testemunhas diriam o mesmo, nas diligências que a Inquisição fez em Pernambuco, inclusive d. Antônio Felipe Camarão, ex-discípulo de Manoel na aldeia de São Miguel, agora "governador de todos os índios do Brasil" na guerra da liberdade divina.

Só faltou mesmo um depoimento de Henrique Dias, general

do Terço negro, para completar o panteão de restauradores que confirmaram a coragem de Manoel de Moraes na batalha do monte das Tabocas, a primeira grande vitória da insurreição pernambucana.

Entre os cronistas, o depoimento mais espetacular foi o de Diogo Lopes Santiago. No auge da batalha, escreveu:

> levantou o padre Manoel de Moraes a imagem do Cristo Senhor nosso, em alto, e começou a dizer, em alta voz: Senhor Deus, Misericórdia! [...] Irmãos, digamos uma salve-regina à Virgem Mãe de Deus! E em dizendo todos em alta voz Salve, rainha, mãe de misericórdia, se viu logo o favor da Mãe de Deus, porque o inimigo se começou a retirar descomposto e a ir perdendo terra a olhos vistos; e os nossos começaram a gritar: vitória, vitória!⁴

O desempenho de Manoel foi tão destacado no monte das Tabocas que alguns por pouco não creditaram à sua devoção e às suas exortações a vitória dos portugueses. Até mesmo frei Manoel Calado, que detestava Manoel de Moraes, sublinhou a intervenção da Virgem na batalha por invocação de Manoel, a quem nomeia como "padre", numa passagem do *Valeroso Lucideno*.⁵

Além disso, no mesmo depoimento prestado ao Santo Ofício em que incriminou Manoel de Moraes, chegando a lhe atribuir a maior responsabilidade pela conquista holandesa nos anos 1630, frei Manoel Calado reconheceu a mudança de posição de seu desafeto. Embora insistisse em que não sabia se Manoel havia ou não se "reduzido à fé católica", Manoel Calado contou que, depois de preso por João Fernandes, Manoel de Moraes "abriu coroa na cabeça, cortou a barba" e seguiu os portugueses na batalha, exortando-os em nome de Cristo. Manoel Calado chegou a ponto de dizer que, depois disso, Manoel de Moraes "andou livre no exército e poderia fugir, se quisesse".

Vindo de Manoel Calado, inimigo de Manoel de Moraes, esse depoimento tem peso considerável.

Não é de admirar que até mesmo Manoel Calado tenha exaltado, por escrito, a atuação de Manoel de Moraes na batalha do monte das Tabocas. Manoel era mais que um ex-padre que havia traído Matias de Albuquerque e os jesuítas, nos anos 1630; era mais que um predicante improvisado das doutrinas de Calvino, feito traficante de pau-brasil e senhor de escravos angolanos no Pernambuco holandês; mais que teólogo pela Universidade de Leiden ou pivô de uma controvérsia entre Joannes de Laet e Hugo Grotius. Manoel de Moraes era um símbolo.

Havia dado mil passos para largar o mundo católico, filipino, português, luso-brasileiro, jesuítico, para servir ao inimigo flamengo e calvinista. Agora enfrentava, de peito aberto, os canhonaços do holandês na linha de frente, entoando a salve-rainha, brandindo um crucifixo para exortar os soldados ao combate. Manoel de Moraes era um símbolo de que a "guerra da liberdade divina" era mesmo divina. Católica e portuguesa. Revanche pernambucana. João Fernandes percebeu isso ao nomeá-lo capelão.

Os holandeses, de sua parte, não tiveram a menor dúvida de que agora eram eles os traídos por Manoel. Numa carta do Conselho do Recife datada de 4 de setembro de 1645, registrou-se que Manoel de Moraes, devedor da WIC pelo empréstimo que se lhe havia feito, "foi dos primeiros a se declarar a favor dos rebeldes".[6]

A eclosão da "guerra da liberdade divina" deu a ocasião decisiva para Manoel de Moraes resolver seu drama pessoal. Foi capelão na batalha do monte das Tabocas e na reconquista do engenho da Casa Forte, em 17 de agosto de 1645. É certo que essa nova mudança radical contou com o acaso de ter sido preso pelo comandante da rebelião. É certo também que, até a batalha do monte das Tabocas, Manoel ficou sob vigilância, e João Fernandes não se arriscou a dar-lhe comando militar. Também é verdade que, com sua adesão aos rebeldes, Manoel se livrava da dívida com os holandeses e ainda acabaria regalado por João Fernandes com duzentos quintais de pau-brasil confiscados de seu ex-sócio holandês. Manoel recebeu mercê do general para marchar contra os holandeses.

Mas não se pode negar que Manoel entrou de cabeça e de coração nessas batalhas. Fez tonsura, tirou a barba, crucifixo na mão, salve-rainha. Desarmado e descalço pela lama e pelos matos. Na batalha do monte das Tabocas, Manoel de Moraes voltou a ser simplesmente o jesuíta de outrora. Reencontrou-se com seu passado, arriscando a vida, entre tirambaços e flechas, na "guerra da liberdade divina". Passou a considerar seriamente a possibilidade de se apresentar ao Santo Ofício.

31. Das Tabocas ao Santo Ofício

Manoel de Moraes terminou a sua atuação nas guerras pernambucanas na batalha da Casa Forte, em 17 de agosto de 1645. Tinha voltado a lutar pelo lado português, como nos anos 1630, não mais como capitão do gentio, mas como capelão de guerra. Havia regressado a seu nicho de origem e não queria mais saber de holandeses, nem de calvinismo, nem muito menos das dívidas com a WIC. Os rebeldes luso-brasileiros estavam agora na ofensiva e Manoel com eles, por Cristo e pela Virgem.

Reassumira completamente o catolicismo e chegou mesmo a se confessar, na sacramental, com padre João Araújo, que depois confirmou o fato. Mas era preciso resolver seu problema com a Inquisição, agora mais do que nunca, decidido que estava a doravante viver como católico entre os portugueses.

O que pretendia fazer Manoel de Moraes, caso absolvido pelo Santo Ofício, é coisa difícil de saber. Jesuíta não era mais, pois fora expulso da Companhia de Jesus ainda em 1636. E agora era homem de posses, com patrimônio de cerca de quase 5 mil cruzados, condição incompatível com a de inaciano. Não há indícios de que pretendesse doar seus bens à Companhia em troca de readmissão.

Tampouco pretendia se utilizar das "ordens sacras" que João Fernandes lhe tinha restituído, na marra, descartada a história mirabolante do núncio, na Holanda. Afora a atuação nas Tabocas e Casa Forte como capelão de guerra, Manoel não tinha exercido o sacerdócio em sua segunda fase pernambucana. No máximo freqüentou igrejas e pregou contra o calvinismo, mas não atuou como padre, embora garantisse que o comissário papal lhe restituíra as ordens sacras. Temia que os holandeses não tolerassem tamanha afronta, segundo contou depois no Santo Ofício.

No futuro, quem sabe, rezaria algumas missas para seus escravos na capelinha de Aratangy que sonhava construir, como contou a um vizinho. Manoel parece ter concebido a peculiar e absurda perspectiva de vir a ser uma espécie de "predicante católico". Católico na fé, com direito a pregar e a oficiar missas, mas sem o voto de obediência (exceto a militar), muito menos os de pobreza e de castidade. Uma espécie de mescla entre o predicante calvinista e o padre católico.

É certo, porém, que Manoel tencionava regressar a Pernambuco depois de resolvido seu problema com a Inquisição, para reassumir os negócios, talvez voltando a lutar na guerra de Restauração ao lado de João Fernandes. Pode ser que Manoel ambicionasse um posto militar, quiçá capitão do gentio, quem sabe general, e dessa vez vitorioso contra os holandeses. Este não era sonho impossível, pois via muitos que, tendo colaborado com os holandeses no tempo de Nassau, agora estavam à frente da guerra, livres das dívidas e confiscando à vontade tudo o que viam pela frente.

Excelente perspectiva para nosso Manoel de Moraes. João Fernandes era o maior exemplo, agora homem rico e comandante da insurreição que, se vitoriosa, reservaria fortuna e glória aos restauradores. Manoel queria estar entre eles.

Mas o futuro era incerto, pois Manoel ainda precisava se acertar com os inquisidores de Lisboa. O risco era enorme e Manoel hesitou, embora tenha assegurado aos inquisidores que estava decidido a se apresentar ao Santo Ofício. O fato é que tratou do assunto com alguns religiosos e com os próprios líderes da insurreição, de modo a ajustar seu futuro papel na guerra. Manoel era homem de tentar garantir seus passos futuros, com cálculo, embora sua vida fosse um mar de imprevisibilidades.

Ouviu dos religiosos conselhos variados. Segundo contou depois ao Santo Ofício, ouviu de um certo frei João, beneditino, a recomendação de que não deveria se apresentar à Inquisição, porque nela havia sido queimado em estátua, de modo que o risco era grande. Disse, ainda, ter recebido carta de ninguém menos que Francisco Carneiro, então provincial dos jesuítas, que, escrevendo da Bahia, o aconselhou a buscar "a misericórdia do Santo Ofício por meio de outra pessoa".

Mas essas são informações muito vagas e discutíveis. Nenhum desses foi ouvido pelo Santo Ofício, sendo impossível saber até que ponto Manoel falou a verdade nessas declarações. É muito difícil, por outro lado, admitir que Francisco Carneiro, provincial que passou poucas e boas, em 1640, por causa da traição de Manoel, tenha se preocupado tanto com o destino do traidor na Inquisição. Mais difícil ainda imaginar que tenha dado um conselho como esse, sabedor de que, no Santo Ofício, os suspeitos deviam se apresentar em pessoa, não por intermédio de procuradores. É possível, portanto, que Manoel tenha mentido outra vez, o que não quer dizer que não cogitasse de se apresentar.

De todo modo, Manoel deu conta da sua intenção de se apresentar aos inquisidores a João Fernandes Vieira, André Vidal de Negreiros e ao jesuíta Francisco de Avelar, que servia no arraial dos rebeldes, os quais apoiaram sua decisão, prometendo alguma ajuda. Serafim Leite considerou que Manoel talvez se quisesse valer, além do prestígio dos generais da "guerra divina", da influência que Antônio Vieira então desfrutava na corte de d. João IV, pois Vieira era amigo íntimo de Francisco de Avelar.[1]

Essa é, porém, uma possibilidade muito improvável e de comprovação dificílima. Francisco de Avelar não depôs no Santo Ofício e Antônio Vieira, por sua vez, além de envolvido com a diplomacia européia, não tinha razão para agir em favor de um homem expulso da Companhia de Jesus por aderir ao inimigo calvinista no passado. A única afinidade entre Manoel de Moraes e Antônio Vieira era o apoio de ambos a d. João IV contra a Espanha, nada mais.

Além disso, Vieira era conselheiro do rei, de quem o inquisidor-geral era inimigo. Por isso, e por Vieira defender os judeus e cristãos-novos portugueses, a Inquisição queria vê-lo longe. Sua capacidade de intervenção era quase nula. Nem o próprio rei tinha capacidade de interferir nos negócios da Inquisição nesse tempo. De modo que a hipótese de Antônio Vieira interceder na Inquisição por um jesuíta renegado e expulso da Companhia era remotíssima, para não dizer impossível.

Manoel se preparou, no entanto, para viajar a Lisboa. Cuidou de passar carta de alforria *post mortem* para Beatriz, sua feitora e amante, no caso de o Santo Ofício condená-lo outra vez à morte. Sinal de que pretendia voltar a Pernambuco, embora temesse algum destino trágico. Cuidou de acertar com seus procuradores a guarda de sua escravaria enquanto estivesse ausente de Pernambuco. Cuidou de reunir mais papéis abonadores, aumentando a coleção que tinha começado na Holanda.

A presumida certidão da absolvição papal lhe tinham roubado os soldados. Mas conservou a carta de Artichewski que, reconhecendo seus leais serviços em favor dos holandeses, resolveu ajudá-lo, realçando sua antiga bravura contra os mesmos holandeses na primeira fase da guerra. Era documento importante, da lavra de um grande oficial inimigo, salvo pelo fato de que o inimigo dos portugueses tinha se tornado seu comandante e amigo nos idos de 1635.

Em novembro de 1645, Manoel estava em vias de embarcar para Lisboa. Chegou a preparar sua bagagem ou *matalotagem*, como então se dizia, no que insistiu muito junto aos inquisidores e confirmaram algumas testemunhas. Pedro Curvelo, vizinho de Manoel na Mata do Brasil, viu quando se preparou a matalotagem para a viagem na casa de Manoel Fernandes da Cruz, procurador a quem Manoel de Moraes confiara a guarda de seus escravos. Antônio Curvelo confirmou o fato, acrescentando que o próprio Manoel lhe recomendara orar para que a paz voltasse a reinar em Pernambuco, esperando que, regressando à capitania, pudesse granjear a vida com seus escravos.

Foi nesta altura dos acontecimentos que, por ordem do "Auditor da Gente da Guerra" em Pernambuco, Domingos Ferraz de Souza, Manoel de Moraes foi preso em Aratangy e levado para a fortaleza de Nazaré, já reconquistada pelos rebeldes.

Essa prisão de Manoel, além de súbita, foi mesmo complicada. O "Auditor da Guerra" era homem enviado a Pernambuco pelo governador-geral, Antônio Teles da Silva, para cuidar do aparelho judiciário do governo insurgente. Em princípio, agia sob as ordens do governador da Bahia e foi isso que escreveu, em carta ao Santo Ofício, datada de janeiro de 1645, ao tratar da prisão de Manoel. Prendera-o, disse Domingos Ferraz, a mando do governador Antônio Teles.

No entanto, há indícios de que Antônio Teles não deu exatamente essa ordem, senão a instrução para que o auditor providenciasse o envio de Manoel em segurança para o reino. Manoel insistiu nesta versão e houve quem a confirmasse em depoimentos posteriores. O mais provável, assim, é que João Fernandes tenha negociado com Antônio Teles o traslado "pacífico" de Manoel de Moraes para a Inquisição de Lisboa. O próprio Manoel Calado, testemunha insuspeita, por ser forte inimigo de Manoel de Moraes, disse que Manoel "não cuidou que vinha preso, mas livre, a apresentar-se a esta mesa (inquisitorial) como lho aconselhavam todos".

Não resta dúvida de que alguém atalhou esse caminho, a saber, Martim Soares Moreno, antigo rival e inimigo de Manoel de Moraes desde o tempo da conquista holandesa, quando lutaram juntos na resistência. Martim Soares Moreno era general graúdo na agora chamada "guerra da liberdade divina" e, receoso de alguma coisa, tramou com o auditor da guerra para que Manoel fosse entregue preso ao Santo Ofício. Considerava Martim Soares que, caso Manoel chegasse livre a Lisboa para se apresentar à Inquisição, sob a proteção de João Fernandes e André Vidal, poderia responder ao processo em liberdade e quem sabe acabaria recebido por d. João IV.

Martim Soares Moreno tinha lá suas ambições, muito ódio por Manoel e alguma culpa na consciência. Temia que o desafeto o prejudicasse. Manoel soube, pelo ajudante-de-ordens que o prendeu, que Martim Soares tomara conhecimento de um certo relatório escrito por Manoel sobre os "sucessos das armas pernambucanas", no qual louvava alguns oficiais e desqualificava Martim Soares Moreno.

Manoel não confirmou nem desmentiu a autoria desse relatório, mas é possível que o tenha escrito para levar ao rei, louvando João Fernandes e André Vidal e aproveitando o ensejo para descascar Martim Soares. É ainda possível que, falastrão como era, e vendo o "aplauso geral" que lhe rendiam pela coragem demonstrada nas Tabocas, tenha espalhado a notícia com a vanglória de sempre.

Louvar seus protetores, quiçá futuros sócios, João Fernandes e André Vidal, e ferrar de vez Martim Soares Moreno: eis o que, de algum modo, chegou aos ouvidos de Martim Soares sobre as intenções de Manoel de Moraes em Lisboa. Se Martim Soares brilhava menos que os outros na guerra de Restauração, é algo que não vem ao caso; mas é certo que Manoel não se esquecia das rivalidades passadas, em especial da retirada de Martim Soares, na Paraíba, em dezembro de 1634, deixando-o totalmente desguarnecido e à mercê de Artichewski. Manoel por pouco escapou da degola que o polonês reservava aos inimigos. Manoel de Moraes considerava Martim Soares um tremendo covarde. Cansou-se de repetir isso aos inquisidores, colérico, e deve tê-lo dito à farta no início da guerra restauradora.

Manoel ficou preso cerca de um mês na fortaleza de Nazaré. Tempo suficiente para arrumar os seus papéis e solicitar, ainda em novembro de 1645, o depoimento de algumas testemunhas a seu favor, atestando que era bom católico e exortara os soldados na batalha das Tabocas. Todas depuseram favoravelmente e a papelada foi depois anexada aos autos do Santo Ofício.

Mas preso estava, preso embarcou para Lisboa, embora não tenha sido posto a ferros. Foi entregue em custódia ao mestre da caravela, Antônio Ribeiro, em 5 de janeiro de 1646, mas só partiu cerca de vinte dias depois. Esta tardança foi preciosa para Manoel, que agiu para aumentar o número e a qualidade das certidões abonatórias.

Seu dossiê foi então enriquecido com certidões dos grandes oficiais da insurreição, João Fernandes e André Vidal, ambas datadas de 9 de janeiro. Os dois generais concordaram com a manobra, o que confirma que não estavam de acordo com a cilada que Martim Soares havia armado contra Manoel e talvez pretendessem aproveitar o ex-padre transcurso da guerra. João Fernandes escreveu que, logo no princípio da guerra, "veio para nós o licenciado Manoel de Moraes" e, "desprezando os perigos que nos ameaçavam, nos seguiu a pé, descalço por caminhos ásperos, dando grande exemplo…". Acrescentou que, após regressar da Holanda, Manoel tinha vivido como bom católico, sem escândalo, de modo que se culpa havia contra ele pelos erros na Holanda, agisse "este santo tribunal" com misericórdia. Era o que pedia João Fernandes, em nome de todo o povo pernambucano e no dele mesmo, particularmente.

André Vidal de Negreiros redigiu a sua certidão na mesma linha, ressaltando o "grande zelo" de Manoel na batalha do monte das Tabocas, pelo que "recebeu o aplauso geral de todo este povo, ao qual fica muito aceito". André Vidal ainda escreveu: "Vai-se (Manoel) apresentar nesse santo tribunal", pelo que pedia, em nome dele, André Vidal, e do povo, misericórdia e perdão para os erros cometidos por Manoel de Moraes no passado.

Manoel decerto sentiu enorme alívio ao receber tais papéis, presumindo que, apesar dos contratempos, seguia livre e bem ancorado para Lisboa, a julgar pelos seus primeiros gestos no Santo Ofício. Somente ao chegar, quando foi metido nos cárceres da Inquisição, percebeu com absoluta nitidez que seu plano havia desmoronado como castelo de cartas.

Na caravela em que foi embarcado tinha, porém, camarote e plena liberdade de movimentos. Várias vezes pregou o catolicismo, fazendo as vezes de capelão da nau, com breviário na mão. Em dada ocasião, quase saiu no tapa com um tal Francisco Mendes, dono de um navio incendiado quando da conquista da Paraíba, havia mais de dez anos! Francisco deve ter dito todas contra o antigo traidor que lhe fez perder o navio. Mas não ficou sem resposta. Não se falaram mais até o fim da viagem...

E sucedendo, no meio da travessia, uma forte tempestade que durou seis ou sete dias, Manoel se refugiou na sua agora inquebrantável fé católica. Metia-se todas as noites no seu camarote, com vela acesa, e rezava ladainhas diante de uma imagem de Nossa Senhora. Manoel Pinheiro, capitão do navio, confirmou o fato. Também o confirmou o mestre da caravela, Antônio Ribeiro. Não há dúvida de que Manoel de Moraes seguiu para a Inquisição com seu amor à Virgem mais forte do que nunca. Pelo menos este.

32. Manoel delator

Era costume no Santo Ofício solicitar que os acusados delatassem pessoas das quais soubessem ter culpas pertencentes ao tribunal. Os cristãos-novos que judaizavam em Amsterdã, por exemplo, quando processados pela Inquisição, eram instados a elaborar listas exaustivas incluindo todos os portugueses moradores da cidade que tinham apostasiado, passando a freqüentar a sinagoga e a praticar ritos de judeus. Não raro havia sessões especiais somente para a coleta dessas informações, deixando-se, *pro tempore*, o exame da culpa do próprio réu.

No processo de Manoel de Moraes há duas peças desse tipo, contendo listas de pessoas, logo no início do manuscrito, pouco depois do traslado dos depoimentos que, ainda em novembro de 1645, tinham sido registrados a pedido de Manoel. Curiosamente, não são peças datadas, embora assinadas pelo "licenciado Manoel de Moraes" e encimadas pela saudação inaciana *Pax Christi*. Uma delas, seguramente, não foi extraída em sessão de interrogatório, pois dela não consta o registro dos procedimentos costumeiros, como a indicação da data, nome dos inquisidores e notários presentes, informação sobre o réu e mais admoestações de praxe.

Portanto é possível que Manoel de Moraes, sabedor dos estilos inquisitoriais e desejoso de colaborar com o tribunal, tenha composto essa lista provavelmente na viagem para Lisboa.

A lista contém nomes dos que, "em Holanda, passaram à lei de Moisés", mas na verdade inclui muitos que viviam no Recife holandês. Não deixa de ser incomum que um cristão-velho, ex-jesuíta, tenha se prontificado a acusar judeus para os inquisidores. Ainda que tenha vivido numa Amsterdã abarrotada de judeus portugueses, Manoel não seria, aos olhos da Inquisição, pessoa indicada para falar dessa comunidade. Os inquisidores eram especialistas neste assunto e sabiam que as boas informações partiam de gente da comunidade, a chamada "gente da nação", no caso de indivíduos presos ou arrependidos que voluntariamente se apresentavam ao Santo Ofício. Deles, sim, era possível extrair listas extensas e detalhadas não só de pessoas, como de ritos e redes.

Mas nosso Manoel há de ter percebido que a conjuntura era favorável para delatar judeus. Em janeiro de 1645, um ano antes de ser mandado à Inquisição, enviaram da Bahia aos Estaus o jovem Isaque de Castro, português convertido ao judaísmo. Tinha estado em Pernambuco na mesma época de Manoel e passou à Bahia, em 1644, onde fazia proselitismo judaico junto a importantes famílias de cristãos-novos baianos. Chegou a ser inicialmente suspeito de espionagem a favor dos holandeses, sendo preso por ordens do governador Antônio Teles, receoso, com boas razões, de que os judeus portugueses do Recife agissem contra os interesses portugueses. Este foi um caso célebre, e o jovem judaizante acabaria queimado em 1647.[1]

Ainda em 18 de setembro 1645, os luso-brasileiros tomaram o forte Maurício, nas cercanias de Penedo, às margens do São Francisco, fazendo duzentos prisioneiros. Dez deles eram judeus, dos quais quatro eram poloneses e alemães *ashkenazim*, e foram liberados pela Inquisição, e seis sefarditas falantes de português, logo suspeitos de serem cristãos-novos apóstatas.

O encarceramento de Isaque de Castro e, pouco depois, dos "prisioneiros do forte Maurício" resultou numa bulha internacional, porque, como súditos do príncipe de Orange, estariam, em tese, protegidos pelo tratado luso-holandês de 1641. O artigo 25 desse tratado era explícito, ao garantir que Portugal não permitiria que pessoas de outras confissões religiosas fossem levadas à Inquisição. Esta foi uma exigência holandesa para proteger os aliados judeus que porventura caíssem prisioneiros dos portugueses.

É evidente que, com tantas prisões de judeus, a Talmud Torá pressionou os Estados Gerais que, por sua vez, pressionaram o embaixador português e o próprio rei d. João IV para liberar os judeus presos. Mas as relações de d. João IV com a Inquisição eram péssimas, desde que o rei mandara prender o inquisidor-geral, d. Francisco de Castro, sob a acusação de conspirar a favor da Espanha. E só faziam piorar com a boa vontade de seu conselheiro Antônio Vieira em relação aos judeus e cristãos-novos, em prejuízo do Santo Ofício.

Manoel de Moraes conhecia tudo isso desde os tempos de Holanda e agora era contemporâneo dessas rumorosas prisões de judeus pela Inquisição, ao arrepio do tratado de 1641. Possivelmente acompanhou as dificuldades de d. João IV, pressionado pelos holandeses, de um lado, que exigiam a liberação dos presos, e afrontado pela Inquisição, de outro, que insistia em processá-los. Foi a custo que o rei conseguiu um sofrível acordo, no qual somente três judeus portugueses foram liberados e os demais processados pelo Santo Ofício. O rei saiu desta contenda chamuscado. O Santo Ofício saiu fortalecido.

Como seu caso era agora com a Inquisição, Manoel presumiu que convinha delatar judeus para agradar aos inquisidores. Depois cuidaria de agradar ao rei. E deve tê-lo animado para tanto o tal

Miguel Francês, que com ele veio preso do Brasil, um tremendo "judeu-novo" que se tinha "reduzido à fé católica" por obra e graça de frei Manoel Calado. Este Miguel Francês vinha disposto a denunciar, se possível, todos os judeus portugueses que conhecia, a julgar pela extensíssima lista com centenas de judaizantes que forneceu ao Santo Ofício.[2]

Manoel de Moraes resolveu, por esperteza, juntar-se a este grupo de "judeus arrependidos" e fazer, também ele, a sua lista de judaizantes impenitentes, embora seus conhecimentos sobre a comunidade judaica fossem pífios.

Denunciou 22 pessoas, ao todo, por vezes nominalmente, outras vezes com indicações imprecisas. Incluiu diversos mercadores do Recife com os quais negociava, a exemplo de Baltazar da Fonseca, que, por outras fontes, sabemos que era "contratador de pau", e como judeu se chamava Samuel Belilos. Ou João de Lafaia, que tinha tenda no Recife, cujo nome judeu era Isaac Castanho, traficante de escravos. Não faltou Duarte Saraiva na lista de Manoel, um dos maiores comerciantes do Recife, senhor de engenho, prestamista do próprio Conselho do Recife. Nem faltou Domingos da Costa Brandão, também rico senhor de engenho e traficante, a quem Manoel odiava por negócios mal resolvidos.

Dentre os que viviam em Amsterdã, acusou o célebre doutor Zacuto Lusitano, morto desde 1642, o grande médico que havia citado o texto inédito de Manoel no seu *De mediciorum principum historia* [Princípios de história da medicina]. Manoel denunciou Zacuto e toda a sua família. Acusou também Manoel Rodrigues Monsanto, que conhecia de Pernambuco, circuncidado em Amsterdã, bem como a esposa dele, uma filha mulata do acusado, de nome Rachel, e até a escrava Beatriz, natural da Guiné, que também judaizou. Acusou também, como não poderia deixar de ser, o tal Solis com quem havia discutido asperamente em Amsterdã, a propósito da virgindade da Virgem.

Essa curiosa lista de Manoel de Moraes fornece informações de algum valor para uma sociologia histórica da comunidade judaico-portuguesa em Amsterdã e no Recife holandês. Mas ilumina, sobretudo, os ambientes em que se meteu Manoel de Moraes, seja como "pregador" do calvinismo (escorregando para o catolicismo...) entre os judeus de Amsterdã, seja como negociante de pau-brasil no Pernambuco holandês.

A lista se completava com mais três nomes, que Manoel parece ter deixado como *grand finale* de suas delações: Francisco de Faria, cristão velho que se fez judeu para casar com uma judia (caso muito rumoroso no Recife); d. Ana Paes, famosa pela beleza, católica que se fez calvinista para casar com um holandês, Gijsberth de With, depois de enviuvar de Charles de Tourlon, capitão da guarda de Nassau; o já citado catalão Miguel de Montserrate, que também se fez calvinista na Holanda e escreveu um livrete contra o papa e os sacramentos.

Manoel de Moraes parecia dotado de alguma "sensibilidade antropológica" ao destacar justamente esses casos de metamorfose religiosa e cultural, cada qual muito especial, e nisso comparável ao seu próprio caso.

A outra lista continha notícia das "coisas dos judeus e dos flamengos". Esta foi, de fato, solicitada pelos inquisidores, na sessão de inventário de 16 de abril de 1646, pois lhe perguntaram "se sabia que algumas pessoas de Pernambuco lançassem mão de algumas fazendas de judeus ou de escravos dos mesmos". Manoel prometeu, nesse momento, "cuidar mais devagar" desse ponto.

E, de fato, Manoel cuidou, fazendo lista com os bens de judeus ou holandeses que os restauradores andavam saqueando na "guerra da liberdade divina". Disse que João Fernandes confiscou mais de cinqüenta bois de carro que o judeu Baltazar da Fonseca tinha na Mata do Brasil (e Manoel só tinha quatro!), setenta côvados de tela, não sabia se de holandeses ou de judeus, muitos quintais de pau-brasil e mais de duzentos ou trezentos escravos da Guiné. Acrescentou Manoel que o general vendeu alguns, por meio de seu procurador (e amigo comum), Jerônimo de Oliveira Cardoso, e presenteou o governador Antônio Teles da Silva com outros tantos.

A lista prossegue com o que tocou a outros oficiais, na maior parte butim modesto de um, dois ou três escravos. Manoel disse que Antônio Felipe Camarão, capitão-mor dos índios, levou para casa quatro ou cinco destes negros; Henrique Dias, capitão-mor dos negros, "tomou muitíssimos e os vendeu";[3] Martim Soares Moreno mandou de Nazaré um "valente negro" para regalar um sobrinho clérigo que morava em Lisboa. Não escaparam da lista nem o capitão e o mestre da caravela em que Manoel embarcou. Disse que o capitão Manoel Pinheiro trouxe duas escravas valiosas, Maria e Isabel; o mestre da caravela, Antônio Ribeiro, trouxe outra; e até o piloto, segundo Manoel, não ficou sem a sua negra.

Tudo confiscado aos judeus ou holandeses. Um verdadeiro inventário de saques, em especial de escravos, é o que consta dessa segunda lista de Manoel de Moraes. Documento interessante, um instantâneo da "guerra da liberdade divina" no seu primeiro ano. Mas se a tal lista poderia de algum modo ajudar no caso de Manoel na Inquisição, aí são outros "quinhentos mil réis". Na verdade, para seu caso de heresia, fornecer essa lista tinha pouco valor. Exceto como demonstração de obediência ao Santo Ofício que, pelo visto, andava preocupado com o "confisco" que os restauradores estavam fazendo dos "bens de judeus" na guerra, em prejuízo da própria Inquisição.

De todo modo, ao seu currículo avantajado de traições, calotes e heresias, esse punhado de delações não acrescentava grande coisa. Nem lhe dava garantia de melhores dias no futuro imediato.

33. Delírio de inocência

Manoel ficou atônito, ao chegar aos Estaus, em 25 de fevereiro de 1646, e ver-se logo metido num cárcere. Não parecia acreditar no que estava acontecendo, depois de calcular em detalhes o modo como se apresentaria ao Santo Ofício. Munido de certidões abonatórias de gente importante, protegido pelos maiores generais de Pernambuco.

É verdade que a intervenção de Martim Soares Moreno, encarcerando-o na fortaleza de Nazaré, já tinha atalhado seu roteiro original. Mas, paciência, pois ainda em Pernambuco tinha conseguido registrar três testemunhos a seu favor e, no navio, havia sido muito bem tratado, livre para doutrinar a marujada, dispondo de camarote próprio para escrevinhar sua lista de judeus, sua defesa e seu amplo rol de testemunhas. Não fosse a tormenta e a viagem teria sido perfeita.

Mas logo ao chegar foi metido no cárcere da custódia e por pouco não acabou transferido para o cárcere secreto. Só depois de humilhar-se e alegar enfermidade conseguiu o "privilégio" do cárcere da penitência. Tudo começava mal para Manoel, que ficou mais de um mês nesse cárcere até ser chamado para a sessão de inventário, em 13 de abril de 1646. Era este o estilo do tribunal, que Manoel passava agora a conhecer de perto.

Enquanto purgava no cárcere da penitência, os inquisidores encarregados do caso leram os papéis que Manoel tinha guardado em seu baú: as certidões de João Fernandes e André Vidal, a lista com nomes de judeus, a certidão de Artichewski.

Os inquisidores do seu caso foram Pedro de Castilho Belchior Dias Pretto e Luiz Álvares da Rocha, dois deles eclesiásticos e todos inquisidores de carreira, iniciada no tempo da União Ibérica. No tempo em que o Santo Ofício foi instituição-chave no governo de Portugal, tornando-se lugar importante de ascensão social para clérigos e letrados do reino.[1]

O primeiro era o mais célebre, pois seu tio-avô, também chamado Pedro de Castilho, havia sido inquisidor-geral no início do século XVII, bispo de Angra, nos Açores, bispo de Leiria e presidente do Desembargo do Paço, além de duas vezes vice-rei de Portugal no tempo de Felipe III. Fora adepto da União Ibérica desde 1580. Seu sobrinho-neto herdou-lhe o nome, a aura de nobreza e a carreira inquisitorial. Natural de Lisboa, doutor em Cânones, o segundo Pedro de Castilho foi arcebispo de Braga, deputado do tribunal do Santo Ofício de Coimbra, em 1635, e inquisidor no tribunal de Lisboa desde 1641, tendo atuado no primeiro processo de Manoel de Moraes. Foi longe na carreira, alcançando o posto de ministro do Conselho Geral do Santo Ofício, em 1657.

Belchior Dias Pretto tinha origem mais discreta. Alentejano, tornou-se doutor em Cânones e cônego da Sé de Evora. Ingressou na Inquisição em Coimbra, em cujo tribunal iniciou a carreira, como deputado, até ser transferido para o tribunal de Lisboa, nomeado inquisidor em dezembro de 1643. Em 1646, quando julgou o segundo processo contra Manoel de Moraes, estava nos primeiros anos de sua carreira como inquisidor, que prosseguiria no tribunal de Évora, em 1657, onde havia iniciado sua carreira eclesiástica. Belchior Pretto não galgou postos mais elevados que o de inquisidor.

Luís Álvares da Rocha era o mais antigo e experiente dos inquisidores, com carreira exclusiva na Inquisição. Doutor em Cânones, começou como promotor do Santo Ofício de Lisboa, em 1621, ano em que Manoel de Moraes ainda era jesuíta na Bahia. Em 1622, tornou-se deputado no mesmo tribunal e, a partir de 1635, inquisidor em Coimbra. Em 1643, foi nomeado inquisidor do tribunal de Lisboa e terminou a carreira como ministro do Conselho Geral, em 1656. Um sobrinho seu, homônimo, seguiu-lhe os passos como inquisidor.

Manoel não teria a vida facilitada com juízes dessa cepa. O primeiro documento que os inquisidores anexaram aos autos, para início de conversa, foi justamente o curto texto em que Manoel fazia sua defesa, e por ele se pode perceber que nosso homem chegou a presumir, equivocadamente, que seu caso seria logo resolvido.

A defesa se iniciava com uma breve alusão à absolvição que o "comissário de Sua Santidade" lhe havia dado ainda na Holanda. Seguia-se a declaração de que ele jamais fora herege na vida, ao contrário, sempre pelejou contra judeus e calvinistas em matéria de fé, mesmo quando vivia na Holanda. Em terceiro lugar, realçava seu desempenho nas primeiras batalhas da Restauração pernambucana, com crucifixo na mão e apelos à Virgem, referindo como prova a declaração dos generais da "guerra da liberdade divina". Em quarto lugar, externava sua decisão irremovível de se apresentar ao tribunal para os devidos esclarecimentos, com o beneplácito daqueles generais, lastimando ter sido preso por Martim Soares. Este "estava contra mim", escreveu Manoel, "e me mandou prender por paixões suas particulares". Finalmente, a única culpa admitida por Manoel era o pecado "contra a honestidade" que, neste contexto, e na linguagem da época, era o pecado da luxúria. Por este pecado confessado, e só por este, pedia misericórdia.

O documento não ajudava Manoel, a começar pelo intróito, que pegou muito mal. Sugeria que os eventuais erros que tivesse cometido estavam já relevados por autoridade superior à do Santo Ofício, o que, além de incorreto, era um desacato ao poder dos inquisidores. No mais, parecia que Manoel subestimava a inteligência dos inquisidores e a capacidade da máquina inquisitorial em reunir, com método, provas testemunhais contra os acusados.

A "filosofia" da defesa urdida por Manoel era muito simples: amenizar a gravidade de seus erros, deslocá-los do domínio da heresia para o dos pecados carnais. Insinuava que, ao fim e ao cabo, já estava tudo resolvido. O papa já o havia perdoado por meio de seu comissário e ele mesmo dava provas inequívocas de apego à fé católica. Só faltou mesmo terminar o texto pedindo que o liberassem logo, pois tinha mais o que fazer.

No entanto, por mais simplório, e ao mesmo tempo arrogante, que Manoel tenha sido na sua defesa inicial, tinha ele consciência de que o Santo Ofício iria averiguar. Para tanto, arrolou um número imenso de testemunhas que, no seu entender, haveriam de lhe "restituir a honra depois de morto". Outro enunciado impertinente, pois a Inquisição não ouvia testemunhas para preservar ou destroçar a honra de quem quer que fosse, senão para apurar a ocorrência de crimes contra a fé.

De todo modo, a lista de testemunhas elaborada por Manoel era um portento, revelando clara intenção de impressionar os inquisidores. Nem tanto pelos nomes arrolados, que mal passaram de vinte, incluindo alguns cujo nome não sabia, mas eram filhos deste ou daquele. Entre os nomes graúdos, João Fernandes Vieira, general da guerra pernambucana e seu procurador, Jerônimo de Oliveira Cardoso, além do ex-embaixador português em Haia, Francisco de Andrade Leitão. Não eram muitos, mas eram bons, acrescidos de alguns oficiais que com ele conviveram no Brasil ou na Holanda. Vários deles já mencionamos, aqui e ali, a propósito de seus testemunhos, como os capitães João Pessoa Bezerra e Pedro Ortis Maciel.

Entre as testemunhas miúdas, o alfaiate Nicolau e sua família, em cuja casa de Amsterdã ficou várias vezes; Francisco Carvalho, criado do embaixador Francisco de Andrade Leitão; um carpinteiro católico vizinho do alfaiate Nicolau; um tal Periquito, de alcunha, criado de Sebastião de Carvalho e muitos outros.

Manoel utilizou um método curioso para classificar suas testemunhas, por sinal diferente do critério sociológico que utilizei acima. Classificou-as segundo as regiões e as religiões, de modo que em sua lista de testemunhas aparecem distribuídas pela Holanda, pelo Brasil, depois pelas cidades de Amsterdã, Leiden e Gueldria, e separados os católicos dos "hereges". Todos podiam, não obstante, confirmar sua boa fé católica.

Não deixa de ser espantoso o fato de Manoel ter presumido que os inquisidores fariam alguma diligência na Holanda, ouvindo calvinistas, um completo absurdo que somente um réu muito cheio de si era capaz de pensar.

Mas nada se compara à maneira como indicou essas testemunhas na lista. Manoel se permitiu dizer simplesmente que, dentre os hereges de Amsterdã, "todos os da Companhia (das Índias)", incluindo seus familiares e vizinhos, "afora outros particulares", sabiam ser ele católico, e eram mais de cem pessoas; o mesmo sabiam "todos os professores da universidade", em Leiden, e muitos estudantes, que seriam trinta pessoas no total, acrescidos dos duzentos habitantes da aldeola de Rinsburg, onde vivera um ano; ainda era tido como católico por toda a população da Gueldria (!), que Manoel estimou em 2 mil pessoas, confundindo a Gueldria inteira com Harderwijk (que tinha 3 mil habitantes), embora tenha sublinhado que só umas quarenta pessoas o conheciam bem.

Mas não foi somente ao mencionar as testemunhas da banda dos hereges que Manoel usou esse método de indicação por atacado. Também "os duzentos católicos que freqüentavam a igreja do Cordeiro Branco", em Amsterdã, sabiam que Manoel era como eles, bom católico; e mais cem pessoas "que ouviam missa fora da porta de Regalias", em Amsterdã, também diriam que Manoel era católico. Isso sem contar que, logo no início deste arrolamento, ao dizer que nunca havia sido herege, ousou dizer que isso seria "razão constante no Brasil por via dos padres da Companhia de Jesus"!

De modo que, com a maior "cara-de-pau", como se diria hoje, Manoel de Moraes arrolou, quando menos, 2654 testemunhas de defesa! Talvez seja o único processo na história da Inquisição em que o acusado tenha apresentado tanta gente a seu favor. Todo o corpo docente da cidade de Leiden! Todos os freqüentadores da igreja do Cordeiro Branco! Toda a população da Gueldria! Todos os membros da Companhia das Índias! Todos os membros da Companhia de Jesus no Brasil!

O texto de Manoel e seu rol anexo de testemunhas são quase um deboche da Inquisição. É mesmo desconcertante constatar que um homem de letras e algum conhecimento de leis, como Manoel, tenha considerado razoável indicar testemunhas no atacado, incluindo populações que viviam em terras inimigas. É claro que as testemunhas para valer eram as vinte e poucas que nomeou e localizou individualmente, de modo que essa profusão de números oferecida por Manoel é antes um libelo, um protesto veemente de defesa, um delírio de inocência.

Manoel de Moraes parecia não acreditar, no fundo, que o Santo Ofício fosse capaz de apanhá-lo de jeito, apesar das cautelas, hesitações e temores. Esses documentos inaugurais do segundo processo, redigidos provavelmente no camarote do navio, mostram que nosso homem estava resolvido a bater de frente com a Inquisição.

34. Na teia da Inquisição

Os inquisidores trataram de fazer com que Manoel percebesse a encrenca em que se havia metido. A situação era mesmo dramática e periclitante, pois, no histórico do tribunal, costumava ser o pior possível o destino de réus debochados, teimosos e dissimulados. Aos que desafiavam o Santo Ofício, então, era quase certo que acabariam na fogueira.

De todo modo, a Inquisição agiu segundo o regimento e abriu, de fato, novo processo, no qual Manoel teria as possibilidades de defesa que o Santo Ofício facultava aos réus, a exemplo de oferecer provas testemunhais de inocência, contar com o auxílio de procuradores, justificar seus erros e, de preferência, confessá-los. O fato de ter sido condenado à fogueira na sentença de 1642 era grave precedente, mas não significava a certeza de nova pena capital. A presença do réu podia fazer muita diferença nesse caso.

Assim, entre 13 de abril e 23 de outubro de 1646, Manoel respondeu a sete interrogatórios inquisitoriais, incluindo a sessão de inventário, as perguntas sobre genealogia, a confissão geral e quatro argüições *in genere*, ou seja, exames gerais de doutrina. Foram quase seis meses entre o cárcere e a mesa inquisitorial, nos quais Manoel se viu obrigado a falar sobre tudo. Foi instado a cotejar a doutrina católica com a "seita de Calvino", argüido sobre o significado dos sacramentos, o culto aos santos, o valor das obras para a salvação da alma, a importância do purgatório. Obrigado a entrar nos detalhes sobre o que fez ou escreveu a favor dos holandeses contra os portugueses católicos, seja no Brasil, seja na Holanda. Examinado sobre seus matrimônios heréticos, por sinal agravados pela sua condição sacerdotal. Questionado sobre os ritos calvinistas praticados e as doutrinas de Calvino pregadas, os livros de hereges que havia lido, as proibições alimentares da Igreja que havia desrespeitado.

As perguntas embutiam sempre uma acusação, geral ou particular, quase todas derivadas das denúncias lançadas contra Manoel no primeiro processo, concluído em 1642, no qual vimos que Manoel acabou condenado à fogueira em estátua. Com o réu agora presente, os inquisidores tinham a oportunidade de cercá-lo por todos os lados, buscando as incoerências e contradições de suas narrativas, desnudando a inverossimilhança de certas versões, questionando suas motivações e intenções neste ou naquele episódio. Prontos para dar o bote final, pondo em xeque a dissimulação que o réu tentava fazer de suas culpas heréticas. Assim agia o Santo Ofício. Tempo, paciência, método.

Manoel de Moraes foi ficando cada vez mais abalado, ao ver-se enredado nessa teia de aranha. Mas se manteve relativamente firme diante das pressões inquisitoriais, embora tenha percebido a necessidade de sofisticar suas versões. Aquele "papelito" que levara aos Estaus, em fevereiro de 1646, certamente não haveria de bastar para sair-se bem do cerco.

De modo que, respondendo a questões gerais de doutrina ou contestando desvios específicos que lhe eram atribuídos, Manoel de Moraes adotou a seguinte estratégia: por um lado, desqualificar, em todos os aspectos, a conversão ao calvinismo de que era acusado; realçar, por outro lado, sua permanente condição de católico, por mais que as aparências sugerissem o contrário.

Nessa linha de defesa, omitiu o quanto pôde a sua traição de 1634-1635 na guerra pernambucana, insistindo em que fora capturado e depois desterrado para a Holanda; reduziu suas relações com os holandeses, em particular com a Companhia das Índias, aos aspectos materiais, à necessidade que tinha de dinheiro para sustentar-se e às suas mulheres e filhos; desqualificou completamente a dimensão matrimonial dessas uniões, frisando que não se casara no rito tridentino, de modo que seus presumidos casamentos não passaram de concubinatos. Pecados graves, admitiu Manoel, jamais heresias.

Na defesa de sua *persona* católica, multiplicou as evidências, sempre pulando o ano de 1635 no Brasil, e realçando seu comparecimento às capelinhas secretas de Amsterdã após 1641, ou às de Pernambuco, entre 1643 e 1645. Seus grandes trunfos, nesse campo de argumentação, eram o arrependimento que havia externado na confissão ao comissário do papa, em 1643, as tratativas com os embaixadores portugueses em Haia e, sobretudo, sua coragem e ânimo devoto na batalha do monte das Tabocas.

Manoel adornou sua argumentação "catolicizante" com fatos verazes, como as rusgas que teve com judeus em Amsterdã, as velas que levou consigo para os santos no regresso ao Brasil, os surtos devocionais em momentos de perigo, como nas tempestades que enfrentou nos mares.

Essa foi a linha de defesa geral, que claudicava, porém, em diversos detalhes já observados noutros contextos. Mas vale agora lembrar alguns deles, como a fragilidade de sua narrativa sobre os encontros com os embaixadores. Ora dizia que ignorava o processo inquisitorial quando procurou Tristão de Mendonça Furtado, ora admitia que levou ao mesmo embaixador uma carta para ser enviada aos inquisidores. Trapalhadas semelhantes Manoel cometeu ao narrar seu encontro com Francisco de Andrade Leitão. Tudo com a intenção de enrolar os inquisidores, pois tais negociações só fez depois que soube do processo que lhe moviam.

Quanto ao sumiço da certidão papal, alegou que tinha sido roubada pelos inimigos holandeses, numa das batalhas de 1645, e nisso fez colidir sua versão com a do amigo João Lourenço que, para comprovar a existência do papel, dissera que foram os soldados de João Fernandes que o tomaram, quando prenderam Manoel, em julho do mesmo ano. Se isso de fato ocorreu, Manoel não admitiria para os inquisidores, pois lhe era essencial passar a imagem de uma sólida aliança com João Fernandes. Mas o desacerto das informações que deu em juízo sobre essa certidão fortalece, na verdade, a hipótese de que ela nunca existiu.

Outro escorregão de Manoel foi quando informou aos inquisidores o alerta que fez ao Conselho do Recife para não atacar a Bahia, do que não era acusado, e do seu empenho em evitar que os moradores de Pernambuco fossem "vexados" pelos holandeses. Disse tudo isso para demonstrar que sempre zelou pelos portugueses católicos, quando caiu "prisioneiro" dos holandeses, mas acabou fornecendo poderosa evidência de que era aliado dos flamengos.

Encrenca maior era quando Manoel tentava negar os matrimônios com Margarida e Adriana, sob a alegação de que não passavam de amancebamentos, uma vez que as uniões não se haviam celebrado no rito tridentino. Argumentação muito vulnerável, sobretudo porque, reconhecendo que se unira por meio de algum rito não católico, Manoel deixava clara a sua adesão à "seita de Calvino". De nada adiantava alegar que não entendia holandês, e por isso não alcançou as palavras do predicante, pois o fato incriminador era exatamente a presença de um predicante calvinista. De nada adiantava dizer que tinha se unido às duas mulheres por luxúria, uma vez que não podia negar que havia constituído família com ambas e cogitado levar Adriana e os filhos para Portugal.

Manoel de Moraes se defendia, porém, com muita garra. Seja nas sessões de interrogatório, seja nas contraditas aos libelos e provas de justiça, utilizou, como tática auxiliar, jogar noutras pessoas as culpas que lhe atribuíam, tentando convencer os inquisidores de que as acusações eram equivocadas.

Algumas rebatidas de Manoel eram pífias, como dizer que nunca usou roupa secular de grã, nem espada, porque não as tinha; ou dizer que, se comera carne na quinta-feira santa de 1635, era porque sentia fome e fraqueza, depois de quase três meses cativo dos holandeses.

Outras eram mais engenhosas, a exemplo da sua réplica à acusação de que escrevera um livro contra a fé católica. Disse que somente escrevera um livro sobre as "fertilidades do Brasil" na mesma época em que, na Holanda, o "sacerdote espanhol" Miguel de Montserrate, que vivia casado em Haia, escrevera e divulgara o seu libelo contra o papa e os sacramentos. Disse que ambos tinham sido padres e viviam amancebados, sendo possível que muitos o estivessem confundido com o espanhol, este sim herege, segundo Manoel.

Boa desculpa esta, salvo pela barafunda na caracterização de Montserrate. Os trajetos eram, porém, parecidos, como vimos em capítulo anterior, embora Montserrate tenha sido mais afortunado e famoso do que Manoel. Ambos viveram na Holanda como letrados, às custas dos holandeses. Manoel escreveu sua *Historia Brasiliensis*, para proveito da WIC, e Montserrate escreveu contra a Igreja de Roma. O fato é que Manoel chegou a ajuntar um livro de Montserrate como prova de que era este, e não ele, o herege que escrevia livros contra a Igreja! Não sei se o livro em questão era o *Confesión Christiana* ou se o *In Coena Dominis*, pois ambos se prestavam a seu argumento.[1]

Manoel conseguia, portanto, pequenas vitórias no embate com os inquisidores. Mas nada além de vitórias minúsculas. No geral, os inquisidores não se deixavam convencer pela versão de Manoel e avançaram com o processo.

Aparentemente, não engoliram a omissão dos fatos relativos à traição de 1635. Ao negar a traição no Brasil, Manoel buscava esconder que sua posterior adesão ao calvinismo na Holanda tinha sido decisão bem pensada, e não fruto do acaso ou da necessidade de granjear seu sustento. Os inquisidores alcançaram, porém, que, no caso de Manoel, heresia e traição eram faces da mesma moeda.

Tampouco aceitaram a versão de Manoel de que sempre se manteve católico, mesmo enquanto vivia na Holanda a soldo da Companhia das Índias. Manoel queria estabelecer uma continuidade entre o tempo em que era capitão do gentio e o tempo em que saiu como capelão da "guerra da liberdade divina", de 1630 a 1645, fazendo da experiência holandesa um acidente de percurso. Mas os inquisidores perceberam muito bem o *continuum* que Manoel buscava esconder, isto é, o que ligava a ajuda que dera aos holandeses no Brasil, em 1635, e sua transferência para a Holanda, onde viveu como calvinista às custas da WIC. Também aqui, os inquisidores perceberam que calvinismo e dinheiro eram quase sinônimos na vida de Manoel de Moraes.

Enfim, não se deixaram enrolar pela conversa de que Manoel não se tinha casado, propriamente, com Margarida e Adriana, senão que apenas vivera amancebado. Porque se houve predicante no casamento, houve rito, logo religião; e se houve religião, esta foi a "seita herética de Calvino", pois as mulheres de Manoel eram ambas holandesas calvinistas, não católicas. Nisso residia o ponto mais visível, como disse, da adesão de Manoel ao calvinismo. E, novamente aqui, os inquisidores destroçaram completamente a linha de defesa de Manoel de Moraes, percebendo nos matrimônios contraídos a prova cabal da heresia.

Houve, porém, uma dimensão do problema que os inquisidores não perceberam em meio a esse turbilhão de experiências que o réu havia vivenciado ou ao mar de contradições que vazava de suas réplicas. Eles não perceberam que Manoel viveu fortíssimo drama pessoal, dividido entre o catolicismo de sua devoção e o calvinismo que a história lhe ofereceu, numa época em que sentimentos religiosos e ambições materiais longe estavam de ser excludentes.

Os inquisidores não eram, porém, confessores sacramentais para aliviarem a consciência de pecadores arrependidos. Assim, o promotor do Santo Ofício, Domingos Esteves (outra vez o mesmo de 1642), veio com libelo acusatório contra Manoel de Moraes, em 25 de outubro de 1646, resumindo as acusações em doze pontos e pedindo as piores penas para o réu:

> ... Como herege, apóstata, fito, falso e simulado, confitente diminuto e impenitente, seja degradado atualmente de suas ordens, conforme as disposições dos sagrados cânones e cerimonial romano, e relaxado à justiça secular com a protestação do direito, e feito em tudo inteiro o cumprimento da justiça, *omni meliori modo, via et forma juris.* Com custas.[2]

O promotor não fez por menos, como já naquela época faziam os promotores, mormente os do Santo Ofício. Pediu que Manoel fosse "relaxado à justiça secular", isto é, queimado na fogueira. E agora o caso era seriíssimo. Manoel não estava com Adriana na Holanda, como em 1642, quando o queimaram somente em estátua, mas sozinho e preso nos cárceres da Inquisição.

Foi-lhe, porém, concedido, na forma do regimento, o direito de solicitar procurador, ou seja, advogado de defesa. Eram estes, por vezes, funcionários exclusivos do tribunal, outras vezes acumulavam a função com outro cargo. Ao contrário do que muitos imaginam, os réus do Santo Ofício tinham direito a advogados de defesa, embora nem mesmo eles, muito menos o réu, tivessem acesso ao processo completo. Eram funcionários do tribunal, devendo ser pessoas de "letras, prudência e confiança", graduados em cânones ou leis. Assistiam ao réu que optasse por contradizer as acusações.[3] E Manoel ganhou logo dois: os licenciados Manoel da Cunha, que era juiz dos órfãos em Lisboa desde 1629, e Luiz Ferrão Castelo Branco, notário provido no cargo de procurador dos réus em 1645.[4] Foram eles advogados que, nos passos seguintes do processo, dariam enorme força à sua defesa.

35. Manoel pertinaz

Em 10 de novembro de 1646, Manoel de Moraes reuniu-se com seu procurador, Manoel da Cunha, a fim de organizar suas contraditas. Dispunham do libelo acusatório, que ao menos isso o Santo Ofício facultava à defesa dos acusados, embora dele não constassem o nome dos denunciantes, somente o resumo das culpas.

Manoel contestou todas as doze acusações por meio de 38 contraditas, reforçando a linha de defesa que vinha adotando nos últimos seis meses. Assim, realçou seu papel como capitão do gentio na luta contra o avanço holandês, entre 1630 e 1635. Destacou seus gestos católicos no tempo em que vivera na Holanda, seu comparecimento às missas, suas disputas com judeus, e até com calvinistas, em matéria de religião. Sublinhou os encontros com os embaixadores portugueses e sua intenção de passar a Portugal, apresentar-se ao Santo Ofício e servir ao rei na guerra pernambucana. Insistiu na absolvição passada pelo "núncio apostólico", admitindo o pecado de amancebar-se, sendo padre. E, finalmente, deu máxima ênfase à sua conduta exemplarmente católica, após regressar ao Brasil, em 1643: a doutrinação e batismo de seus escravos; o comparecimento freqüente às missas; a reverência aos santos; a atuação na batalha do monte das Tabocas, de pé no chão e crucifixo na mão.

Manoel percebia que a zona nebulosa de sua versão dos fatos residia exatamente na traição de 1635 e, portanto, carregou contra Martim Soares Moreno, acusando-o por tê-lo abandonado covardemente, no cerco da Paraíba, não lhe restando saída senão render-se ao inimigo. Segundo Manoel, Martim Soares Moreno ainda por cima contou a Matias de Albuquerque e espalhou falsamente, por todo o Arraial, que ele, Manoel, se passara ao holandês, quando, na verdade, tinha sido capturado. Manoel insinuava, portanto, que se havia um traidor no caso era Martim Soares, não ele, Manoel de Moraes. Uma versão muito frágil, que não esclarecia o problema essencial de sua posterior adesão ao calvinismo, embora dotada de alguma coerência interna.

Menos coerentes eram, porém, suas contraditas quanto à experiência na Holanda, sobretudo seus casamentos. Limitou-se a dizer que, nos dois casos, não passaram de "relações ilícitas", a que foi levado por "apetite e fraqueza humana". Apetite luxurioso, portanto, pecado capital e mortal gravíssimo, porém muito menos grave que heresia, erro de fé. Por causa da luxúria, era sua alma que arderia eternamente no inferno. Por causa da heresia, ele mesmo poderia arder na fogueira.

Enfim, Manoel prosseguiu na sua tática de sugerir que outros tinham feito o que lhe atribuíam como culpa. Numa de suas confissões citou, como vimos, o ex padre Miguel de Montserrate como autor de um livro contra o catolicismo, na mesma época em que ele, Manoel, estava escrevendo seu livro sobre as "fertilidades do Brasil", sugerindo estar nisto a origem da "confusão". Manoel desmereceu o quanto pôde a importância de seu livro inédito.

Nas contraditas ao libelo, contou que um certo religioso, Jerônimo Paiva, este sim tinha renegado o catolicismo e combatido os portugueses nos primeiros anos da guerra, sugerindo que alguns pudessem tê-lo confundido com esse traidor. Outro ardil de Manoel, e dos bons, pois Jerônimo de Paiva era ex-jesuíta que se passara aos ingleses na Índia, depois aos holandeses no Brasil, onde receberia terras em Itamaracá em comissão da WIC, casando-se com uma portuguesa. Tinha morrido, porém, ainda nos anos 1630, em batalha contra o terço de Felipe Camarão.[1]

No arrolamento das testemunhas que podiam sustentar sua defesa, Manoel foi desta vez mais cuidadoso, orientado pelo procurador, e não repetiu o delírio de indicar a população inteira de cidades holandesas, a totalidade dos professores de Leiden ou dos funcionários da WIC, em Amsterdã.

Em vez das quase 3 mil testemunhas arroladas na primeira lista, das quais cerca de 99% anônimas (!), Manoel listou 56 pessoas que poderiam confirmar suas versões, distribuindo-as pelas 38 contraditas, como de praxe. É verdade que insistiu em arrolar pessoas que viviam na Holanda, como Albert Conrad e Joannes de Laet, diretores da WIC. Eram esses os únicos que poderiam testemunhar que, ficando doente em Amsterdã, Manoel desejou convalescer na católica Bruxelas, mas acabou transferido para Harderwijk. Impossível, assim, confirmar esta história inventada por Manoel...

Também insistiu em indicar o alfaiate Nicolau e sua esposa, moradores em Amsterdã, embora houvesse testemunhas acessíveis para confirmar que freqüentava capelas secretas na cidade. Puro preciosismo de Manoel, que seu procurador não teve como evitar.

Nesta linha de indicar testemunhas inacessíveis, Manoel chegou ao cúmulo de citar o conselheiro Jacobus Estacour (Jacob Stachouwer) e o próprio coronel Sigismund Schoppe para provar as armações de Martim Soares Moreno contra ele, na Paraíba. Para confirmar sua versão de que fora atraiçoado por Martim Soares, Manoel só tinha o testemunho de dois oficiais holandeses e a certidão do coronel Artichewski, a quem servira em Pernambuco. É presumível que seu procurador tenha concordado com a inclusão desses nomes inviáveis pela simples razão de que Manoel não tinha outros nomes para sustentar sua versão dos fatos. Ou entravam na lista os oficiais da WIC ou a contradita ficaria sem testemunhas de apoio.

Mas foram apenas sete, dentre 56, as testemunhas indicadas por Manoel que viviam na Holanda. A esmagadora maioria residia no Brasil e foram citadas para reforçar sobretudo dois blocos de acontecimentos: sua atuação na resistência luso-brasileira contra os holandeses, entre 1630 e 1635; e seu catolicismo assumido, entre 1643 e 1645, culminando com o desempenho na batalha das Tabocas. Para este segmento de testemunhas, Manoel indicou muitos oficiais da guerra pernambucana e quase todos os vizinhos de Aratangy, bem como alguns padres.

Além disso, como vimos em outro capítulo, havia testemunhas de que Manoel havia mesmo procurado os embaixadores portugueses e, ainda, que recebera o certificado do comissário apostólico. No primeiro caso, Antônio de Sousa Tavares e Jerônimo Esteves, secretário e camareiro, respectivamente, do embaixador d. Tristão, já falecido, além do embaixador Francisco de Andrade Leitão, sucessor de Tristão, e de seu criado Francisco Carvalho. No segundo caso, Jerônimo de Oliveira Cardoso, procurador de João Fenandes, João Guterres e o defunto Pedro Ortiz Maciel, além de outros que disseram (mentirosamente) ter visto a tal certidão "com os próprios olhos".

Vale notar algumas ausências intrigantes no rol de testemunhas apresentado por Manoel. André Vidal de Negreiros não aparece uma só vez, embora tenha passado certidão abonatória para Manoel, possível sinal de que talvez a tivesse passado contrafeito, a mando de João Fernandes Vieira. Também causa espécie a omissão, nessa altura do processo do nome exato e demais características do comissário papal que lhe havia absolvido em Amsterdã. Manoel citou nominalmente holandeses inacessíveis, mas incrivelmente escondeu detalhes do misterioso núncio que tinha mencionado de passagem em depoimentos anteriores. Como poderia ter se esquecido, logo no início do processo, de nome tão importante para seu caso?

Vale sublinhar, ainda, algumas inclusões curiosas. Frei Manoel Calado, por exemplo, citado para provar que o réu havia assistido a uma missa pregada na igreja de Nossa Senhora do Amparo. Foi esta uma indicação imprudente, considerando a inimizade que havia entre os dois. Outro exemplo inusitado: a indicação do jesuíta Francisco Carneiro, então provincial da Companhia. Padre Francisco foi arrolado tão-somente para comprovar a luta de Manoel de Moraes na defesa de Itamaracá, nos anos 1630. A razão de Manoel não tê-lo indicado para confirmar sua intenção de se apresentar ao Santo Ofício, incluindo troca de correpondência entre ambos, permanecerá sempre um mistério insolúvel...

Enfim, vale registrar os campeões de indicações: Antônio Felipe Camarão, campeoníssimo, cinco vezes arrolado; em segundo lugar, João Fernandes Vieira, indicado quatro vezes.

Manoel não era bobo e queria escudar-se no "governador-geral da guerra da liberdade divina", de quem era próximo, e no "governador de todos os índios do Brasil", seu ex-discípulo na missão de São Miguel e lugar-tenente nas guerras da resistência dos anos 1630. Além de "amigos", eram pessoas poderosas que, à boca pequena, podiam influenciar, em Pernambuco, o ânimo dos demais depoentes.

A Inquisição cumpriu sua rotina na forma do regimento. Da primeira lista de quase 3 mil testemunhas apresentadas por Manoel, os inquisidores só ouviram duas pessoas, Jerônimo de Oliveira e Gregório Correia, em 26 de abril de 1646. Estes deram testemunhos favoráveis ao réu, confirmando alguns gestos católicos de Manoel em Amsterdã.

O Santo Ofício também enviou carta, em 16 de maio de 1646, ao embaixador Francisco de Andrade Leitão, então em Münster, que a recebeu em 27 de julho e respondeu em 6 de agosto. Já exploramos esse testemunho noutro capítulo, valendo apenas recordar agora que, segundo o embaixador Leitão, Manoel não era pessoa confiável, pois, em 1643, seguira para o Brasil com recursos dos holandeses, embora prometesse servir ao rei d. João IV em troca de mercês. Apesar de tudo, Francisco de Andrade Leitão não considerava que Manoel fosse verdadeiramente herege.

No mais, o Santo Ofício só passou a ouvir testemunhas depois das contraditas do réu. Ouviu seis depoimentos em Lisboa, no palácio da Inquisição, entre 27 de novembro de 1646 e 28 de março de 1647. Entre os depoentes, Manoel Calado foi o único a fazer carga contra Manoel de Moraes. Os demais o apoiaram.

No dia 23 de maio de 1647, o Santo Ofício ouviu mais dezoito depoimentos em Pernambuco, na Várzea, tomados por Mateus de Souza Uchôa, vigário de Santo Antônio do Cabo (já reconquistada pelos rebeldes), por incumbência dos inquisidores de Lisboa. Foi neste dia, em plena guerra de Restauração pernambucana, que Felipe Camarão e João Fernandes depuseram a favor de Manoel de Moraes. A imensa maioria dos testemunhos seguiu a mesma linha favorável, exceto por detalhes miúdos.

No entanto, antes mesmo de providenciar tais diligências, os inquisidores mantiveram a pressão contra Manoel, que, por sua vez, continuou a se defender com fibra. Aumentou suas contraditas com mais oito artigos de defesa, insistindo em que seus casamentos com Margarida e Adriana não eram válidos, segundo o direito canônico, além do que tinha abandonado Adriana, com duas filhas, para se afastar do "mau estado em que se encontrava". Tudo para reiterar sua condição de católico.

A Inquisição, por sua vez, através do promotor Domingos Esteves, veio com a prova de justiça, em 13 de novembro de 1646, nela arroladas as acusações do primeiro processo, que foram lidas para o réu, omitindo-se o nome dos denunciantes. Nessa altura, Manoel se limitou a dizer que nada mais tinha para acrescentar ao confessado nas sessões anteriores.

Dias depois, no entanto, em 16 de novembro, Manoel de Moraes resolveu, com certa fúria, desafiar a prova de justiça, oferecendo novas contraditas. Auxiliado pelo seu advogado, e com muita habilidade, optou, em primeiro lugar, por explorar as imprecisões constantes das acusações. Exigiu o nome exato do lugar onde se dizia que ele teria lutado pelos holandeses em Pernambuco. Exigiu que lhe dissessem para onde os holandeses o queriam mandar no posto de capitão-adjunto, ocasião em que ele, Manoel, só teria aceitado lutar se fosse o capitão principal.

Em segundo lugar, tentando adivinhar quem o tinha acusado, para desqualificar os depoimentos, passou a falar de seus inimigos. Este era, aliás, um procedimento habitual dos acusados, quando exerciam o direito do contraditório no Santo Ofício.

Nessa linha, desqualificou a presumida denúncia de Martim Soares Moreno, por razões óbvias, mas acrescentou também o nome do antigo governador da Paraíba, Antônio de Albuquerque, como cúmplice na armadilha de que supostamente fora vítima na Paraíba. E para não deixar ponto sem nó, desqualificou, por atacado, todos os que tinham estado com ele no engenho de Antônio de Valadares, em 1634. Manoel desejava apagar esse episódio da sua vida, especialmente diante dos inquisidores.

Também desqualificou os "Brandões", caso o tivessem acusado, referindo-se a descendentes de Ambrósio Fernandes Brandão, o autor dos *Diálogos das grandezas do Brasil* (1618), que tinham perdido seus engenhos na capitania, e talvez por isso odiassem Manoel. Eram eles Francisco Camelo Brandão, Jorge

Lopes Brandão e Luiz Brandão, sem contar Domingos da Costa Brandão, que Manoel já tinha denunciado em sua lista, este sim judeu público.

Manoel também desqualificou o já mencionado Francisco Mendes, com quem tinha brigado durante a viagem para Lisboa, em razão de este tê-lo acusado de entregar a Paraíba ao holandês. Desqualificou um cirurgião que conheceu em Harderwijk, não lembrava o nome, porque este lhe deu um calote, e por isso Manoel o esculhambou, mais tarde, ao reencontrá-lo em Amsterdã. O mesmo em relação a um certo Cosmo Dias, inimigo mortal de Manoel, homem que, depois da queda da Paraíba, insistiu com os holandeses para que o enforcassem, o que só não ocorreu por interveniência do coronel Artichewski. Desqualificou eventual denúncia de frei Ângelo, capucho, a quem tinha humilhado em Amsterdã, dizendo que os jesuítas eram muito melhores que os capuchos. O mesmo quanto a Francisco Bacellar, com quem tinha disputado a posse de um escravo em Pernambuco.

Nenhum outro nome ocorreu a Manoel de Moraes na identificação de inimigos. Passou, então, a desqualificar inimigos genéricos. Lembrou que muitos "êmulos lho queriam mal" nas guerras da resistência, por ter ele "na sua mão todo o gentio", e ser por isso muito respeitado, logo invejado. De modo que se esses o tivessem acusado, "eram inimigos encobertos".

Encobertos ou descobertos, Manoel não acertou sequer um dos seus delatores. Não lembrou de frei Tomás de Alagre, carmelita da Paraíba, que não nutria por Manoel os melhores sentimentos. Não citou sequer um jesuíta.

Mas o fato é que os delatores de Manoel no primeiro processo não eram mesmo grandes inimigos. Eram, em geral, homens que tinham se chocado com sua traição. Nem os delatores de Manoel eram seus inimigos, nem seus inimigos o delataram. Azar de Manoel de Moraes.

Enfim, depois de questionar detalhes das acusações e listar inimizades, Manoel voltou a utilizar, nessa nova etapa de contraditas, a tática de confundir os inquisidores com assuntos livrescos. Assim, negou que seu livro sobre as "fertilidades do Brasil" tivessse alguma utilidade para os holandeses, porque, muito antes de ser ele, Manoel, capturado pelos flamengos, Joannes de Laet tinha impresso, em latim e holandês, um livro completo sobre os portos, lugares e rios do Brasil.

Este ardil era bom porque, de fato, a edição original do *Novus Orbis*, em holandês, datava de 1625 e a tradução latina era de 1633. O argumento era razoável exceto pelo fato de Manoel ter ajudado Joannes de Laet na tradução francesa do *Novus Orbis*, que só saiu em 1640. E, principalmente, por ter passado a Joannes de Laet informações minuciosas sobre as aldeias indígenas do Nordeste, as quais o sábio brabantino incluiria mais tarde, em 1648, com créditos a Manoel, na sua *História ou Anais dos Feitos da Companhia das Índias Ocidentais*. As mesmas informações que, vale lembrar, Manoel passara a Artichewski em 1635!

Mas a erudição dos inquisidores com certeza não chegava a tanto, de modo que, neste assunto do livro, Manoel tinha alguma chance de confundi-los. Nada, porém, que lhe valesse de grande coisa nesse embate.

Tanto é que o Santo Ofício não aceitou as últimas contraditas, ao que Manoel reagiu, com o apoio de Manoel da Cunha, seu procurador. E ficaram os inquisidores, de um lado, e Manoel de Moraes, de outro, envolvidos em escaramuças processuais. O Santo Ofício querendo avançar no processo, Manoel de Moraes querendo retardá-lo, certo de que se "havia de usar com ele da misericórdia que se concede aos verdadeiros confitentes".

Manoel de Moraes queixou-se do Santo Ofício em 1º de dezembro de 1646 (sexto aniversário da Restauração portuguesa), mas os inquisidores mandaram correr o processo, em despacho de 28 de janeiro de 1647. Apostavam os inquisidores nesta guerra de nervos contra Manoel de Moraes, embora, na forma do regimento, tenham ordenado as diligências e ouvido testemunhas até maio de 1647.

Enquanto isso, Manoel se debatia e mandava mais contraditas, questionando minudências das acusações, para embargá-las. O promotor Domingos Esteves não perdeu tempo e mandou reler a prova de justiça em 10 de maio de 1647, antes mesmo de iniciar-se a oitiva dos depoimentos na Várzea pernambucana.

Manoel reagiu, embargando a prova de justiça em 23 de maio de 1647 e, nessa altura, atirava para todos os lados. Insistiu, particularmente, no fato de que desde os últimos meses de Holanda somente freqüentava cultos católicos, e assim continuou a fazer no Brasil, a partir de dezembro de 1643. Fez mais doze contraditas, para mostrar seu zelo católico nos últimos anos, arrolando mais seis testemunhas, incluindo o provedor da Fazenda do Maranhão, Inácio do Rego Barreto, e o capitão Pedro Ortis Maciel, já defunto!

Manoel de Moraes falou a verdade, quando destacou seu zelo católico entre 1643 e 1645. Havia desistido do calvinismo e dos holandeses, montado no empréstimo da WIC, que nunca pagou, vivendo de "fazer o pau" em Aratangy ao lado de sua negra Beatriz. Freqüentava igrejas, batizava e doutrinava seus escravos angolanos, criticava os holandeses e a "seita de Calvino".

Os inquisidores sabiam de tudo isso. Até o Sínodo calvinista do Recife sabia que Manoel propagava as "idolatrias papistas" em Pernambuco (e isto os inquisidores não sabiam…). Mas o Santo Ofício se interessava mesmo, para desgraça de Manoel, pelo que tinha feito nos anos 1635-1643. Anos que, para Manoel, sentindo-se já reconciliado com a Igreja de Roma, eram um hiato que desejava esquecer. Mas, para a Inquisição, os anos 1635-1643 eram tudo. Tempo de Manoel na Holanda, que começou ainda no Brasil, com a traição na Paraíba, e prosseguiu com a heresia em Amsterdã, Harderwijk, Leiden, Haia. Cidades calvinistas, cidades heréticas.

Manoel de Moraes era jogador e dessa vez apostou no impasse, resistindo às acusações com pertinácia. Multiplicou contraditas e testemunhas, tudo em vão. Perdeu novamente. Erro de cálculo misturado com soberba. Em 27 de julho de 1647, reuniu-se com seu procurador, do que resultou documento importante, no qual Manoel reconheceu as dificuldades de se argüir as novas testemunhas indicadas no Brasil, em virtude da guerra que ali se travava contra os holandeses. Reconheceu, igualmente (e já não era sem tempo), a impossibilidade de serem ouvidas as testemunhas residentes na Holanda, que considerava essenciais para sua defesa.

Assim, considerando que padecia de "grandes calamidades" e "muitas doenças" no cárcere, Manoel desistiu das últimas testemunhas indicadas, bem como das moradoras na Holanda, e solicitou ao Santo Ofício sentenciar sua causa "com toda a brevidade possível, fazendo-se todo o cumprimento de justiça que se usa neste santo tribunal".

A estratégia do impasse começava a desmoronar. Preso nos cárceres inquisitoriais havia quase sete meses, Manoel dava mostras de exaustão, embora não perdesse a pose, a ponto de ousar dizer aos inquisidores o que fazer e quando, ao solicitar que despachassem logo o seu processo.

Os inquisidores fizeram seu papel. Já tinham ouvido dezenas de testemunhas favoráveis a Manoel de Moraes, em Lisboa e Pernambuco. E tinham toda a paciência e tempo do mundo. Diante desse novo pronunciamento do réu, recomendaram que nomeasse mais testemunhas, residentes ou presentes em Lisboa, no lugar das que tinha retirado. E assim fez Manoel, indicando novamente Jerônimo de Oliveira Cardoso, Gregório Correia, capitão da galé real, e Francisco Machado de Brito, cavaleiro do hábito de Cristo.

Ouvidos em 6 de agosto de 1647, confirmaram que Manoel ainda estava na Holanda, em 1643, e que dava mostras de ser bom católico naquela época. Nada que mudasse o curso do processo a favor de Manoel. Os inquisidores já sabiam disso e somente aguardavam a confissão de Manoel: confissão de heresia, irmã gêmea da traição, no seu caso.

Manoel tinha a seu favor a coragem, a soberba e a pertinácia, embora já estivesse cambaleante. A Inquisição, porém, tinha o poder. Para casos de réus diminutos ou negativos, como o de Manoel, a única saída era o tormento, a tortura. A Inquisição esgotou sua paciência com Manoel de Moraes que, para se safar, teria que agüentar mais esta prova.

36. Na sala do tormento

Em 29 de agosto de 1647, os inquisidores se reuniram, como de praxe, para discutir o caso de Manoel de Moraes. Todos concordaram que, com o depoimento das testemunhas e as declarações dadas pelo réu, "se diminuiu em parte a prova que contra ele havia no primeiro processo em que, por ausente, não foi ouvido". Mas prevalecia a forte presunção de que Manoel tinha cometido graves erros "da seita calvinista que eles guardam na Holanda", a exemplo de comer carne em dias proibidos pela Igreja Católica Romana, assistir a prédicas calvinistas e "casar-se duas vezes, sendo sacerdote, com duas mulheres calvinistas".

Reunidos em sessão secreta, os inquisidores e deputados do Santo Ofício desejavam que Manoel confessasse que havia adotado os ritos e crenças do calvinismo enquanto esteve na Holanda. Bastava-lhes isso, relevando-se o resto, para despachar o caso.

Mas como Manoel se recusava a admitir esta culpa central, decidiram levá-lo ao tormento na *polé*.[1] Manoel seria içado pelos pulsos por uma roldana presa no teto da sala para, ato contínuo, ser dali despencado. "O efeito era esticar e, talvez, deslocar braços e pernas."

Todos estiveram de acordo com essa medida, mas discordaram sobre a intensidade do tormento a ser aplicado.

Assim funcionava a prática da tortura na Inquisição. Não ficava ela a critério de carcereiros ou algozes, mas era matéria de discussão minuciosa em sessão secreta do tribunal, dela participando os inquisidores e deputados que haviam integrado a mesa inquisitória. E, havendo discordância, quer sobre a pertinência de se aplicar o tormento, quer sobre a sua intensidade, o impasse era resolvido pelo Conselho Geral do Santo Ofício, presidido pelo inquisidor-geral.

E foi o que ocorreu no caso de Manoel de Moraes, sendo possível perceber, pelas discordâncias entre os inquisidores sobre quantos tratos aplicar no réu, diferentes interpretações sobre os erros de Manoel, sua conduta no processo e o valor das provas testemunhais reunidas nos autos.

Para o inquisidor Pedro de Castilho, o caso de Manoel era grave, parecendo-lhe evidente que o réu ocultava deliberadamente os erros cometidos, teimando em que nada fizera contra a Igreja, exceto amancebar-se com duas holandesas. Recomendou, portanto, a aplicação do tormento completo, no que foi seguido por um deputado. O tal tormento completo era duríssimo, pois implicava levantar o réu até o teto da sala e dali fazê-lo despencar, ao que chamavam de "trato experto", rápido.

Ao inquisidor Luiz Álvares da Rocha pareceu que Manoel devia receber dois "tratos expertos", no que foi apoiado por dois deputados. Tormento duro, pois implicava despencar o réu bruscamente, mas somente a partir do segundo sobrado, chamado de "a altura do libelo".

O inquisidor Belchior Dias Pretto foi o mais moderado dos três, tendo presidido a maior parte das sessões. Sugeriu aplicar-lhe "um trato experto e outro corrido", isto é, despencá-lo uma vez bruscamente e, na segunda, mansamente. Parecia considerar suficientes as confissões de Manoel. Dois deputados apoiaram Belchior Pretto.

Estabelecido o impasse, o caso foi levado ao Conselho Geral que, em despacho de 3 de setembro de 1647, decidiu seguir o parecer de Belchior Dias Pretto, optando pela aplicação de um trato experto e outro corrido, ouvido o médico e cirurgião do cárcere sobre a saúde do réu. A Inquisição, como tribunal religioso, evitava correr o risco de ver algum acusado morrer na sessão de tortura ou sofrer lesão grave, como fraturas ou destroncamentos, sempre possíveis de ocorrer no potro ou na polé.

Mas antes de aplicar o tormento, a Inquisição deixava os réus apavorados, por meio de admoestações verdadeiramente sinistras. Assim foi no caso de Manoel de Moraes. Em 6 de setembro de 1647, Manoel tomou ciência da sentença de tormento, na qual se dizia que "pessoas doutas, de sã consciência e tementes a Deus" tinham decidido, com muita dificuldade, pela aplicação do tormento, guiadas pelo desejo "de fazer justiça às partes". No entanto, escusar-se-ia o Santo Ofício de aplicá-lo, caso Manoel confessasse "inteiramente a verdade de suas culpas", pelo que o admoestavam, "com muita caridade, da parte de Cristo Nosso Senhor", para que fizesse a esperada confissão.

Manoel não deu ouvidos às advertências e não quis confessar nada, alegando que já o tinha feito antes. Mantinha-se, portanto, na posição orgulhosa e corajosa que tinha apresentado ao longo do processo.

Foi, portanto, levado à sala do tormento, onde, sob a presidência do inquisidor Luiz Álvares da Rocha, "foi-lhe dito que, pelo lugar em que estava, e instrumentos que nele via, poderia entender a diligência que com ele se queria fazer". É claro que o réu desconhecia totalmente o número de tratos, expertos ou corridos, que os inquisidores iriam aplicar naquela sala lúgubre. O que nela via eram o potro e a polé, quem sabe outros ferros e instrumentos expostos na sala para intimidar os réus.

Luiz Álvares da Rocha prosseguiu na admoestação de praxe, dizendo que qualquer dano físico que Manoel viesse a sofrer naquela sessão seria de sua inteira responsabilidade, de modo que, para livrar-se daquilo, bastava falar "somente a pura verdade".

Manoel não resistiu a essa pedagogia do terror e, a exemplo de muitos outros réus da Inquisição, pediu para confessar. Vergou-se ao Santo Ofício, portanto, embora não tenha confessado tudo.

Admitiu, agora sem titubear, que levado do Brasil para a Holanda, teve comunicação com os hereges calvinistas e "se apartou da fé católica e teve crença na seita dos mesmos calvinistas". O essencial estava dito, para satisfação da Inquisição, pois Manoel abandonou a versão de "que sempre fora bom e fiel católico".

Mas Manoel disse que somente se passou ao calvinismo em dezembro de 1637, "havendo perto de um ano que fora tomado pelos holandeses e levado do Brasil para Holanda", quando já vivia em Harderwijk. Relacionou o início da sua heresia ao primeiro casamento com Margarida e admitiu que se casou com duas mulheres calvinistas sem julgar que pecava em fazê-lo, mesmo sendo sacerdote, pois isso era conforme a crença dos calvinistas. Nisso residia, segundo Manoel, o essencial de sua heresia ou, ao menos, seu ponto de partida.

Confessou, ainda, que prevaleceu na crença calvinista por apenas quatro anos e, nesse tempo, foi às igrejas calvinistas e ouviu suas prédicas, embora tenha insistido em que não compreendia nada de holandês e rezava por seu breviário, em latim, para acompanhar as orações. E confessou, enfim, que comia carne nos dias proibidos pela Igreja, embora tenha se negado a comungar ao modo calvinista, "que é darem o pão à mesa em memória da Ceia do Senhor".

No mais, voltou a falar dos encontros com os embaixadores,

alegando seu arrependimento e seu desejo de passar a Portugal e à santa fé católica, no que os embaixadores não acreditaram, nem quiseram se meter no assunto, mesmo depois de ele ter abandonado a segunda esposa. E voltou a falar na absolvição recebida do núncio apostólico e da certidão infelizmente perdida. Manoel se disse arrependido, pediu misericórdia aos inquisidores e acrescentou que somente não havia confessado tudo "mais cedo" porque se havia fiado na absolvição do comissário papal, com a qual ficou "seguro na consciência".

A confissão final de Manoel de Moraes foi pífia, na verdade, deixando de lado a sua traição, ainda no Brasil, e tudo o mais que sabemos de sua história. Construiu uma versão em que sua adesão ao calvinismo transcorreu de fins de 1637 ao início de 1641, quando encontrou o embaixador Tristão de Mendonça Furtado, em Amsterdã.

Confissão outra vez diminuta, mentiras deslavadas, eis o que teimou em fazer Manoel de Moraes até o final. A maior mentira de todas foi quanto à cronologia de sua adesão ao calvinismo, cujo esboço ocorreu no Brasil, ainda em 1635, não em dezembro de 1637! Manoel insistiu, portanto, em apagar sua traição nas guerras pernambucanas. Fez um derradeiro esforço para separar a traição da heresia, embora estivessem elas umbilicalmente unidas. Admitiu a segunda, por tempo limitado, mas fez desaparecer a primeira.

Além disso, suprimiu um ano de calvinismo no seu tempo de Holanda, ao dizer que se casou no fim de 1637, quando na verdade o matrimônio com Margarida data de dezembro de 1636. É verdade que pode ter sido um lapso de Manoel, uma vez que, nessa mesma altura da confissão, sugeriu que tinha chegado à Holanda em dezembro de 1636, quando na verdade tinha desembarcado em Amsterdã em junho de 1635.

Lapso de memória ou mentira arquitetada, o fato é que, em quase todas as declarações de Manoel ao Santo Ofício, o ano de

1635 desaparece da sua vida. Manoel devia ter suas razões para suprimir este ano-chave.

Outra questão que ficou em aberto era sobre o seu conhecimento da língua holandesa. Manoel dizia não entender nada de holandês, sempre que instado a responder sobre os ritos e prédicas calvinistas. No entanto, viveu casado com duas holandesas, admitiu ter "comunicação com hereges" em várias cidades e ocasiões, mediou a liberação de portugueses presos na Holanda junto às autoridades holandesas e, finalmente, sugeriu que o tal comissário apostólico que lhe passara a certidão era religioso holandês (embora se chamasse Francisco Gouveia!). Impossível que Manoel de Moraes tenha passado oito anos na Holanda sem aprender alguma coisa de holandês.

De modo que, mesmo sem conhecer diversos fatos registrados em outros documentos, os inquisidores tinham material mais do que suficiente para prosseguir com o processo. Mas se contentaram em ouvir essa confissão de quatro anos de heresia na Holanda, considerando razoável relacionar o início da heresia ao casamento calvinista. Os inquisidores deixaram de lado, portanto, as ações de Manoel no Pernambuco de 1635 e preferiram não esmiuçar as incoerências cronológicas de suas declarações. Concordaram, pelo visto, em deixar a traição de lado, concentrando-se na heresia formal. Agiram burocraticamente, como juízes de um tribunal exclusivamente dedicado a julgar crimes contra a fé.

O desfecho do processo foi quase um acordo tácito entre Manoel e os inquisidores. Manoel confessou que tinha sido calvinista por quatro anos e os inquisidores o livraram da fogueira, condenando-o a penas menores, ainda que pesadas.

Qüiproquó. Misericórdia e Justiça.

37. No auto-de-fé

Manoel ratificou essa confissão em 9 de setembro de 1647 e, no dia seguinte, a mesa despachou o caso. Considerou que, apesar dos erros graves que havia cometido, as confissões de Manoel estavam "em termos de serem recebidas" e o réu em condições de ser readmitido "ao grêmio e união da Santa Madre Igreja", sendo absolvido da excomunhão maior, embora condenado a penas seculares.

Manoel não sabia disso e pediu audiência para completar seu inventário, em 18 de setembro de 1647. Foi nessa sessão que distribuiu, testamentariamente, alguns de seus bens para Adriana e as filhas, para a Companhia de Jesus, para os pobres, além de choramingar pela negra Beatriz.

Seus medos eram, porém, infundados, porque a Inquisição não o havia sentenciado à fogueira desta vez. Foi condenado a sair em auto-de-fé e ao cárcere e hábito penitencial perpétuos, sem remissão.[1] O hábito deveria levar as insígnias de fogo, uma vez que Manoel tinha sido, em 1642, relaxado ao braço secular em estátua. Manoel estava, pois, condenado ao confinamento por cinco anos em Lisboa (este é o sentido do cárcere perpétuo), de onde só poderia ausentar-se com permissão do tribunal.

Além disso, deveria fazer abjuração pública de seus erros *em forma*, reservada aos hereges formais que confessavam plenamente a sua heresia ou apostasia, prometendo não repetir o erro.

Foi também suspenso para sempre de suas ordens clericais, obrigado a receber instrução religiosa, cumprir penitências espirituais e condenado à confiscação de bens "para quem de direito pertencerem". Era a fórmula usada pela Inquisição quando confiscava bens de pessoas eclesiásticas, evitando-se explicitar, como no caso dos leigos, que os bens eram confiscados para o fisco e a câmara real.[2] Manoel de Moraes teve, de todo modo, os seus bens confiscados.[3] Foi, em resumo, condenado à miséria, à degradação e à infâmia.

Dois detalhes curiosos nesse despacho merecem, porém, algum comentário. O primeiro é que, como Manoel só admitiu, e os inquisidores fingiram acreditar, que ele só se tornara herege no final de 1637, a mesa estabeleceu que só deveriam ser confiscados os bens adquiridos depois daquela data. Em outras palavras: todos os bens! O segundo detalhe é que a mesa livrou Manoel da pior pena prevista no regimento para os clérigos que se casavam na forma do Concílio de Trento, ou seja, degredo para as galés,[4] além da privação das ordens sacras e respectivos benefícios, sob a alegação de que, afinal, Manoel não se casara no rito tridentino, senão no herético.

A Inquisição teria sido totalmente cínica nessas duas decisões, não fosse por seguir à risca seu próprio regimento. Mas o fato é que, no primeiro caso, isentou Manoel do confisco de bens num período em que ele nada tinha para ser confiscado. No segundo caso, acabou por invalidar, à luz do direito canônico e da norma regimental, os matrimônios contraídos na Holanda por Manoel, acolhendo, enfim, uma das teses que o réu debalde sustentou ao longo do processo.

No mesmo dia 10 de setembro de 1647, o Conselho Geral do Santo Ofício confirmou, sem emendas, as penas despachadas pela mesa inquisitorial. Na sentença exarada pelo tribunal, a única peça pública do processo, pois só ela era lida no auto-de-fé, aparecem mencionadas apenas as heresias cometidas na Holanda: os casamentos celebrados na "seita de Calvino" e mais transgressões de inspiração calvinista perpetradas por Manoel.

Sentença muito pobre em detalhes, vale dizer, porque deliberadamente omitiu a traição de Manoel no Brasil. A Inquisição sabia perfeitamente que traição e heresia andaram juntas na dissidência de Manoel, mas preferiu divulgar somente os crimes exclusivamente religiosos, e mesmo assim de forma sucinta. Recolheu-se o Santo Ofício a seu foro.

Não deixou de haver certa coerência nessa deliberada omissão, uma vez que os inquisidores acolheram a confissão de Manoel fixando o início de sua heresia apenas em 1637, já na Holanda. Em contrapartida, o Santo Ofício evitava, em suas sentenças lidas em público, mencionar outros assuntos que não os estritamente religiosos. Não raro até esses eram registrados de forma genérica, com muito recurso a clichês.

Mas evitar o terreno político não deixava de ser uma escolha política. Neste caso específico de Manoel de Moraes, o ocultamento da traição era escolha de bom alvitre, considerado o esforço de guerra português nesses anos, seja na luta contra a Espanha, seja nas lutas ultramarinas, em particular no Brasil. Assim como para a Holanda foi de conveniência política exibir um jesuíta renegado, para Portugal o melhor era esconder esse lado traidor do condenado, em tempo de guerra, limitando-se o Santo Ofício a penitenciar apenas o herege.

A sentença da Inquisição foi, portanto, vazada segundo a praxe do tribunal, anódina e genérica. Dela não constam sequer os detalhes religiosos, salvo por um ou outro exemplo ilustrativo, nem os contextos em que a heresia foi praticada. De modo que o Manoel de Moraes *político* não apareceu no auto-de-fé celebrado em 15 de dezembro de 1647.

Apareceu somente o Manoel herético, depois de purgar mais quase três meses no cárcere, incorporado à procissão dos setenta penitenciados saídos neste auto, vestindo hábito com insígnias de fogo, carocha na cabeça. Presentes, no palanque do Terreiro do Paço, além do constrangido rei e de seu inimigo, o inquisidor-geral Francisco de Castro, o embaixador da Inglaterra, o da França, Monsieur de Lanier, e o bispo da Madeira. Pregou o sermão frei João de São Bernardino, franciscano.

No mesmo auto-de-fé saíram, ao lado de Manoel, diversos cristãos-novos portugueses que se tinham transformado em "judeus-novos". Judeus portugueses com os quais Manoel costumava disputar, em Amsterdã, em matéria de fé, ou negociar, no Brasil, o pau vermelho que extraía nas matas de Aratangy. Ironia da história, Manoel de Moraes saiu na mesma procissão dos "judeus heréticos" que detestava.[5]

Entre eles, o seu companheiro de viagem, Miguel Francês, cristão-novo que se havia convertido ao judaísmo em Amsterdã, mas regressou ao catolicismo, no Recife, a conselho de frei Manoel dos Óculos. Colaborador do Santo Ofício, ao qual deu extensa lista com nomes de judaizantes. Além de sinceramente "reduzido" à fé católica, recebeu pena leviíssima, isento de cárcere, autorizado a tirar o infame hábito penitencial depois de ouvir a sentença no auto.

Saíram também, no mesmo auto, os três judeus que haviam sido capturados no forte Maurício pelo exército da "liberdade divina". Eram eles Diogo Henriques, 26 anos, que como judeu se chamou Abraão Bueno, criado no judaísmo desde pequeno; Gabriel Mendes, que como judeu se chamou Abraão Mendes, jovem de 22 anos, circuncidado aos onze em Hamburgo, de onde passou à Holanda e daí ao Brasil; João Nunes Velho, trinta anos, que como judeu se chamou Samuel Velho, circuncidado em Amsterdã quando tinha quinze anos, vivia do pequeno comércio em Penedo, nas cercanias do forte holandês do rio São Francisco. Todos eles saíram condenados com a mesma pena de Manoel de Moraes: cárcere e hábito penitencial perpétuo (mas sem as insígnias de fogo).

Saiu no mesmo auto o cristão-novo Manoel Gomes Chacão, lavrador em Pernambuco, 54 anos, homem que abandonou a família para ingressar na sinagoga do Recife, convencido pelo rabi Isaac Aboab da Fonseca. Circuncidado aos 52 anos, depois se arrependeu e regressou ao catolicismo, mas ainda assim foi preso. Condenado à mesma pena de Manoel de Moraes: cárcere e hábito penitencial perpétuo.

O mais célebre, porém, dentre os condenados neste auto, foi Isaque de Castro, jovem de 21 anos, circuncidado em Amsterdã quando era menino. Viveu em Pernambuco do pequeno comércio, mas passou à Bahia, onde ensinou judaísmo em casa de cristãos-novos. Enviado ao Santo Ofício de Lisboa, ousou desafiar os inquisidores, dizendo que o judaísmo era religião superior ao catolicismo e, mais, que a prosperidade da Holanda se devia a que nela se haviam abrigado os judeus fugidos de Portugal.

Condenado à fogueira, recusou-se a "morrer na lei de Cristo", sendo por isso queimado vivo, sem o benefício de ser antes garroteado, como ocorria com a maioria dos condenados à morte pela Inquisição. A execução de Isaque de Castro gerou verdadeiro escândalo internacional. Os Estados Gerais protestaram com veemência, em Haia, açulados pela comunidade judaica da Holanda, pois Isaque era "súdito do príncipe de Orange", em tese protegido pelo tratado luso-holandês de 1641. Foi transformado em mártir do judaísmo pela Talmud Torá de Amsterdã.

Destinos cruzados no Terreiro do Paço. Manoel de Moraes saiu com todos esses homens na procissão dos condenados.

Ouviu sua sentença humilhado e contrito. Abjurou de todos os erros, anatematizando e se apartando de "toda espécie de heresia"; jurando guardar para sempre a santa fé católica e nunca mais se juntar com hereges; prometendo denunciar, doravante, todos os hereges que viesse a conhecer; aceitando, se recaísse no erro, que lhe fossem dados os piores castigos que o direito reservava aos relapsos. Abjurou de público, em voz alta, diante da multidão que se acotovelava no Terreiro do Paço. E assinou, como de praxe, o termo de guardar segredo de tudo o que se havia passado com ele na "casa negra do Rossio".

Manoel pode ter visto quando queimaram vivo Isaque de Castro e mais cinco pessoas, depois de garroteados, além de quatro em estátua, no Terreiro do Paço de Lisboa. A maioria deles composta de judaizantes, acrescidos de um negro forro, por visionário, outro escravo, por sodomita, além de uma freira queimada em estátua. Terminado o auto-de-fé, Manoel estava pronto para cumprir sua pena, vestido com o sambenito degradante.

À diferença do caso de Isaque de Castro ou dos prisioneiros do forte Maurício, ninguém protestou contra a condenação de Manoel de Moraes. Nem os Estados Gerais, nem o príncipe de Orange, nem o governador da "guerra divina" no Brasil. Não seria

Manoel saiu num concorrido auto-de-fé celebrado em Lisboa, em 15 de dezembro de 1647.

a Companhia das Índias ou a Companhia de Jesus a protestarem contra a pena do ex-jesuíta. Nenhum rei, potentado, companhia ou congregação se importava com o destino de Manoel.

Manoel de Moraes seguiu sozinho para a infâmia, com estágio no cárcere da penitência.

38. Infâmia e miséria

Além de ter os bens confiscados, Manoel arcou com as custas do processo no valor de 9052 réis, a maior parte devida aos procuradores, 3 mil para Manoel da Cunha e 2 mil para Luiz Ferrão, que bem mereceram a propina. Os quase 9 mil réis de custas também não eram grande coisa. Valiam menos do que o cavalo, com sela velha, que tinha em Aratangy. Tragédia mesmo foi o confisco de bens, cujo trâmite, infelizmente, não consta do processo. Foram-se, de qualquer modo, os quintais de pau-brasil, os carros de boi, os próprios bois. Foram-se os escravos angolanos, Beatriz incluída, pois a carta de alforria que lhe passou era condicionada à morte do próprio Manoel.

Manoel de Moraes estava arruinado, mas não desistiu da vida. Dias depois de sair no auto-de-fé da Inquisição, ainda preso no cárcere, fez petição aos inquisidores, em 2 de janeiro de 1648. Estava já bem doente, sofrendo de asma e gota, segundo disse, mas sobretudo aflito com a perspectiva de sair do cárcere, quando lhe fosse autorizado, vestindo o hábito vergonhoso com insígnias de fogo.

Assim, dizendo-se contrito e muito arrependido do crime

que cometera, suplicou, "pelas preciosíssimas chagas de Nosso Senhor Jesus Cristo", que lhe deixassem sair sem o infame hábito. A maioria dos condenados costumava pedir o mesmo, pois esse traje era um terrível estigma. Ninguém se aproximava de uma pessoa vestida de sambenito, a roupa exalando a peste que impregnava os hereges.

Entrementes, Manoel foi convocado, em 11 de janeiro, para informar-se das penitências espirituais que haveria de cumprir. E foram elas as seguintes: jejuar nas festas principais do Ano (Natal, Páscoa das Flores, do Espírito Santo e da Assunção de Nossa Senhora), e nelas não comungaria sem licença da mesa; rezar o rosário à Virgem Nossa Senhora em todos os sábados; jejuar em todas as sextas-feiras, durante o ano inteiro seguinte, em memória da Paixão de Cristo; assistir às missas às terças e aos domingos na igreja de São Lourenço.

No final do ano, deveria trazer certidão do pároco da igreja de São Lourenço, comprovando o cumprimento das penitências espirituais estabelecidas. Novamente estava Manoel envolvido com certidões por causa da Inquisição...

Deu-se-lhe por cárcere a cidade de Lisboa, de onde não poderia sair sem licença da mesa e lhe advertiram que, sob nenhuma hipótese, usasse ouro, prata ou seda em suas vestes, nem andaria de besta com sela pelas ruas, nem usaria espada. Jogo duro. Manoel prometeu cumprir tudo e foi liberado dos cárceres, vestido com o hábito.

Os inquisidores só examinaram o pedido de Manoel para largar o hábito em 14 de janeiro. Recomendaram ao Conselho Geral o indeferimento, considerando o escândalo e a publicidade do seu crime, bem como o pouco tempo decorrido desde sua condenação em ato público. Foi esse parecer assinado pelos mesmos inquisidores que o julgaram, Belchior Dias Pretto, Pedro de Castilho e Luiz Álvares da Rocha. Mas o Conselho Geral teve pena de Manoel e despachou em contrário, dispensando o uso do hábito "em lugar público". Era esta, aliás, uma prática comum do Santo Ofício. Condenava ao uso do hábito para infamar e depois o retirava. *Justitia et misericordia*.

Foi uma grande vitória de Manoel de Moraes livrar-se do hábito, consideradas as circunstâncias de seu miserável estado. Animou-se, então, a pedir mais. E, ainda em janeiro, pediu, "pelas chagas de Cristo", que o Santo Ofício lhe devolvesse as cartas e certificados que tinha apresentado em sua defesa, em especial a carta de João Fernandes Vieira e as outras que continham o registro de "alguns serviços que ele suplicante fez à real Coroa". Manoel justificou o pedido: estava muito doente e pobre, não tinha quem o socorresse e, portanto, suplicaria uma esmola a Sua Majestade, rei de Portugal.

Manoel se dispunha, finalmente, a pedir mercê a d. João IV pelo que havia feito no passado e, quem sabe, oferecer-se para servi-lo nas guerras pernambucanas. A carta de Artichewski poderia lhe valer como prova de que tinha combatido os holandeses, em armas, entre 1630 e 1634. A certidão dos generais de Pernambuco atestaria seu fervor como capelão das batalhas das Tabocas e Casa Forte. Nessa altura dos acontecimentos, tais certificados eram toda a fortuna de Manoel.

O Santo Ofício, seguindo a praxe, aquiesceu. Em despacho de 24 de janeiro de 1648, "mandou tornar ao suplicante os papéis" que pedia, recomendando, para sorte dos futuros historiadores, que ficassem os translados nos autos.

Comunicado dessa decisão e munido dos papéis que queria, Manoel pediu licença para comungar uma vez por mês. Sentia-se reconciliado com Deus e com a Igreja e necessitado da comunhão no sacramento da missa. A Inquisição concedeu, em 27 de janeiro de 1648.

Depois de quase dois anos preso na Inquisição, entre fevereiro de 1646 e dezembro de 1647, e tendo saído no auto-de-fé, verdadeira humilhação pública, espécie de *charivari* institucional, Manoel de Moraes podia ao menos respirar mais livremente. Dispensado do sambenito com insígnias de fogo, autorizado a comungar na missa e de posse de seus preciosos certificados para pedir algum auxílio ao rei.

A expectativa de mercê não era pretensão de todo impossível. Afinal, quando traiu os portugueses na guerra pernambucana, tinha traído ao rei agora inimigo de Portugal, Felipe IV de Espanha, monarca que incautamente andou elogiando, por escrito, os feitos de Manoel de Moraes, nos idos de 1631. Além disso, Manoel tinha sido um dos primeiros a publicar um opúsculo a favor da Restauração e de d. João IV, seu *Prognóstico e resposta* contra o filipino Caramuel, impresso em Leiden, logo em 1641. Enfim, Manoel tinha marchado à frente da tropa luso-brasileira, no início da rebelião pernambucana, crucifixo na mão, arriscando a vida para exortar os portugueses contra o herege holandês. Quem sabe d. João IV não se compadeceria de seu miserável estado, reconhecendo seus antigos feitos?

O certo é que o estado de Manoel era mesmo lastimável. Era quase um mendigo, flagelado por diversos achaques, sendo homem que já passava dos cinqüenta anos. Dormia numa esteira sem colchão algum, coberto com trapos. Foi isto, pelo menos, que escreveu Manoel, em nova petição aos inquisidores, acrescentando que, despojado das ordens sacras, privado de seus bens, e carente de alguém que o abrigasse em Lisboa, não possuía condições mínimas de sobrevivência. Suplicou então aos inquisidores, em 3 de março de 1648, que o deixassem sair não só de Lisboa, mas do reino de Portugal, em busca de alguma "província católica onde pudesse viver com mais comodidade".

Manoel parecia acabado ou, ao menos, tentou fazer crer aos inquisidores que estava nas últimas. Os inquisidores acreditaram nele, dessa vez, ou fingiram acreditar, pois tinham mais o que fazer, e assim, em 10 de março de 1648, autorizaram-no a se ausentar para "qualquer parte do reino" ou terra de católicos.

    Restava-lhe, pois, na verdade, voltar ao Brasil. A São Paulo, talvez, onde tinha familiares. A Pernambuco, quem sabe, onde vivia sua ex-amante e feitora Beatriz. Manoel deixou-se ficar, porém, um pouco mais no reino. Pensou bem sobre o próximo passo a dar, depois de livrar-se dos inquisidores, levando consigo as certidões abonatórias. Passava dos cinqüenta anos, devia estar exausto, mas não estava morto. Resolveu jogar novamente e, dessa vez, apostou no rei.

39. Manoel valentão

Manoel de Moraes ficou mesmo em Lisboa, por algum tempo, no mínimo até fins de 1648 ou inícios de 1649. Dá prova disso um texto de sua lavra, o último por ele redigido, embora não datado, no qual faz alusões a fatos que só se divulgaram em Portugal em novembro de 1648. Trata-se da "Resposta que deu o Licenciado Manoel de Moraes a dizerem os Holandeses que a paz era a todos útil, mas a Portugal necessária, quando por parte deste Reino se lhes ofereceu uma proposta para a paz".[1]

O manuscrito se encontra num códice da Biblioteca Nacional de Lisboa que reúne diversos pareceres redigidos, entre 1648 e 1649, sobre o assunto que mais encandecia a opinião pública da época: a entrega do Nordeste do Brasil, exceto a Bahia, aos holandeses. Assunto realmente apaixonante, em que se opuseram, na corte de d. João IV, duas facções que se desqualificavam mutuamente. Os adeptos da paz com a Holanda chamavam os beligerantes de "valentões", que, por sua vez, devolviam o insulto, chamando-os de traidores e vendidos aos holandeses.

Os últimos eram, principalmente, o embaixador Francisco de

Sousa Coutinho, que substituiu Francisco de Andrade Leitão, em 1643, e o padre Antônio Vieira, grande conselheiro do rei, que auxiliou o novo embaixador, a partir de 1646. Os "valentões" eram, entre outros, o bispo de Elvas, d. Manoel da Cunha, e o procurador da Fazenda, Pedro Fernandes Monteiro, discreta ou abertamente açulados pela facção pró-espanhola da nobreza, interessada em pôr lenha na fogueira contra a diplomacia do rei.

Evaldo Cabral de Mello analisou esse imbróglio em profundidade, no seu magnífico *O negócio do Brasil*, de modo que não há motivo para detalhar o caso.[2]

Vale recordar, porém, que desde o envio de Francisco de Sousa Coutinho para Haia, Portugal cogitava de comprar as capitanias açucareiras do Brasil e parte da África que os holandeses haviam tomado, para o que esboçou diversas fórmulas, embora não dispusesse de recursos suficientes, envolvido que estava na guerra com a Espanha. Basta dizer que, numa das fórmulas, pensou-se em pagar 3 milhões de cruzados aos holandeses!

Portugal objetivava, de todo modo, garantir a paz com a Holanda na Europa, para vencer a guerra contra a Espanha e ao mesmo tempo recompor minimamente seu império colonial. Ao menos o império do Atlântico Sul, o do açúcar e do tráfico africano, pois as conquistas orientais estavam praticamente perdidas.

O início da guerra pernambucana, em junho de 1645, só fez piorar o quadro diplomático, sucedendo-se as queixas e ameaças dos representantes dos Estados Gerais contra a deslealdade portuguesa. Na mesma medida em que triunfavam as armas pernambucanas no Brasil, cresciam as exigências holandesas (e zelandesas!), bem como as ameaças de bloquear o Tejo e declarar guerra a Portugal, rompendo de vez o tratado de 1641.

Neste ritmo de negociações e imprevisibilidades, a vitória luso-brasileira na primeira batalha de Guararapes, em abril de

1648, agravou a situação. A notícia só chegou a Haia em fins de junho e logo se espalhou.

Em julho de 1648, Sousa Coutinho recebeu dos comissários dos Estados Gerais exigências duríssimas. Entre outras, a restituição de todos os territórios que a WIC possuía em 1641, mais concessões na África e até a caução do morro de São Paulo, no litoral baiano; pesadas indenizações de guerra, incluindo o pagamento de mil caixas anuais de açúcar, branco e mascavado, pelo prazo de dez anos; pagamento das dívidas que os colonos tinham com a WIC e particulares flamengos; neutralização de uma faixa de dez léguas (sessenta quilômetros) na fronteira dos territórios holandeses, onde os portugueses não poderiam erigir fortificações.

Sousa Coutinho amoleceu, apoiado em Antônio Vieira, e resguardando o desejo pessoal de d. João IV, que preferia perder de vez suas ricas possessões no Atlântico a se arriscar a perder a Coroa, caso a Holanda declarasse guerra a Portugal. De todo modo, o embaixador fez reparos pontuais às exigências holandesas, mas concordou com o essencial delas, em documento firmado em 19 de agosto de 1648.

Enquanto negociava na Holanda, o embaixador patrocinava uma série de panfletos justificativos de sua posição, para o bem do rei e pela soberania do reino. Seus adversários, por sua vez, divulgavam panfletos em que era tratado, no mínimo, como "Judas de Portugal" e "vendido aos holandeses".

Antônio Vieira regressou a Lisboa no final de 1648 e, logo em novembro, veio a notícia de que Salvador Correia de Sá tinha reconquistado a praça angolana de São Paulo de Luanda. Em fevereiro de 1649, os luso-brasileiros triunfariam na segunda batalha dos Guararapes, reduzindo os holandeses a Olinda e Recife. A Restauração pernambucana era questão de tempo.

Com isto viu-se fortalecida ao máximo a posição dos "valentões", cuja melhor argumentação oficial foi a do procurador da

Fazenda, Pedro Fernandes Monteiro, que, refutando a prudência de Vieira, mesmo depois da Restauração de Angola, defendeu a guerra total. Se os holandeses não queriam vender as capitanias açucareiras do Brasil, "a guerra ultramarina era preferível às concessões territoriais".

Vieira respondeu a Pedro Fernandes no célebre parecer conhecido como *Papel forte*, no início de 1649, insistindo na entrega do Brasil. No entender de Vieira, Portugal não tinha a menor condição de garantir sua soberania diante da Espanha e, ao mesmo tempo, enfrentar a Holanda nos mares. Não tinha homens, não tinha dinheiro, não tinha navios e, se escolhesse esse caminho suicida, não teria juízo também.

Foi em meio a essa guerra de pareceres e panfletos que Manoel de Moraes fez sua última aparição. Teria sido o seu parecer manuscrito de onze *folios* o original de um simples panfleto, entre tantos que circularam entre 1648 e 1649? É possível, pois o próprio Antônio Vieira andou dizendo, nessa época, que "não há homem nesta terra que saiba escrever que não esteja compondo sobre a matéria". Evaldo Cabral confirma, ao lembrar que, ainda hoje, quem compulsa os códices seiscentistas nas bibliotecas e arquivos portugueses "topa invariavelmente com manuscritos sobre as *pazes da Holanda*".

O panfleto de Manoel de Moraes encarnava o espírito dos "valentões", pois questionava frontalmente, como veremos, a entrega do Brasil à Holanda. Pode ter sido mesmo encomendado por alguém do grupo. Manoel precisava de dinheiro e sabia muito da guerra pernambucana. Necessidade e competência não lhe faltavam para ser "valentão".

Mas há forte possibilidade de Manoel ter escrito a "Resposta aos holandeses", senão a mando do rei, ao menos com a expectativa de fazê-lo chegar ao rei e de ser ele mesmo recrutado, de algum modo, na nova conjuntura. Lembremos que, ao sair dos cárceres,

Manoel pediu as certidões que havia reunido, com serviços prestados a Portugal, com o intento de pedir alguma esmola ao rei. D. João IV, por sua vez, que já não era firme, andava mesmo muito indeciso nessa questão das "pazes com a Holanda".

Na altura em que se cogitava da compra de Pernambuco, andou consultando certo comitê *ad hoc*, composto de peritos em Brasil, como o velho Matias de Albuquerque, general da resistência, e o marquês de Montalvão, governador que firmou acordos de não-agressão com Nassau. Ambos tinham caído em desgraça, por certo tempo: o primeiro por perder a guerra, o segundo por suspeita de ser filipino. Também Gaspar Dias Ferreira, ex-amigo de Nassau que chegou a obter a "cidadania holandesa" (depois caiu em desgraça), deu muitos conselhos aos embaixadores de d. João IV e quase se meteu no negócio do Brasil.

Se não chegou a ser conselheiro oficial, Manoel de Moraes agiu para que o seu parecer chegasse às mãos do rei. Chegou, com certeza, às mãos de Vieira, que leu o parecer de Manoel, entre outros, antes de redigir seu *Papel forte*, no início de 1649. Manoel fez várias cópias manuscritas de seu texto, das quais ao menos três sobreviveram, uma delas resumida, e justamente esta foi a lida por Vieira.

A redação está mais apurada e com algumas correções ortográficas. Mas o texto é o mesmo, embora em versão resumida, além de anônimo e com o título diferente: *Papel a favor da não entrega de Pernambuco aos Holandeses*.[3] Não deve ter sido o próprio Manoel a enviar seu parecer resumido para o insigne jesuíta, considerando que sua posição na matéria era frontalmente oposta à de Vieira. Mandar o papel para Vieira seria um desastre, pois não lhe facilitaria em nada aproximar-se da corte. A hipótese mais provável, assim, é a de que o parecer de Manoel chegou ao rei e daí foi passado a Vieira, em versão resumida, por alguém encarregado de assessorá-lo na redação do *Papel forte*.

Em sua versão integral, o texto apresenta os ingredientes de um parecer formal sobre a questão. Manoel se dirigiu ao rei: "Isto escrevo como fiel vassalo de Sua Majestade, como quem correu todas aquelas terras, tratou todas aquelas gentes, e lhes conhece de experiência as condições". Texto oficial e segredo de Estado: "sob censura".

E, como o tema era a "paz com a Holanda", Manoel começa o texto louvando a paz, como princípio, nela vendo a raiz da prosperidade dos povos. Mas não a paz com os holandeses, que eram "variáveis, inquietos e mal-intencionados". Só fazem a paz enquanto lhes convêm e, ao menor descuido, "quebram as leis dela". O mote do seu texto se pode resumir no seguinte argumento: "É melhor ter com eles (holandeses) guerra declarada do que paz fingida".

Ato contínuo, Manoel refutou o que considerava os quatro pontos essenciais do tratado "entreguista" que Portugal pretendia firmar com os holandeses, afirmando que na Europa, se fosse possível, a paz era bem-vinda, mas no sul, isto é, no Brasil, somente a guerra resolveria o impasse.

Manoel considerou inaceitável, portanto, que Portugal cedesse aos holandeses território tão rico em engenhos de açúcar, tabaco, pau-brasil e mantimentos variados. Portugal não precisava da Holanda para nada, porque tudo que vendiam no Brasil vinha de outras partes: a aguardente da França, as munições da Dinamarca ou Hamburgo, o ferro da Suécia. Em contrapartida, a Holanda não podia viver sem o sal de Setúbal e sem a riqueza do Brasil.

Considerou absurda, igualmente, a exigência de indenização de guerra ao rei, pois não fora d. João IV quem tinha ordenado o "levantamento da terra" contra os holandeses. A rebelião havia sido iniciativa dos moradores em "boa consciência". Tão boa consciência quanto a que os mesmos holandeses haviam mostrado, ao se rebelarem contra a tirania dos castelhanos, como gostavam de repetir, na Holanda ou no Brasil. De modo que, se a revolta dos holandeses contra a Espanha havia sido justa, também o era a atual rebelião dos luso-brasileiros contra a Holanda.

Convinha lembrar, a propósito, ponderou Manoel, que os holandeses haviam conquistado aquelas partes do Brasil no tempo em que Portugal era cativo de Castela. Cativeiro injusto, pois a legítima sucessão, em 1580, cabia à casa de Bragança (e nisso repetiu um dos argumentos de seu texto de 1641 pró-Restauração). Quase deu vivas, ao saudar o "Duque de Bragança, hoje por graça de Deus, o poderoso monarca El Rei D. João, o quarto, nosso senhor".

E que não alegassem os holandeses que a insurreição pernambucana feria a trégua estabelecida em 1641, pois foram eles os primeiros a rompê-la, tomando Angola, São Tomé e o Maranhão. Agora que agüentassem.

Manoel de Moraes também pôs em xeque a superioridade militar holandesa, inclusive a naval, embora admitisse que o inimigo tinha mais navios. Mas a madeira usada nos navios portugueses era melhor, ajuizou. Quanto ao combate em campo raso, os holandeses eram um desastre.

E ilustrou seu argumento a favor da superioridade portuguesa, citando a batalha do monte das Tabocas, de que ele mesmo havia participado; a vitória facílima dos portugueses no Maranhão, em 1643; o fracasso de Nassau na Bahia, em 1638; o triunfo de Salvador Correa de Sá em Angola, em 1648. Aos holandeses só restava a posse de Olinda e do Recife.

Não havia razão nenhuma, portanto, para restituir-lhes território que, de armas na mão, os "libertadores da pátria" haviam restaurado. E maior injustiça seria, escreveu Manoel, se fossem entregues aos hereges os moradores que "levantaram a terra" contra a tirania holandesa. Esta sim, crudelíssima, como estavam a comprovar os massacres no Rio Grande (Cunhaú e Uruaçu, 1645), onde foram os holandeses aliados aos "bárbaros tapuias" e ao "bárbaro potiguar", perpetrando o assassinato de párocos, a profanação de igrejas e o estupro de matronas e donzelas.

Manoel de Moraes discordou, portanto, de todo o tratado. E desqualificou, evidentemente, o diplomata que o havia concebido ou aceitado, sem citá-lo, dizendo, antes de tudo, que "a tal pessoa" desconhecia o Brasil. Porque, se o conhecesse, nem sequer cogitaria de entregar território tão rico aos holandeses. Território onde o rei poderia erigir um império maior que a França, Castela e grande parte da Itália. Admitiu, porém, duas outras hipóteses: a de que o diplomata tivesse "pouca experiência de negócios", e não sabia o dano que causaria a Portugal com tais concessões; ou, pior ainda, a de que estivesse a "tal pessoa prendada dos holandeses".

D. João devia seguir a opção da guerra, no Brasil, e apoiá-la. O rei tinha "conselheiros experimentados" a seu serviço e "ministros diligentes para acudirem" no que fosse necessário. Tinha "mais por si, S. Majestade, a justiça muito clara, e particular favor do Céu em todas as suas coisas".

O Manoel da "Resposta aos holandeses" parecia ressuscitado, depois de quase dois anos purgando na Inquisição. Em plena forma, permitiu-se acusar os holandeses de "variáveis, inquietos e mal-intencionados", além de traidores e hereges. Pôs abaixo o embaixador (Sousa Coutinho), insinuando, venenosamente, que ele "estava prendado dos holandeses", assunto que nosso Manoel conhecia bem. Não faltaram, ainda, invectivas contra os índios do "partido holandês", os tapuias e potiguaras, os quais o ex-missionário chamou de bárbaros.

Este é o nosso Manoel de Moraes. Só faltou incluir a si mesmo, explicitamente, entre os "conselheiros experimentados" com os quais o rei podia contar. Manoel de Moraes estava pronto para novas aventuras, embora cinqüentão. Quase vinte anos depois de combater, como capitão do gentio, os holandeses em Pernambuco, exarava parecer em favor da guerra total para expulsá-los. A serviço do rei, e com alguma mercê também.

Manoel parecia ter sepultado a memória de sua experiência flamenga. Do tempo em que fora ele, Manoel, o "prendado dos holandeses". Do tempo em que cruzou seu destino com Margarida e Adriana, mulheres hereges. Do tempo em que "fazia o pau" na Mata do Brasil, com dinheiro da WIC.

Manoel de Moraes parecia em paz com sua consciência, embora desesperado com a miséria de seu estado. Tinha purgado sua culpa na Inquisição e agora dava conselhos ao rei de Portugal. Aspirava, quem sabe, a algum posto. Foi sua derradeira aposta.

40. Réquiem para Manoel

Ninguém sabe dizer ao certo o que aconteceu com Manoel de Moraes depois que emitiu sua "Resposta aos holandeses", pregando a guerra total em Pernambuco. Não há registro de que d. João IV o tenha acolhido entre seus conselheiros, nem tampouco do lugar onde passou seus últimos dias.

Ousaria dizer que à Holanda não regressou, apesar de ter família em Leiden. Manoel estava cansado, não desafiaria outra vez a Inquisição e, sobretudo, já tinha ido longe demais no seu caminho de regresso ao catolicismo. Tinha abjurado de seus erros, recobrado com júbilo interior a identidade católica, estava outra vez incluído no grêmio da Igreja. Por outro lado, nem que Manoel quisesse poderia regressar à Holanda em paz. Não tinha pago à WIC nem um vintém do empréstimo recebido e tinha marchado com os restauradores nas batalhas das Tabocas e Casa Forte. Voltasse ele para a Holanda e corria o risco de ser enforcado.

De modo que ou bem Manoel morreu em Portugal, talvez no abrigo solitário de algum colégio da Companhia de Jesus, por misericórdia, ou bem regressou ao Brasil. A Pernambuco parece não ter regressado, pois a guerra estava na fase derradeira, e decerto haveria algum registro na crônica, caso Manoel tivesse voltado à capitania. Afinal, à luz das últimas atitudes de Manoel, regressar a Pernambuco significaria, nessa altura, lutar pela Restauração, e isso Manoel não quis ou não pôde fazer. Estava pauperizado pela Inquisição e marcado pelos seus atos passados. Em Pernambuco, Manoel só tinha inimigos e falsos amigos.

Se voltou ao Brasil, Manoel deve ter escolhido a terra natal, São Paulo, pois tinha família na capitania, ou a Bahia, onde havia estudado como jesuíta, na busca de um austero refúgio para os últimos anos de vida. Nada se sabe, porém, sobre os derradeiros anos de Manoel de Moraes, que sumiu sem deixar rastro.

Azevedo Marques afirma que Manoel de Moraes morreu em 1651, mas não informa onde.[1] Afonso de Taunay assegura que morreu em Lisboa na maior miséria, baseado em pesquisas de Pedro do Souto Maior.[2] Há muito mistério, portanto, quanto às circunstâncias da morte de Manoel de Moraes. Muitos autores antigos contribuem para enevoar ainda mais o destino final do expadre. Inocêncio Silva, no seu *Dicionário bibliográfico português*, de meados do século XIX, chegou a dizer que Manoel morreu queimado pelo Santo Ofício, antecipando-lhe a morte e desconhecendo o processo inquisitorial.[3] Mas praticamente ninguém, nessa época, se atrevia a mexer nos arquivos da Inquisição, que somente foi extinta, em Portugal, no ano de 1821.

A fonte de todos os erros parece ter sido a notícia de Diogo Barbosa Machado, na sua *Biblioteca lusitana* (1752). Escreveu o bibliófilo setecentista que Manoel nascera em São Paulo, em fins do século XVI ou inícios do XVII; que redigira uma inédita "História da América"; que publicara em Leiden o *Prognóstico e resposta* (1641), defendendo a Restauração portuguesa; que fora relaxado em estátua em 6 de abril de 1642, por apóstata da religião católica e por ter se casado com mulher "cismática"; que morrera em Lisboa de morte natural, segundo uns, ou queimado pelo Santo Ofício, segundo outros.[4] Alguns acertos, diversos erros, muitas imprecisões.

No século XIX, além de o citado Inocêncio Silva ter escrito com todas as letras e erros que Manoel fora executado pela Inquisição, Sacramento Blake também escreveu que o ex-padre morreu em Portugal, embora de "morte morrida". Morrera quando tencionava regressar à "pátria brasileira", vindo da Holanda, com escala no reino.[5] Desacertos, lendas, névoas.

Uma segunda fonte de tantos enganos foi o "romance histórico" publicado por João Manuel Pereira da Silva, em 1866, intitulado *Manuel de Moraes*.[6] Embora tenha misturado "história real e imaginação aventureira", Pereira da Silva foi o primeiro a valorizar a importância de Manoel de Moraes, a ponto de lhe dedicar um livro. E, diga-se de passagem, o livro de Pereira da Silva foi traduzido para o inglês por Robert Francis Burton e sua esposa, Isabel Burton, em 1886. Original e tradução constam do catálogo da British Library, em Londres.

A base documental de Pereira da Silva foi a notícia de Diogo Barbosa Machado na *Biblioteca lusitana*, de 1752, e a informação de Inocêncio Silva, no *Dicionário bibliográfico*, cerca de um século depois. O mais se deve à imaginação fabulosa do escritor, que mais inventa do que resgata a história de Manoel de Moraes. Um exemplar da literatura romântica oitocentista que, no caso pernambucano, romanceou a vida de personagens ou fatos coloniais. Nostalgia das elites regionais.

José de Alencar escreveu sobre a *Guerra dos Mascates*, em 1873. E outros, como Joana Gamboa, escreveram sobre Branca Dias, a célebre cristã-nova do século XVI acusada na Inquisição. A exemplo de Manoel de Moraes, e certamente em maior escala, Branca Dias foi recriada pela literatura em meio a lendas e mistérios. "Branca Dias e outras sombras", escreveu Evaldo Cabral de Mello a propósito das lendas e recriações literárias dessa sinhá judia dos Apipucos.[7] Manoel de Moraes e seus fantasmas, escrevo eu, na cola do mestre.

No romance de Pereira da Silva, Manoel nasceu em São Paulo, sendo este o único acerto sobre a origem do personagem. No mais, Manoel era branco, e não mameluco, seus pais e irmãos eram outros, e sua carreira jesuítica fora imposição paterna. Também fictício é o padre Eusébio de Monserrate, jesuíta que lhe educara na Companhia de Jesus, personagem muito importante no livro. Logo um "Monserrate" foi o nome que o escritor pernambucano escolheu para o preceptor jesuíta de Manoel, desconhecendo que o Montserrate que o inspirou, fê-lo na Holanda e era autor de livros calvinistas!

De todo modo, nessa história extraordinária, Manoel se passou aos holandeses por acaso e por amor, depois de salvar a filha de um membro do Conselho do Recife chamado Brodechevius, amigo de Maurício de Nassau (!). Apaixonou-se pela moça, de nome Beatriz, loura e linda. Outra ironia da história, ou armadilha da memória, a escolha deste nome para a holandesa. Na história real, a única Beatriz que passou pela vida de Manoel era negra de Angola, sua escrava, nos idos de 1643, quando já havia retornado da Holanda.

Manoel e Beatriz, a loura imaginária, se apaixonaram e partiram para a Holanda com o aval de Brodechevius, em 1639. Ali se casaram, mas não tiveram filhos. Também ali Manoel publicou seu *Prognóstico e resposta* a favor da Restauração portuguesa, este sim, fato real. Manoel enviuvou de Beatriz e passou a freqüentar igrejinhas católicas, outra intuição notável do romancista. Ato contínuo, procurou, em Haia, o embaixador português, a quem confessou suas culpas e foi por ele perdoado. Relato próximo da verdade apoiada nos documentos, não fosse pelo detalhe de que o embaixador-confessor, no romance, não é Tristão de Mendonça, nem Francisco de Andrade Leitão, senão Antônio Vieira!

No seguimento da narrativa, Manoel decidiu voltar ao Brasil, passou por Lisboa, mas acabou preso pelos fâmulos do Santo Ofício. O tal Eusébio de Monserrate o visitou no cárcere e o perdoou, em nome dos jesuítas, como aliás tinha feito Antônio Vieira. Manoel não escapou, porém, do processo. Testemunhas sem fim o acusaram de calvinismo e de ter esposado mulher herege. Manoel foi argüido e barbaramente torturado, várias vezes, sendo por fim condenado à fogueira, com o benefício do garrote antes da pira acesa. Eis a fonte da lenda segundo a qual Manoel morrera na fogueira do Santo Ofício. Muitos haveriam de repetir essa lenda.

Mas, no romance, Manoel escaparia da fogueira na última hora, graças ao empenho de Eusébio de Monserrate a seu favor e ao perdão do rei d. João IV. Escaparia da fogueira, mas não da morte. No final sinistro do romance, depois de sair no auto-de-fé e presenciar a execução de vários condenados, Manoel desmaiou, exausto. Padre Eusébio rasgou-lhe então a máscara e as vestes. E descobriu um cadáver! Manoel de Moraes "já não pertencia ao mundo". Pereira da Silva, que desconhecia as tremendas traições de Manoel, fez dele um herói, quando menos um mártir, cuja única culpa era ter se apaixonado pela linda Beatriz de Holanda. Foi, portanto, como cadáver ambulante que Manoel terminou seus dias nesse romance. Se não vale como história, vale como metáfora.

Expulso da história, Manoel ficou perdido na memória da literatura romântica. Reapareceria, lateralmente, no romance histórico do paulista Paulo Setubal, em 1926, *O príncipe de Nassau*, supostamente modernista.[8]

Sua primeira intervenção, como personagem do drama, vem numa conversa entre João Fenandes e frei Manoel Calado, onde o primeiro diz "Até o padre Manuel de Morais — um jesuíta! — teve o descoro de arrenegar a sua religião. Lá está agora nas suas lavou-

ras, com a mulata Beatriz, a pregar a religião dos endemoniados".
Ao que o segundo responde: "Manuel de Morais... que réprobo!".
A segunda aparição vem a propósito da adesão de Manoel ao exército restaurador: "Peccavi! Peccavi! Abjuro a seita falsa! Abjuro para todo o sempre!". Ato contínuo, Paulo Setúbal resume a história de Manoel de Moraes, já conhecedor do processo publicado e dos artigos de Oliveira Lima e Afonso de Taunay. De todo modo, perdoado na ficção por frei Manoel Calado, e adotado por João Fernandes, Manoel de Moraes exclama: "Eu quero ser o mais infame dos homens — digo-o diante de todo o exército — se embainhar a espada enquanto houver um só flamengo na capitania...".

Muita invenção e imaginação literárias é o que se vê nos romances de Pereira da Silva e Paulo Setúbal. Mas pouca história.

A recuperação de Manoel de Moraes se deve, na verdade, ao esforço dos historiadores, quer os diletantes, quer os de ofício. Ao esforço silencioso de Eduardo Prado, que localizou alguns escritos de Manoel e fez transladar seus processos inquisitoriais, enfim publicados, em 1908, na *Revista do Instituto Histórico e Geográfico Brasileiro*. Ao pioneirismo de Oliveira Lima, que, conhecendo o translado ainda inédito, publicou o primeiro artigo sobre Manoel de Moraes na *Revista do Instituto Histórico de São Paulo*, em 1907. À iniciativa de Afonso de Taunay, que publicou artigo sobre Manoel nos *Anais do Museu Paulista*, em 1925, e, na mesma revista, em 1922, publicara na íntegra a "Resposta aos holandeses" do Manoel valentão. O Manoel dos últimos anos.[9]

Depois disso, Manoel caiu no esquecimento como sujeito e personagem. É verdade que historiadores importantes do século XIX citaram, aqui e ali, o caso de Manoel de Moraes. Southey e Varnhagen, por exemplo, fizeram-lhe breves menções, embora ainda não conhecessem os papéis inquisitoriais. Capistrano de Abreu e Rodolfo Garcia acrescentaram informações na edição anotada da *História Geral do Brasil*, de Varnhagen. E os grandes historiadores das guerras pernambucanas usaram informações do processo de Manoel, citaram trechos de alguns de seus escritos e forneceram valiosas pistas para futuros estudos. José Higino, Gonsalves de Mello, Leonardo Dantas Silva e Evaldo Cabral de Mello foram alguns, entre os brasileiros. Charles Boxer, entre os estrangeiros, se destaca por ter incluído Manoel entre os luso-brasileiros da personália anexa ao seu grande livro, *Os holandeses no Brasil*. Mas não se dispuseram a aprofundar o caso.

O interesse maior que Manoel despertou entre os estudiosos foi como letrado, apesar de se ter perdido a maior parte de seus escritos. Afinal, Hugo Grotius parece ter conhecido a *Historia Brasiliensis*, de Manoel, chegando a acusar Joannes de Laet (injustamente) de tê-lo plagiado. O próprio Joannes de Laet citou Manoel várias vezes em seus *Anais dos Feitos*, e ainda o elogiou na edição de 1648 do *Historia Naturalis*, obra de Piso e Macgrave, a propósito do *Dictionariolum*, publicado no oitavo volume da obra. Abraão Zacuto qualificaria Manoel como insigne escritor, em sua *De Medicorum Principum Historia*, publicada em 1649. O mesmo faria Georg Hornius, no seu *De origininibus americanis*, de 1652; Theophil Spitzel repetiria os louvores, no *Elevatio Relationis*, de 1661; Arnoldus Montanus também fez incômios, no *De Nieuwe en Onbekende Weereld* [O Novo Mundo desconhecido], de 1671; Nicolás Antonio elogiaria Manoel, na *Bibliotheca Novo Hispana*, de 1672; frei Gregório García citaria nosso personagem, no seu *Origen de los indios del Nuevo Mundo*, de 1729; também William Hurd reconheceria o talento de Manoel de Moraes, em sua *Universal History of the Religious, Rites, Ceremonies and Customs of the New World*, de 1814.

É mesmo espantoso constatar a ressonância da obra de Manoel de Moraes, nem tanto a do texto pró-Restauração contra Juan Caramuel, publicado em 1641, nem muito menos sua "Resposta aos holandeses", escrita em 1649, senão de sua inacabada e inédita *Historia Brasiliensis*.

Não é, pois, de admirar que os historiadores das letras luso-brasileiras tenham prestado atenção em Manoel de Moraes, desde Inocêncio Silva e Sacramento Blake. Afonso de Taunay afirmou que, "dentre os paulistas do século XVII, nenhum tem relevo intelectual que de longe se aproxime do que acompanha a memória do padre Manoel de Moraes, o famoso jesuíta apóstata". "Na própria Holanda, ganhou méritos de literato", escreveu Júlio Barbuda. "Resultou que era uma grande mentalidade a de nosso compatriota do século XVII", afirmou Souto Maior. Luis Corrêa de Melo sugeriu, em 1954, que Manoel foi, a rigor, o "primeiro autor paulista" e, antes dele, em 1926, Paulo Setúbal chegou a dizer que Manoel foi o "primeiro escritor brasileiro".[10] Luis Corrêa de Melo acertou, pois Manoel de Moraes foi o primeiro autor paulista. Paulo Setúbal errou, pois frei Vicente do Salvador, baiano, este sim foi o primeiro autor brasileiro. Sua *História do Brasil* foi concluída em 1627, embora somente publicada no século XIX.

Nelson Werneck Sodré houve por bem incluir Manoel de Moraes na sua *História da literatura brasileira*, de 1938.[11] E José Honório Rodrigues o incluiu na *História da história do Brasil*, publicada em 1979 (preparada nas décadas de 1950 e 1960). Escreveu José Honório que "são tantas as referências documentais a uma *História do Brasil* que o jesuíta teria escrito, que não é possível esquecê-lo numa historiografia".[12]

Foi este o traço mais poderoso na memória que ficou de Manoel de Moraes. Diversos autores seiscentistas e setecentistas o lembraram, protestantes, católicos, judeus; leigos ou religiosos; portugueses, espanhóis, alemães, holandeses, ingleses. Diversos estudiosos das letras brasileiras, ou mesmo da historiografia, acharam um lugar para Manoel de Moraes.

Seu filho com Margarida van Dehait parece ter, desde menino, se inspirado na vocação intelectual do pai. Foi com surpresa que, consultando o *Album Studiosorum* da Universidade de Leiden, encontrei, entre os alunos matriculados no curso de filosofia, o nome Franciscus Emanuel de Moraez, natural de Geldrus (Gueldria), idade vinte anos, registrado em 20 de maio de 1658.[13] Francisco foi criado por Adriana Smetz, em Leiden, e, apesar de o pai tê-lo abandonado quando tinha sete anos, abraçou a carreira acadêmica. E se tornou predicante calvinista... Herdou do pai a inquietação intelectual e o ânimo religioso. Foi o pastor calvinista que o pai jamais conseguiu ser, jesuíta que era, Manoel, por sua formação em São Paulo, na Bahia e em Pernambuco. Católico por marca e origem. Mameluco, paulista, brasileiro.

Mas não seria exagero dizer que Manoel de Moraes, embora reconhecido pelas letras, foi mesmo sepultado como personagem. Na historiografia brasileira, desde o artigo de Taunay, em 1925, ninguém lhe prestou a devida atenção. Ninguém o julgou merecedor de uma biografia como personagem das guerras pernambucanas, como as que há – excelentes – sobre João Fernandes, André Vidal, Henrique Dias, Felipe Camarão, Manoel Calado e, certamente, Maurício de Nassau.

É verdade que aqueles biografados são todos, de um lado, heróis da Restauração pernambucana. E, de outro lado, Nassau é o símbolo máximo de um Brasil holandês que não deu certo, nem poderia, mas cala fundo, como lenda viva, no imaginário pernambucano e brasileiro. Espécie de nostalgia do que não foi.

Manoel de Moraes foi um grande personagem das guerras pernambucanas, disso não tenho dúvida, e um protagonista especial dos dramas que flagelaram diversos homens na Época Moderna. Tempo em que a religião era decisiva para a construção de identidades coletivas e individuais.

Manoel ousou enfrentar, uma a uma, as barreiras da religião e rompeu as lealdades políticas a que se havia obrigado. Saiu do catolicismo jesuítico para o calvinismo militante. Rompeu a fidelidade a Felipe IV, de Habsburgo, para se tornar vassalo orgulhoso do príncipe de Orange. Passou de capitão de Matias de Albuquerque contra os holandeses para capitão de Artichewski contra os portugueses. Mas não deixou de fazer o caminho inverso. Largou o calvinismo em favor do catolicismo, abandonou o príncipe de Orange para jurar fidelidade a d. João IV, traiu a WIC para servir a João Fernandes Vieira na guerra restauradora.

Rompendo barreiras e fronteiras, de todos os meios e modos, Manoel de Moraes foi um tipo útil para todos os lados. Útil para o provincial Domingos Coelho na missão jesuítica; útil na guerra da resistência para Matias de Albuquerque; útil para o polaco Artichewski, quando se bandeou para os holandeses; útil para Joannes de Laet ao oferecer um plano para o "bom governo dos índios", além de preciosas informações sobre o Brasil para os livros do sábio brabantino; útil para João Fernandes Vieira como capelão da "guerra da liberdade divina". A utilidade de Manoel explica as reviravoltas de sua carreira. Mas ele tinha enorme talento para tanto.

Manoel deu exemplo magnífico de mediação cultural,[14] falando português, castelhano, latim, tupi e, quem sabe, holandês. Transitou em vários mundos, serviu a muitos senhores. Traiu a todos. Era, sem dúvida, um grande traidor, no mínimo porque traiu os votos de castidade, pobreza e obediência que havia feito na Companhia de Jesus. No máximo, pelo que registra a sua biografia.

E nossa historiografia brasileira deixou os traidores à margem. Tanto é que o maior deles, Calabar, não mereceu uma grande biografia, ainda que sobre ele haja estudos. Mas, ao menos na literatura, Calabar chegou a ser muito festejado, por metáfora, no "elogio à traição" que lhe fizeram Chico Buarque e Ruy Guerra em famosa peça dos anos 1970.[15]

Não vou, aqui, de minha parte, festejar nosso Manoel de Moraes, que não é caso para tanto. Mas, metáfora por metáfora, fico com a que Pereira da Silva utilizou no final do seu romance de 1866, sugerindo que Manoel estava já morto quando saiu no auto-de-fé de 15 de dezembro de 1647, como se fora um "El Cid" às avessas, embora estivesse ele vivíssimo.

Manoel ainda era "valentão", quando saiu naquele auto-de-fé de 1647. Mas, a bem da verdade, não tardaria a terminar a vida como cadáver ambulante, quiçá em 1651, doente, refugiado em alguma casa jesuítica de Portugal ou do Brasil. Provavelmente morreu na miséria, em Lisboa. Era seu fado.

E assim deixa a cena o protagonista, Manoel de Moraes, anti-herói esquecido das guerras pernambucanas, o "Calabar" de batina preta ou gibão escarlate. Por vezes lembrado por grandes historiadores, sem louvores. Mas lembrado sempre *en passant*, lastimavelmente, seja pelo que disse ou escreveu, mas não publicou; seja pelo que dele disseram alguns, verdadeira ou mentirosamente; seja, ainda, pelo que disseram outros sobre terceiros, nos documentos da Inquisição, que tudo registrava, felizmente. De todo modo, sai de cena Manoel de Moraes. Pano rápido.

Cronologia

1579 Formação da União de Utrecht, englobando as sete províncias calvinistas do norte dos Países Baixos contra a Espanha.

1580 Início da dominação filipina em Portugal, a chamada União Ibérica, integrando as colônias portuguesas ao império espanhol, inimigo dos holandeses.

1596 Nasce Manoel de Moraes, mameluco, em São Paulo de Piratininga.

1618 A Inquisição envia a segunda visitação às partes do Brasil, circunscrita à Bahia. Manoel de Moraes, noviço da Companhia de Jesus, é, nessa altura, estudante de teologia no Colégio baiano. Na Europa, tem início a Guerra dos Trinta Anos.

1621 Fim da Trégua de Doze Anos entre Espanha e Países Baixos calvinistas. Criação da Companhia das Índias Ocidentais, a

West-Indische Compagnie (WIC), cujo principal alvo é o império hispano-americano, sobretudo o Brasil açucareiro.

1622 Manoel de Moraes é transferido pelo provincial Domingos Coelho para Pernambuco, sendo investido como superior da aldeia de São Miguel de Muçuí.

1624 Holandeses conquistam Salvador, sendo expulsos no ano seguinte pela Armada de d. Fradique de Toledo, no mar, auxiliado em terra pela "Jornada dos Vassalos".

1630 Holandeses invadem Pernambuco e conquistam Olinda e Recife. Matias de Albuquerque organiza a resistência e convoca os jesuítas, com o aval da Companhia de Jesus. Manoel de Moraes é recrutado e se torna capitão do gentio na luta contra os holandeses, tendo por adjunto o potiguar Felipe Camarão. Lidera importantes ações militares em Itamaracá e Rio Grande (do Norte).

1634 No final do ano, os holandeses conquistam a Paraíba e completam o domínio sobre o Nordeste açucareiro (Pernambuco, Itamaracá, Rio Grande). Manoel de Moraes se rende ao coronel polonês Artichewski, aderindo logo ao conquistador. Fornece preciosas indicações sobre localização, número de guerreiros e lideranças das aldeias indígenas do Nordeste.

1635 Manoel de Moraes luta pelos holandeses, mas é transferido para a Holanda, em abril. Desmorona a resistência local com a queda do Arraial do Bom Jesus, em 8 de junho. Domingos Fernandes Calabar é garroteado e esquartejado como traidor dos portugueses, em 22 de julho. A WIC celebra acordo admitindo o culto católico nas capitanias brasileiras sob seu domínio, excluindo, porém, a presença dos jesuítas. Em Amsterdã, Manoel de Moraes apresenta à WIC um plano para a "governação dos índios", incluindo a catequese calvinista, nas capitanias conquistadas pelos holandeses. Ambiciona cargo de diretor dos índios, mas é rejeitado. Cai doente e acaba transferido para Harderwijck, na Gueldria. O bispo da Bahia inicia coleta de denúncias contra Manoel de Moraes e as envia à Inquisição de Lisboa.

1636 Manoel de Moraes trabalha em Harderwijck num dicionário tupi-latim e no rascunho de uma *Historia Brasiliensis*, sob encomenda de Joannes de Laet, diretor da WIC e intelectual renomado na Universidade de Leiden. No final do ano, contrai matrimônio, no rito calvinista, com Margarida van Dehait. Expulso da Companhia de Jesus. A Inquisição de Lisboa acumula denúncias contra Manoel.

1637 O conde Maurício de Nassau-Siegen assume o governo do Brasil holandês, em janeiro, dando início à chamada "era nassoviana" em Pernambuco. Conquista Sergipe, em novembro. Na África, São Jorge da Mina é também conquistada pela WIC. Manoel de Moraes vive em Harderwijck como consultor da WIC, casado com Margarida van Dehait, que dele engravida.

1638 Maurício de Nassau tenta conquistar a Bahia, mas é repelido pela resistência local. Antônio Vieira prega sermão em que atribui a vitória da resistência a santo Antônio. Manoel de Moraes enviuva de Margarida van Dehait, morta no parto do seu filho Francisco. Manoel deixa o recém-nascido com o sogro e vive à deriva em Amsterdã, embora com soldo da WIC.

1639 Manoel de Moraes é transferido para Leiden, ingressa na universidade e atua como assistente de Joannes de Laet, ajudando-o na preparação da edição francesa da *Novus Orbis*, cujo original holandês datava de 1625 e a edição latina de 1633.

1640 Restauração portuguesa, aclamação de d. João IV, em 1º de dezembro e início da guerra contra a Espanha. Em julho, Manoel de Moraes obtém o título de licenciado em teologia pela Universidade de Leiden. Contrai matrimônio com Adriana Smetz, uma das mais belas mulheres da Holanda, segundo alguns que a viram de perto. Leva o filho Francisco para Leiden. É citado pela Inquisição como suspeito de heresia e convocado pelo tribunal de Lisboa. Motins antijesuíticos em São Paulo e no Rio de Janeiro mencionam Manoel de Moraes como exemplo do dano que os jesuítas causavam ao Brasil. Publicada a edição francesa de *Novus Orbis*, de Joannes de Laet, a melhor de todas.

1641 D. João IV envia o embaixador Tristão de Mendonça Furtado para tentar reaver as colônias conquistadas pelos holandeses no tempo da União Ibérica. A missão fracassa, pois o tratado assinado em 12 de junho não garante nada aos portugueses. Entre agosto e novembro, Nassau conquista vários portos africanos, inclusive São Paulo de Luanda, além do Maranhão. Manoel de Moraes, que não se apresentou ao Santo Ofício, procura o embaixador português, em Haia, oferecendo serviços a d. João IV em troca de mercês. Publica um panfleto pró-Restauração, em Leiden, em defesa do rei português, logo refutado por adeptos da causa filipina. Em Portugal, d. João IV desbarata conspiração da nobreza pró-Espanha.

1642 Manoel de Mores é condenado como herege ausente e queimado em estátua, em auto-de-fé realizado em Lisboa, em 6 de abril. No mesmo ano, inicia negociações com o novo embaixador português em Haia, Franscisco de Andrade Leitão, insistindo em prestar serviços na guerra pernambucana em troca de mercês. Ao mesmo tempo, tenta arrancar um contrato da WIC para explorar pau-brasil em Pernambuco, por meio de Joannes de Laet. Freqüenta igrejas católicas de Amsterdã, clandestinas, abrigadas pela *Missio Batava* ou *Hollandica*.

1643 Manoel de Moraes abandona Adriana e filhos e parte para Pernambuco como contratador de pau-brasil, apoiado por Joannes de Laet, estabelecendo-se em Aratangy. Adquire escravos angolanos e prospera. Fica amancebado com a negra Beatriz, feitora de seus escravos, mas freqüenta publicamente as igrejas católicas de Recife e Olinda. Holandeses são expulsos do Maranhão. Joannes de Laet enfrenta acusação, na Holanda, de ter plagiado a obra inédita de Manoel, *Historia Brasiliensis*. Acusação injusta.

1644 Maurício de Nassau abandona o governo de Pernambuco. Cresce a insatisfação dos luso-brasileiros contra a dominação holandesa. Manoel de Moraes é acusado pelo Sínodo calvinista do Recife de propagar "idolatrias papistas" em Pernambuco.

1645 Em 13 de junho, dia de santo Antônio, estoura a insurreição pernambucana, liderada por João Fernandes Vieira. Manoel de Moraes é preso por João Fernandes, mas adere à "guerra da liberdade divina". Em 3 de agosto, sai como capelão da tropa na batalha do monte das Tabocas, primeira grande vitória dos insurretos. Em novembro, é preso por obra de Martim Soares Moreno, seu inimigo figadal e grande general da guerra restauradora.

1646 Em fevereiro, Manoel de Moraes é metido no cárcere da Inquisição de Lisboa, onde permanece até fins de 1647, respondendo a processo de heresia. No Brasil, avança a guerra contra os holandeses.

1647 No auto-de-fé de 15 de dezembro, sai Manoel de Moraes condenado a confisco de bens, cárcere em Lisboa e hábito penitencial perpétuo. No mesmo auto, é queimado vivo o célebre Isaque de Castro, jovem mártir da comunidade judaico-holandesa de Amsterdã. Protestos da Talmud Torá endossados pelos Estados Gerais. Ninguém protesta contra a sentença de Manoel de Moraes.

1648 Manoel de Moraes consegue se livrar do hábito e obtém o direito de sair de Lisboa, desde que para regiões católicas. Salvador Correa de Sá reconquista Angola. Em abril, vitória luso-brasileira na primeira batalha dos Guararapes, em Pernambuco. Manoel de Moraes redige a "Resposta aos holandeses", pregando a guerra total em Pernambuco contra o invasor. Na Holanda, Joannes de Laet publica sua *História ou Anais dos Feitos da Companhia das Índias Ocidentais*, reconhecendo a ajuda e as informações outrora dadas por Manoel aos flamengos. Na Europa, fim da Guerra dos Trinta Anos com a assinatura do Tratado de Vestfália.

1649 Antônio Vieira redige o *Papel forte*, defendendo a entrega do Nordeste açucareiro do Brasil aos holandeses, em troca da paz com eles na Europa. Em fevereiro, a vitória luso-brasileira na segunda batalha dos Guararapes confina o domínio holandês em Olinda e no Recife.

1651 Manoel de Moraes morre, provavelmente em Lisboa. Amém.

1654 Vitória da insurreição pernambucana, holandeses expulsos e Restauração colonial concluída à custa do "sangue, suor e fazendas" dos luso-brasileiros.

Agradecimentos

Esta pesquisa somente foi possível graças ao apoio das agências de fomento brasileiras. Ao CNPq, pela Bolsa de Produtividade e pelo *grant*, além do estímulo, através do PRONEX, à Companhia das Índias – Núcleo de História Ibérica e Colonial na Época Moderna, sediado na UFF. À FAPERJ, pela Bolsa de Cientista do Nosso Estado. Tais apoios me permitiram viagens de pesquisa a Portugal, Espanha, Holanda e Estados Unidos, fotocópia de documentos, aquisição de equipamentos e livros.

Os colegas da Companhia das Índias me apoiaram de várias maneiras ao longo da pesquisa: Célia Tavares, Daniela Calainho, Georgina Santos, Guilherme Pereira das Neves, Luciano Figueiredo, Luiz Carlos Soares, Márcia Motta, Mário Branco, Rodrigo Bentes Monteiro, Rogério de Oliveira Ribas, Ronald Raminelli, Sheila de Castro Faria. Alguns me ajudaram especialmente. Célia me ajudou a resolver o problema dos votos inacianos; Mário me ajudou com as cartas de Roma; Ronald com sugestões valiosas para a última versão do livro; e Márcia compartilhou comigo a direção do PPGH-UFF em momento crucial da pesquisa.

José Eduardo Franco, estudioso da Companhia de Jesus, me esclareceu sobre o sistema educacional jesuítico. Isabel Drumond Braga, da Universidade de Lisboa, ajudou-me nas pesquisas realizadas na Torre do Tombo. Mafalda Soares, da Universidade de Évora, deu-me boas sugestões por ocasião de minha visita ao CHAM. Carlos Gabriel Guimarães, da UFF, me ajudou a elucidar o ofício do sogro de Manoel, na Gueldria, que "tinha o peso de Harderwijk". Maria Leônia Chaves, da Universidade Federal de São João del Rei, me passou documentos inéditos constantes dos *Cadernos do Promotor*. Bruno Feitler me ajudou a descobrir quem eram os inquisidores e procuradores do caso. Marcos Galindo e Lodewijk Hulsman me ajudaram na tradução de uma "nótula" da WIC essencial para o trabalho. Benjamin Teensma me esclareceu sobre o ensino em Leiden no século XVII.

Na pesquisa que realizei no *Nationaal Archief*, em Haia, a ajuda de Lúcia Xavier Werneck foi decisiva na tradução dos manuscritos da WIC. Também preciosa foi a ajuda de Cristina Rosa, que me enviou de Roma cartas depositadas no arquivo jesuítico do Vaticano, documentos fundamentais para este livro.

Flávia Belo, minha bolsista de iniciação científica, fez o máximo para localizar livros e documentos raros. Arlindo Correia, de Portugal, ajudou Flávia em diversas missões desse tipo, e me deu preciosa ajuda na reta final do trabalho, pelo que também lhe agradeço. Jacqueline Hermann e Evaldo Cabral de Mello fizeram a leitura da primeira versão do texto. Se a versão definitiva foi melhorada, devo a eles. Lilia Schwarcz leu a derradeira versão, propôs boas mudanças e me apoiou de mil modos enquanto pesquisávamos na John Carter Brown Library, cada qual o seu tema. Lili enfrentou comigo os "tremores" de Providence, em Rhode Island, na primavera gélida de 2007. Gina, enfim, acompanhou todo o processo, e deve conhecer Manoel de Moraes quase tão bem quanto eu.

Notas

1. NA CASA NEGRA DO ROSSIO [pp. 9-14]

1. A fonte principal deste livro é a documentação inquisitorial relacionada a Manoel de Moraes depositada no Arquivo Nacional da Torre do Tombo, em Lisboa. Basicamente, os dois processos catalogados sob o número 4847 do códice Inquisição de Lisboa, 229 fólios. Cotejamos os manuscritos com a versão publicada na *Revista do Instituto Histórico e Geográfico Brasileiro*, Rio de Janeiro, 1908, tomo LXX, parte I, pp. 1-165. Trata-se de translado muito meritório, que não dispensa, porém, o uso das fontes originais.

2. Cf. Regimento do Santo Ofício da Inquisição dos Reinos de Portugal (1640). *Revista do Instituto Histórico e Geográfico Brasileiro*, Rio de Janeiro, n. 392, 1996, livro I, título II.

2. MAMELUCO DE SÃO PAULO [pp. 15-21]

1. *Inventários e testamentos. Papéis que pertenceram ao Primeiro Cartório de Órfãos da capital*. Archivo do Estado de São Paulo. São Paulo, Typographia Piratininga, 1921, pp. 79-102 (Ana de Moraes) e pp. 5-78 (Francisco Velho).

2. Afonso de Taunay diz basear-se em Baltazar da Silva Lisboa, nos seus "Annaes do Rio de Janeiro", mas reconhece não haver grande fundamento nesta informação. Cf. Afonso de Taunay, "Padre Manoel de Moraes", *Anais do Museu*

Paulista, tomo I, 1925, p. 8. O mesmo ano de 1586 foi indicado por J. M. Pereira da Silva. *Os varões ilustres do Brasil durante os tempos coloniais*. Paris, 1858, p. 307.

3. Apud Serafim Leite. *História da Companhia de Jesus no Brasil* (original de 1930-1950). Belo Horizonte, Itatiaia, tomo V, livro II, cap. II, p. 363.

4. Joaquim Manoel de Macedo. *Ano biográfico brasileiro*. Rio de Janeiro. Tipografia Imperial do Instituto Artístico, 1876, vol. I, pp. 388-99.

5. Pedro Taques de Almeida Paes Leme. *Nobiliarchia paulistana* (original de 1869-1872). Belo Horizonte, Itatiaia, 1980, pp. 247-52.

6. Luiz Gonzaga da Silva Leme. *Genealogia paulistana*. São Paulo, Duprat, 1905, vol. VII, pp. 134-5.

7. José Alcântara Machado. *Vida e morte do bandeirante*. São Paulo, Martins, 1929, pp. 63 e ss.

8. Sérgio Buarque de Holanda. "Índios e mamelucos". In: *Caminhos e fronteiras*. Rio de Janeiro, José Olympio, 1957, pp. 13-180.

9. Cf. Francisco de Assis Carvalho. *Dicionário dos bandeirantes e sertanistas do Brasil*. Comissão do IV Centenário da Cidade de São Paulo. São Paulo, 1954, p. 254.

10. Cf. Laura de Mello e Souza. *O sol e a sombra: política e administração na América Portuguesa do século XVIII*. São Paulo, Companhia das Letras, 2006, pp. 109-47.

3. JESUÍTA NA BAHIA [pp. 22-8]

1. Cf. Serafim Leite. *Breve história da Companhia de Jesus no Brasil*. Braga, Livraria AI, 1993, pp. 17-59.

2. Saint Ignace de Loyola. *Exercices spirituels* (1548). Paris, Seuil, 1982.

3. Cf. Norbert Elias. *O processo civilizador*. Rio de Janeiro, Jorge Zahar, 1990.

4. Cf. João Lúcio de Azevedo. *História de Antônio Vieira*. Lisboa, Clássica, 1918, vol. 1, pp. 33 e ss.

5. Serafim Leite. *História da Companhia de Jesus no Brasil* (original de 1930-1950). Belo Horizonte, Itatiaia, tomo V, livro II, cap. II, p. 364.

6. Cf. Dauril Alden. *The Making of an Entreprise: the Society of Jesus in Portugal, its Empire and Beyond, 1540-1750*. Stanford, Stanford University Press, 1996, pp. 12-3.

7. Cf. José Eduardo Franco. *O mito dos jesuítas*. Lisboa, Gradiva, 2006, vol. I, p. 273.

8. Cf. João Lúcio de Azevedo. *História de Antônio Vieira*. Lisboa, Clássica, 1918, p. 21.

9. Cf. Caio Boschi. "As missões religiosas no Brasil". In: Francisco Bethen-

court e Kirti Chaudhuri. *História da expansão portuguesa*. Lisboa, Círculo de Leitores, vol. II, p. 392.

10. *Inventários e Testamentos. Papéis que pertenceram ao Primeiro Cartório de Órfãos da capital*. Archivo do Estado de São Paulo. São Paulo, Typographia Piratininga, 1921, pp. 94-5.

11. Idem, pp. 52-4.

4. MISSIONÁRIO EM PERNAMBUCO [pp. 29-33]

1. "Memória oferecida ao Conselho Político do Recife por Adriaen Verdonck em 1630". In: José Antônio Gonsalves de Mello. *Fontes para a história do Brasil holandês: a economia açucareira*. 2. ed. Recife, Companhia Editora de Pernambuco, 2004, pp. 33-50.

2. Almir Diniz de Carvalho Júnior. *Índios cristãos: a conversão dos gentios na Amazônia portuguesa*. Tese de Doutorado em História defendida na Unicamp. Campinas, 2005, p. 148.

3. Maria Regina Celestino de Almeida. *Metamorfoses indígenas: identidade e cultura nas aldeias coloniais do Rio de Janeiro*. Rio de Janeiro, Arquivo Nacional, 2001, pp. 101 e ss. Outras referências importantes para este tópico: John Monteiro. *Negros da terra: índios e bandeirantes nas origens de São Paulo*. São Paulo, Companhia das Letras, 1994; Cristina Pompa. *Religião como tradução: missionários, Tupi e Tapuia no Brasil colonial*. Bauru, EDUSC, 2003; Maria Leônia Chaves de Resende. *Gentios brasílicos: índios coloniais em Minas Gerais setecentista*. Tese de Doutorado em História defendida na Unicamp. Campinas, 2003.

4. Cf. Serafim Leite. *Breve história da Companhia de Jesus no Brasil*. Braga, Livraria AI, 1993, p. 22 e ss. Ver também Luiz Felipe Baeta Neves. *O combate dos soldados de Cristo na Terra dos Papagaios*. Rio de Janeiro, Forense-Universitária, 1978, p. 134 e ss.

5. Biografado por José Antônio Gonsalves de Mello. *D. Antônio Filipe Camarão: capitão-mor dos índios da costa do Nordeste do Brasil*. Recife, Universidade do Recife, 1954.

6. Apud Serafim Leite. *História da Companhia de Jesus no Brasil* (original de 1930-1950). Belo Horizonte, Itatiaia, tomo V, livro II, cap. II, p. 363.

5. CONQUISTA HOLANDESA [pp. 33-9]

1. A documentação portuguesa do século XVII toma holandeses e flamengos como sinônimos, com freqüência grafados *olandeses* e *framengos*, respectiva-

mente. Trata-se de uma imprecisão, pois flamengo é termo alusivo aos povos e à língua da Flandres, região que, *grosso modo*, corresponde ao norte da atual Bélgica e se confunde com o Brabante, onde se localizam as cidades de Antuérpia e Bruxelas (no sul da Bélgica a língua nativa era o valão). Outra imprecisão das fontes reside em chamar de holandeses a todos os habitantes das províncias calvinistas dos Países Baixos, que na verdade também abrigavam zelandeses, gueldrios, frísios etc. Para contornar essas imprecisões, a bibliografia recente por vezes recorre ao termo *neerlandeses*, no lugar de holandeses, para se referir aos naturais da Neerlândia, isto é, dos Países Baixos, englobando todos, ou ao termo *batavos* para aludir aos naturais da província da Holanda, em particular, pois Batávia era o nome latino da Holanda. Confusões similares aparecem até na documentação "holandesa". O brabantino Joannes de Laet, por exemplo, este sim um *flamengo* legítimo, refere a conquista holandesa no Brasil como "conquista belga"(!), fórmula inusitada do ponto de vista luso-brasileiro, na edição de 1640 de sua *Histoire du Noveau Monde*. Para não multiplicar as confusões adotei, ao longo do livro, a sinonímia holandeses/flamengos. Apesar de imprecisa, tem a vantagem de agilizar a narrativa e de ser fiel ao modo luso-brasileiro de pensar estes povos no século XVII. Portanto, somente utilizei (raramente) os termos neerlandês, batavo, zelandês, brabantino etc. nas raras citações ou em contextos muito específicos.

2. Evaldo Cabral de Mello. *Olinda restaurada: guerra e açúcar no Nordeste, 1630-1654*. 2. ed. rev. e aum. Rio de Janeiro, Topbooks, 1998, p. 14.

3. Cf. Charles Boxer. *Os holandeses no Brasil, 1624-1654*. São Paulo, Companhia Editora Nacional, 1961, caps. 1 e 2, pp. 1-93.

6. CAPITÃO DO GENTIO [pp. 40-5]

1. Duarte de Albuquerque Coelho. *Memórias diárias da guerra do Brasil*. São Paulo, Beca, 2003, p. 21. Utilizei a tradução brasileira do original em castelhano (1654).

2. Idem, p. 42.

3. Apud Serafim Leite. *História da Companhia de Jesus no Brasil* (original de 1930-1950). Belo Horizonte, Itatiaia, tomo V, livro II, cap. II, p. 359.

4. "Relaçam verdadeira e breve da tomada da vila de Olinda e lugar do Recife", apócrifa, foi publicada nos *Anais da Biblioteca Nacional do Rio de Janeiro*, tomo XX, pp. 130-1.

5. Francisco de Britto Freire. *Nova Lusitânia, história da guerra brasílica* (original de 1675). São Paulo, Beca, 2001, p. 128.

6. Duarte de Albuquerque Coelho. *Memórias diárias da guerra do Brasil*. São Paulo, Beca, 2003, pp. 47 e 50.

7. "Annuae Litterae ab anno 1629 ad 1631". Apud Serafim Leite. *História da Companhia de Jesus no Brasil* (original de 1930-1950). Belo Horizonte, Itatiaia, tomo V, livro II, cap. II, p. 352.

7. IMBRÓGLIO INDÍGENA [pp. 46-53]

1. Cf. Frans Leonard Schalkwijk. "Índios evangélicos no Brasil holandês". In: Marcos Galindo (Org.). *Viver e morrer no Brasil holandês*. Recife, Massangana, 2005, pp. 101-40.
2. Pedro Souto Maior. "Fastos pernambucanos". *Revista do Instituto Histórico e Geográfico Brasileiro*, Rio de Janeiro, 1913, tomo LXXV, parte I, pp. 414-26.
3. Joannes de Laet. *História ou Anais dos Feitos da Companhia das Índias Ocidentais, desde o começo até o fim do ano de 1636* (original de 1644). CD-rom anexo às *Memórias diárias*, de Duarte de Albuquerque Coelho.
4. Joan Nieuhoff. *Memorável viagem marítima e terrestre ao Brasil*. Belo Horizonte, Itatiaia, 1981, pp. 356-60. Original de 1682.
5. Erns van den Boogaart. "Infernal Allies: the Dutch West India Company and the Tarairiu – 1631-1654". In: J. M. Siegen et al. (Org.). *A Humanist Prince in Europe and Brazil*. The Hague, The Government Publishing Office, 1979, pp. 519-38.
6. Cf. Charles Boxer. *Os holandeses no Brasil, 1624-1654*. São Paulo, Companhia Editora Nacional, 1961, pp. 189, 236, 242, 260.
7. Rouloux Baro. *Relação da viagem ao país dos tapuias* (original de 1651). Belo Horizonte, Itatiaia, 1979.
8. Francisco Adolpho de Varnhagen. *História das lutas com os holandeses no Brasil desde 1624 até 1654* (original de 1871). Rio de Janeiro, Biblioteca do Exército, 2002, p. 169.

8. SOBERBA DO PADRE [pp. 54-58]

1. Cf. Serafim Leite. *Breve história da Companhia de Jesus no Brasil*. Braga, Livraria AI, 1993, pp. 119-21.
2. Eduardo Prado tinha interesse muito especial na história de Manoel de Moraes por ser sexto neto de Balthazar de Moraes d'Antas, irmão de Ana de Moraes, mãe de nosso personagem. Pretendia escrever uma biografia do jesuíta, seu antigo parente, mas a morte o impediu. Cf. Afonso de Taunay. "Addenda à biografia de Manoel de Moraes". *Anais do Museu Paulista*, tomo II, São Paulo, 1925, pp. 290-1.

3. Apud Afonso de Taunay. "Padre Manoel de Moraes". *Anais do Museu Paulista*, tomo I, São Paulo, 1922, pp. 35-6.
4. Apud Serafim Leite. *História da Companhia de Jesus no Brasil* (original de 1930-1950). Belo Horizonte, Itatiaia, tomo V, livro II, cap. II, p. 364.

9. A QUEDA DA PARAÍBA [pp. 59-67]

1. Cuthbert Pudsey. *Diário de uma estada no Brasil* (manuscrito de 1640). Petrópolis, Index, 2001, p. 73. O coronel polonês foi biografado por Estanislau Fischlowitz. *Cristóforo Arcisziewski*. Rio de Janeiro, MEC, 1959.
2. Duarte de Albuquerque Coelho. *Memórias diárias da guerra do Brasil*. São Paulo, Beca, 2003, pp. 185-206.
3. Joannes de Laet. *História ou Anais dos Feitos da Companhia das Índias Ocidentais, desde o começo até o fim do ano de 1636* (original de 1644). CD-rom anexo às *Memórias diárias*, de Duarte de Albuquerque Coelho.
4. ARCHIVUM ROMANUM SOCIETATIS IESU (ARSI), Códice Brasile, fotogramas 481-481v.
5. Duarte de Albuquerque Coelho. *Memórias diárias da guerra do Brasil*. São Paulo, Beca, 2003, p. 205.
6. Idem.

10. A TRAIÇÃO DO JESUÍTA [pp. 68-85]

1. Francisco Adolpho de Varnhagen. *História das lutas com os holandeses no Brasil desde 1624 até 1654* (original de 1871). Rio de Janeiro, Biblioteca do Exército, 2002, p. 113.
2. Charles Boxer. *Os holandeses no Brasil, 1624-1654*. São Paulo, Companhia Editora Nacional, 1961, p. 79.
3. Joannes de Laet. *História ou Anais dos Feitos da Companhia das Índias Ocidentais, desde o começo até o fim do ano de 1636* (original de 1644). CD-rom anexo às *Memórias diárias*, de Duarte de Albuquerque Coelho; Robert Southey, *História do Brasil* (original de 1810-1819). Belo Horizonte, Itatiaia, 1981, vol. 2, p. 66.
4. Cf. Serafim Leite. *Breve história da Companhia de Jesus no Brasil*. Braga, Livraria AI, 1993, Apêndice IV, pp. 253-7.
5. ARCHIVUM ROMANUM SOCIETATIS IESU (ARSI), Códice Brasile, fotogramas 476-476v.

6. Leonardo Dantas Silva. "A vida privada no Brasil holandês". In: *Holandeses em Pernambuco*. Recife, Instituto Ricardo Brennand, 2005, p. 153.
7. Cf. Hermann Wätjen. *O domínio colonial holandês no Brasil* (original de 1938). 3. ed. Recife, Companhia Editora de Pernambuco, 2004, p. 395.
8. IANTT. Inquisição de Lisboa. Cadernos do Promotor, livro 220, microfilme 5186, fólio 399.
9. ARCHIVUM ROMANUM SOCIETATIS IESU (ARSI), Códice Brasile, fotogramas 481-481v.
10. IANTT. Inquisição de Lisboa. Cadernos do Promotor, livro 220, microfilme 5186, fólio 399-399v.
11. ARCHIVUM ROMANUM SOCIETATIS IESU (ARSI), Códice Brasile, fotogramas 481-481v.
12. ARCHIVUM ROMANUM SOCIETATIS IESU (ARSI), Códice Brasile, fotogramas 477-477v, 478-478v.

11. CALABAR, PATRIARCA DOS TRAIDORES [pp. 86-91]

1. Francisco Adolpho de Varnhagen. *História das lutas com os holandeses no Brasil desde 1624 até 1654* (original de 1871). Rio de Janeiro, Biblioteca do Exército, 2002, pp. 121-2.
2. Manoel Calado do Salvador. *O Valeroso Lucideno e triunfo da liberdade* (original de 1648). 5. ed. Recife, Companhia Editora de Pernambuco, 2004, vol. 1, pp. 55-63.
3. Cuthbert Pudsey. *Diário de uma estada no Brasil* (manuscrito de 1640). Petrópolis, Index, 2001, p. 69.
4. Cf. Leonardo Dantas Silva. "1635: Calabar e outros desertores". In: *Holandeses em Pernambuco*. Recife, Instituto Ricardo Brennand, 2005, pp. 83-90.
5. Evaldo Cabral de Mello. *Olinda restaurada: guerra e açúcar no Nordeste, 1630-1654*. 2. ed. rev. e aum. Rio de Janeiro, Topbooks, 1998, pp. 248-50.

12. DESERTORES & COLABORADORES [pp. 92-102]

1. Cf. José Antônio Gonsalves de Mello. *Gente da nação: cristãos-novos e judeus em Pernambuco, 1542-1654*. 2. ed. Recife: FUNDAJ, Massangana, 1996, p. 217.
2. O sermão de Antônio Vieira em que atribui a santo Antônio a resistência da Bahia, em 1638, intitula-se "Santo Antônio, em nome de todos os santos, pro-

tegeu a Bahia". In: Padre Antônio Vieira. *Santo Antônio, luz do mundo*. Petrópolis, Vozes, pp. 30-60.

3. Duarte de Albuquerque Coelho. *Memórias diárias da guerra do Brasil*. São Paulo, Beca, 2003, p. 205.

4. Manoel Calado do Salvador. *O Valeroso Lucideno e triunfo da liberdade* (original de 1648). 5. ed. Recife, Companhia Editora de Pernambuco, 2004, vol. 1, pp. 66-7.

5. Apud Evaldo Cabral de Mello. *Olinda restaurada: guerra e açúcar no Nordeste, 1630-1654*. 2. ed. rev. e aum. Rio de Janeiro, Topbooks, 1998, p. 248.

6. Apud José Antônio Gonsalves de Mello. *Gente da nação: cristãos-novos e judeus em Pernambuco, 1542-1654*. 2. ed. Recife: FUNDAJ, Massangana, 1996, p. 209.

7. Cf. Charles Boxer. *Os holandeses no Brasil, 1624-1654*. São Paulo, Companhia Editora Nacional, 1961, pp. 382-5.

8. O líder dos insurrectos foi biografado por José Antônio Gonsalves de Mello. *João Fernandes Vieira: mestre-de-campo do Terço de Infantaria de Pernambuco* (original de 1956). Lisboa, Centro de Estudos de História do Atlântico/Comissão para as Comemorações dos Descobrimentos Portugueses, 2000.

9. Manoel Calado do Salvador. *O Valeroso Lucideno e triunfo da liberdade* (original de 1648). 5. ed. Recife, Companhia Editora de Pernambuco, 2004, p. 114.

10. Manoel Calado foi biografado por José Antônio Gonsalves de Mello em *Frei Manuel Calado do Salvador, religioso da Ordem de São Paulo, pregador aposteólico de Sua Santidade, cronista da Restauração*. Recife, Universidade do Recife, 1954.

11. As denúncias contra Manoel Calado e contra os demais religiosos citados no capítulo, como colaboradores dos holandeses, foram descobertas por Marco Antônio Nunes da Silva em trabalho inédito: *O Brasil holandês nos Cadernos do Promotor: Inquisição de Lisboa, século XVII*. Tese de Doutorado em História defendida na USP. São Paulo, 2003, pp. 175-97.

13. O FANTASMA DE MANOEL [pp. 103-9]

1. ARCHIVUM ROMANUM SOCIETATIS IESU (ARSI), Códice Brasile, fotogramas 477-477v, 485-486.

2. Apud Serafim Leite. *História da Companhia de Jesus no Brasil* (original de 1930-1950). Belo Horizonte, Itatiaia, tomo V, livro II, cap. II, p. 377-9.

3. "Resposta a uns capítulos, ou libelo infamatório, que Manuel Jerónimo procurador do Conselho na cidade do Rio de Janeiro com alguns apaniguados

seus fêz contra os Padres da Companhia de Jesus da Província do Brasil, e os publicou em juízo e fora dele, em junho de 1640". Apud Serafim Leite. *História da Companhia de Jesus no Brasil* (original de 1930-1950). Belo Horizonte, Itatiaia, tomo V, apêndice C, pp. 581-2.

4. Idem.

5. Cf. Afonso de Taunay. *História das bandeiras paulistas.* São Paulo, Melhoramentos, 1951, vol. 1, p. 72.

6. Apud Afonso de Taunay. "Addenda à biografia de Manoel de Moraes". *Anais do Museu Paulista,* São Paulo, tomo II, pp. 276-7.

7. Cf. Afonso de Taunay. "Addenda à biografia de Manoel de Moraes". *Anais do Museu Paulista,* São Paulo, tomo II, pp. 278-9.

8. ARCHIVUM ROMANUM SOCIETATIS IESU (ARSI), Códice Brasile, fotogramas 477- 477v, 478-478v.

14. A VANGLÓRIA DO TRAIDOR [pp. 110-5]

1. Afonso de Taunay comenta o encontro de Manoel de Moraes com O'Brien em "Padre Manoel de Moraes". *Anais do Museu Paulista,* tomo I, 1925, pp. 31-4. Capistrano de Abreu encontrou cópia manuscrita do memorial. Há resumo de Rodolfo Garcia da passagem do memorial de O'Brien relacionada a Manoel de Moraes na terceira edição de 1927 da *História Geral do Brasil,* de F. A. de Varnhagen. A edição que utilizei mantém a preciosa colaboração de Rodolfo Garcia. Cf. *História Geral do Brasil.* 10. ed. Belo Horizonte, Itatiaia, vol. 1, pp. 277-8. O códice do Archivo General de Índias, em Sevilha, é o de número 147-5-21.

15. A SERVIÇO DA WIC [pp. 116-132]

1. ARCHIVUM ROMANUM SOCIETATIS IESU (ARSI), Códice Brasile, fotogramas 477-477v, 478-478v.

2. Nationaal Archief (Haia). Carta dos Heeren XIX para o Conselho Político do Recife em 1º de agosto de 1635. Códice 1.01.01, *inventarius* 8, microfilme 46.

3. Desenvolvi este tema em *Ideologia e escravidão: os letrados e a sociedade escravista no Brasil colonial.* Petrópolis, Vozes, 1986.

4. IANTT. Inquisição de Lisboa. Cadernos do Promotor, livro 220, microfilme 5186, fólio 399.

5. Cf. Frans Leonard Shalkwijk, autor de *Igreja e Estado no Brasil holandês.* Recife, FUNDARPE, 1986, pp. 272-94.

6. Cf. Jonathan Israel. *The Dutch Republic. Its Rise, Greatness and Fall*, 1477-1806. Oxford, Oxford University Press, 1995, pp. 285-96 e 610-36.

7. R. van der Schaff. *Historisch Herderwijk*. Harderwijk, Harderwijk Reeks, 2001, p. 30.

8. Apud Serafim Leite. *História da Companhia de Jesus no Brasil* (original de 1930-1950). Belo Horizonte, Itatiaia, tomo V, livro II, cap. II, p. 378.

9. Sobre a obra de Joannes de Laet, Piso e Marcgrave, ver David Freedberg, "Ciência, comércio e arte". In: Paul Herkenhoof (Org.). *O Brasil e os holandeses*. Rio de Janeiro, Sextante, 1999, pp. 192-217.

10. Há edição brasileira da obra de Marcgrave e Piso na qual o glossário de Manoel de Moraes foi incluído, no caso o livro VIII, escrito por Joannes de Laet, baseado em Georg Marcgrave. *História natural do Brasil*. Tradução de Mons. Dr. José Procópio de Magalhães. São Paulo, Museu Paulista, 1942, 293 pp., capítulo IX.

11. Parte deste glossário foi reproduzida, com créditos, no livro do holandês Adriaan Reeland (Hadrianus Relandus). *Dissertationum Miscellanearum*. Ex Officina G. Broedelet, 1706-1708, tomo III, p. 170. Arnoldus Montanus, no seu *De Nieuwe en Onbekende Weereld* [O Novo Mundo desconhecido], publicado em 1671, afirmou que, além de Manoel de Moraes, "nenhum outro se lhe pode comparar quanto à ciência da língua brasileira". Apud Afonso de Taunay. "Addenda à biografia de Manoel de Moraes". *Anais do Museu Paulista*. São Paulo, tomo II, 1925, pp. 275-92.

12. Trata-se da "nótula" de 10 de novembro de 1636, transcrita e traduzida por José Higino Duarte Pereira no seu relatório de 1886. In: Marcos Galindo e Lodewijk Hulsman (Org.). *Guia de fontes para a história do Brasil holandês*. Brasília/Recife, Minc/Fundação Joaquim Nabuco/Massangana, 2001, pp. 143-4.

13. Cf. Jonathan Israel. *The Dutch Republic. Its Rise, Greatness and Fall*, 1477-1806. Oxford, Oxford University Press, 1995, pp. 630-3.

16. LICENCIADO EM LEIDEN [pp. 133-6]

1. Cf. Paul Zumthor. *A vida quotidiana na Holanda no tempo de Rembrandt*. Lisboa, Livros do Brasil, s/d, pp. 51-3.

2. Sobre a Universidade de Leiden, ver Jonathan Israel. *The Dutch Republic. Its Rise, Greatness and Fall*, 1477-1806. Oxford, Oxford University Press, 1995, pp. 899-903; Paul Zumthor. *A vida quotidiana na Holanda no tempo de Rembrandt*. Lisboa, Livros do Brasil, s/d, pp. 133-50; Simon Shama. *O desconforto da riqueza: a cultura holandesa na Época de Ouro*. São Paulo, Companhia das Letras, 1992, pp. 67, 84, 179, 592.

3. Universitaeit Leiden. *Album Studiosorum*. Academiae Lugduno Batavae. Hagae Comitum, Typis L. van Nifterik, 1875, p. 315.

4. Franz Leonard Schalkwijk sugere que o registro de Manoel no *Album Studiosorum*, datado de 21 de julho de 1640, era registro de matrícula. Cf. *Igreja e Estado no Brasil holandês*. Recife, FUNDARPE, 1986, p. 454, nota 145. Nisto foi seguido por Leonardo Dantas Silva em "1635: Calabar e outros desertores". In: *Holandeses em Pernambuco*. Recife, Instituto Ricardo Brennand, 2005, p. 89. Mas este último se enganou de data, pois menciona o registro em 27 de julho. Por outro lado, Evaldo Cabral de Mello me obsequiou com as notas de pesquisa de Gonsalves de Mello, numa das quais, a propósito do registro de 27/7/1640, afirma que Manoel de Moraes se habilitou como licenciado em teologia, em Leiden, naquela data. Enfim, o historiador holandês Benjamin N. Teensma, num encontro que tivemos na John Carter Brown Library (Providence), me confirmou esta hipótese, acrescentando que, num caso como o de Manoel, que já possuía quatro anos de teologia, era perfeitamente possível que obtivesse o título de teólogo com certa rapidez, bastando-lhe prestar algum exame sumário, sobretudo por ter ingressado na Universidade de Leiden com o aval de Joannes de Laet.

17. *HISTORIA BRASILIENSIS* [pp. 137-144]

1. Cf. D. Droixhe. "Más ignorante que hereje. De Laet, Acosta et l'origine linguistique des Américains". In: *Kontinuität und Innovation. Studien zur Geschichte der romanischen Sprachforschung vom 17. bis zum 19. Jahrhundert. Festschrift für W. Bahner zum 70. Geburtstag*. Münster, Nodus, 1997, pp. 73-88.

2. Joannis de Laet Antwerpiani. *Notae ad Dissertationem Hugonis Grottiu De Origine Gentium Americanarum et Observationes aliquot ad meliorem indaginem difficillimae illius quaestiones*. Elzevier. Amsterdã, 1643, p. 216. Há exemplar original na Seção de Reservados da Biblioteca Nacional de Lisboa, ELZ 193.

3. Ver Joan-Pau Rubies. "Hugo Grotiu's Dissertation on the Origin of the American Peoples and the Use of Comparative Methods". *Journal of the History of Ideas*. University of Pennsylvania Press. Vol. 52 (2): 221-44, 1991.

4. Apud Afonso de Taunay, "Padre Manoel de Moraes". *Anais do Museu Paulista*. São Paulo, tomo II, 1925, p. 47. Encontramos, na John Carter Brown Library (Providence), a edição original da *Responsio ad Dissertationem secundam Hugonis Grotii de Origine Gentium Americanorum*. Amstelrodami, Ludovicum Elsevirium, 1644. Nela se encontra, às pp. 3-5, o trecho traduzido por Capistrano.

5. Na edição francesa de 1640 lê-se: "*Voilà ce qu'en dit cet Autheur Portugais imprimé en Anglois, qu'on estime etre quelqu'un de la Societé*". Cf. *Histoire du Nou-*

veau Monde ou Description des Indes Occidentales. Contennant 18 livres. Leiden, Bonaventure e Abraham Elseviers, 1640, livro V, cap. III, p. 481. Há edição original na John Carter Brown Library (Providence).

6. Capistrano cotejou a versão inglesa com um manuscrito depositado na Biblioteca de Évora, provando que o autor do texto em inglês era Fernão Cardim. A versão inglesa continha "Da origem dos índios do Brasil e seus costumes, adoração e cerimônias" e, ainda, "Do clima e da terra do Brasil". De Laet citou a obra, em 1640, como "Ouvre laborieuse de Samuel Purchas contenant plusieurs voyages des Anglois e autres nations, en Anglois", cujo original, em inglês, tinha por título "A Treatise of Brazil Written by a Portuguese which Had Long Lived There". Para a história da obra de Fernão Cardim, ver José Honório Rodrigues. *História da História do Brasil*. 2. ed., São Paulo, Companhia Editora Nacional, 1979, pp. 265-72. Em português, incluindo a "Narrativa epistolar", o livro de Cardim foi publicado somente em 1925 (trezentos anos depois da edição inglesa de Purchas!) como *Tratados da terra e da gente do Brasil*, com introdução e notas de Capistrano de Abreu e Rodolfo Garcia.

7. Pedro do Souto Maior traduziu este trecho do livro de Montanus em artigo publicado no *Jornal do Comércio* citado por Afonso de Taunay em "Addenda à biografia de Manoel de Moraes". *Anais do Museu Paulista*. São Paulo, tomo II, 1925, p. 288.

8. A obra de Zacuto está integralmente reproduzida no site da Bibliothèque Universitaire de Médicine (BIUM) da Universidade de Paris V. Na edição original, a referência a Manoel de Moraes encontra-se à p. 905. Cf. <www.bium-univ-paris5.fr>.

9. Manoel de Moraes é citado por Hornius no livro I, cap. II, e livro II, cap. VII. Cf. <www.arlindo-correia.com>.

10. A passagem da obra de Theophil Spitzel onde Manoel de Moraes aparece citado foi transcrita por Nicolao Antonio, cf. nota 12.

11. A obra de Arnoldus Montanus *De Nieuwe en Onbekende Weereld* [O Novo Mundo desconhecido] encontra-se integralmente reproduzida, no original em holandês, no site <www.memory.loc.gov>.

12. Nicolás Antonio Hispalelensi I.C. *Bibliotheca Hispana Nova sive Hispanorum*. Matriti Apud Joachimum de Ibarra Typograhum Regium, 1783, vol. 1, p. 352. Há exemplar desta reedição de 1783 na Seção de Reservados da Biblioteca Nacional de Lisboa.

13. A obra de Gregório García encontra-se reproduzida integralmente no site <www.bibliotecaforal.biskaia.net>.

14. A obra de William Hurd encontra-se integralmente reproduzida no site de livros raros da Google-books. Manoel de Moraes é citado à p. 480. Cf. <www.books.google.com>.

18. PAIXÕES FLAMENGAS [pp. 145-158]

1. Manoel de Oliveira Lima. "O padre Manoel de Moraes". *Separata da Revista do Instituto Histórico de São Paulo*. São Paulo, 1907, vol. XII, p. 8.
2. Leonardo Dantas Silva. "1635: Calabar e outros desertores". In: *Holandeses em Pernambuco*. Recife, Instituto Ricardo Brennand, 2005, p. 89.
3. Esta hipótese me foi sugerida pelo historiador Lodewijk Hulsman, com quem discuti o tema no Nationaal Archief, em Haia.
4. Cf. Paul Zumthor. *A vida quotidiana na Holanda no tempo de Rembrandt*. Lisboa, Livros do Brasil, s/d, p. 151.
5. Idem, pp. 53 e ss.
6. Cf. Simon Shama. *O desconforto da riqueza: a cultura holandesa na Época de Ouro*. São Paulo, Companhia das Letras, 1992, p. 67.
7. Simon Shama. *O desconforto da riqueza: a cultura holandesa na Época de Ouro*. São Paulo, Companhia das Letras, 1992, p. 417.

19. MANOEL CALVINISTA [pp. 159-165]

1. Jokee Spaans. "Religious Policies in the Seventeenth-Century Dutch Republic". In: R. Po-Chia Hsia e H. F. K. Van Nierop (Org.). *Calvinism and Social Toleration in the Dutch Golden Age*. Cambridge, Cambridge University Press, 2002, pp. 72-86.
2. Benjamin Kaplan. "Dutch Religious Tolerance: Celebration and Revision". In: R. Po-Chia Hsia e H. F. K. Van Nierop (Org.). *Calvinism and Social Toleration in the Dutch Golden Age*. Cambridge, Cambridge University Press, 2002, pp. 8-26.
3. Somente em 1641 a Inquisição portuguesa procuraria estabelecer sutis diferenças entre as duas "seitas" para melhor combater o protestantismo. Cf. IANTT. Conselho Geral do Santo Ofício, livro 163, fólios 199-200v.
4. Cf. Max Weber. *A ética protestante e o espírito do capitalismo*. São Paulo, Companhia das Letras, 2004.
5. Cf. Edmund Leites. *A consciência puritana e a sexualidade moderna*. São Paulo, Brasiliense, 1987, pp. 27-9.
6. Miguel de Montserrate foi estudado por Marcelino Menendez Pelayo em sua *História de los heterodoxos españoles*. 2. ed. Madri, Librería General de Victoriano Suarez, 1911-1932. Ver o capítulo "Miguel de Montserrate — ¿Fue o no protestante? Sus obras", pp. 189-91.
7. A noção de *homo religiosus* em oposição a de *homo oecononicus* foi inspi-

rada em Mircea Eliade. *O sagrado e o profano: a essência das religiões*. Lisboa, Livros do Brasil, s/d, pp. 35-78.

20. NA IGREJA DO CORDEIRO BRANCO [pp. 166-171]

1. Henk van Nierop. "Sewing the Bailiff in a Blanquet: Catholics and the Law in Holland". In: R. Po-Chia Hsia e H. F. K. Van Nierop (Org.). *Calvinism and Social Toleration in the Dutch Golden Age*. Cambridge, Cambridge University Press, 2002, pp. 102-11.

2. Jonathan Israel. *The Dutch Republic. Its Rise, Greatness and Fall*, 1477-1806. Oxford, Oxford University Press, 1995, pp. 361-94.

3. Christine Kooi. "Paying off the Sheriff: Strategies of Catholic Toleration in the Golden Age Holland". In: R. Po-Chia Hsia e H. F. K. Van Nierop (Org.). *Calvinism and Social Toleration in the Dutch Golden Age*. Cambridge, Cambridge University Press, 2002, pp. 87-100.

4. Para compreender o drama de consciência de homens como Manoel de Moraes, ver Jean Delumeau. *La peché et la peur. La culpabilization en Occident, XIIIe-XVIIIe siècles*. Paris, Fayard, 1983, pp. 315-38.

21. MANOEL E OS JUDEUS [pp. 172-179]

1. Cf. João Lúcio de Azevedo. *História dos cristãos-novos portugueses* (1921). 3. ed. Lisboa, Clássica, 1989, livro segundo, pp. 67-274.

2. Cf. J. Mendes dos Remédios. *Os judeus portugueses em Amsterdão* (original de 1911). Lisboa, Távola Redonda, 1990, pp. 9-34.

3. Este tema tem merecido muitos estudos nos últimos anos. Ver Yosef Kaplan. *Judíos Nuevos em Amsterdam: estúdio sobre la história social e intelectual del judaísmo sefardí en el siglo XVII*. Barcelona, Gedisa, 1996; Mirian Bodian. *Hebrews of the Portuguese Nation: Conversos and Community in Early Modern Amsterdam*. Indianapolis, Indiana University Press, 1999; Daniel W. Swetschinski. *Reluctant Cosmopolitans: the Portuguese Jews of Seventeenth-Century Amsterdam*. Oxford/Portland. The Littman Library of Jewish Civilisation, 2000; Jonathan Israel. *Diasporas within Diasporas: Jews, Crypto-Jews and the World Maritime Empires*. Leiden, Boston, Koln, Brill, 2002, caps. 6 e 10.

4. Cf. Gilbert Dahan. *Les intellectuels chrétiens et les juifs au Moyen Âge*. Paris, Cerf, 1990.

5. Simon Shama. *O desconforto da riqueza: a cultura holandesa na Época de Ouro*. São Paulo, Companhia das Letras, 1992, p. 406.
6. Cf. Carlo Ginzburg. *Occhiacci di legno: nove reflessioni sulla distanza*. Milano, Feltrinelli, 1998, p. 101 [*Olhos de madeira: nove reflexões sobre a distância*. São Paulo, Companhia das Letras, 2001].

22. QUEIMADO EM ESTÁTUA [pp. 180-187]

1. IANTT. Inquisição de Lisboa. Cadernos do Promotor, livro 220, microfilme 5186, fólios 399-399v.
2. As informações sobre judeus portugueses residentes no Brasil citados juntamente com Manoel de Moraes no edital de 11 de agosto de 1640 encontram-se na vasta personália organizada por J. A. Gonsalves de Mello. *Gente da nação: cristãos-novos e judeus em Pernambuco, 1542-1654*. 2. ed. Recife, FUNDAJ, Massangana, 1996, pp. 369-522.
3. Há vasta bibliografia sobre este personagem, que quase foi para o Brasil como rabino, no período holandês. Ver Nachman Falbel. "Menasseh Ben Israel e o Brasil". In: Paul Herkenhoff (Org.). *O Brasil e os holandeses*. Rio de Janeiro, Sextante Artes, 1999, pp. 160-74.
4. Cf. João Lúcio de Azevedo. "Os jesuítas e a Inquisição em conflito no século XVII". *Boletim de Segunda Classe da Academia de Sciencias de Lisboa*, Lisboa, vol. 10, 1916, pp. 1-29.
5. Sobre a pena de "relaxamento ao braço secular em estátua", ver Elias Lipiner. *Terror e linguagem: um dicionário da Santa Inquisição* (original de 1977). Lisboa, Círculo de Leitores, 1999, pp. 209-12.

23. MANOEL E A RESTAURAÇÃO [pp. 188-196]

1. Cf. Francisco Bethencourt. *História das Inquisições*. Lisboa, Círculo de Leitores, 1994, p. 111.
2. A "guerra de panfletos" foi magistralmente exposta por Bouza Álvares no artigo "Papeles, batallas y público barroco. La guerra y la *Restauração* Portuguesas en la publicística española de 1640 a 1668". Todos os autores mencionados e citações foram extraídos da cópia contida no site <www.fronteira-alorna.pt/Textos/papelesbatallas>.
3. Encontramos versão manuscrita da *Respuesta al Manifesto del Reyno de Portugal*, de Juan Caramuel Lobkowitz, na Biblioteca Nacional de Lisboa, Secção de Reservados, cota DS XVII, 62.

4. Cf. João Lúcio de Azevedo. *A evolução do sebastianismo* (original de 1918). 3. ed. Lisboa, Presença, 1984.

5. Jacqueline Hermann. *No reino do desejado: a construção do sebastianismo em Portugal, séculos XVI e XVII*. São Paulo, Companhia das Letras, 1998, pp. 51-70.

24. MANOEL E OS DIPLOMATAS [pp. 197-207]

1. Cf. Evaldo Cabral de Mello. *O negócio do Brasil: Portugal, os Países Baixos e o Nordeste, 1641-1669*. 3. ed. rev. Rio de Janeiro, Topbooks, 2003, p. 39.

2. Sobre as conquistas holandesas na África, ver Luis Felipe de Alencastro. *O trato dos viventes: formação do Brasil no Atlântico Sul*. São Paulo, Companhia das Letras, cap. 6, pp. 188-246; Klaas Ratelband. *Os holandeses no Brasil e na costa africana: Angola, Kongo e São Tomé, 1600-1650*. Lisboa, Vega, 2003, pp. 109-45; Alberto da Costa e Silva. *A manilha e o libambo: a África e a escravidão de 1500 a 1700*. Rio de Janeiro, Nova Fronteira, 2002, pp. 407-50.

3. Para economia das mercês no reino português, ver Fernanda Olival. *As ordens militares e o Estado moderno em Portugal: honra, mercê e venalidade em Portugal (1641-1789)*. Lisboa, Estar, 2001. Ver também Ronald Raminelli. "Ilustração e patronagem: estratégias de ascensão social no Império português". *Anais de História de Além-Mar*, Lisboa, vol VI, 2005, pp. 297-325.

25. O MISTÉRIO DO NÚNCIO [pp. 208-5]

1. Apud José Antônio Gonsalves de Mello. *Tempo dos flamengos: influência da ocupação holandesa na vida e na cultura do Norte do Brasil* (original de 1947). 3. ed. aum. Recife, Massangana, 1987, p. 155, nota 82.

2. Sobre o pontificado de Urbano VIII utilizei o clássico de Leopold von Ranke. *História de los papas en la Época Moderna* (original de 1834-36). México, Fondo de Cultura Económica, pp. 474-93. Ver também Javier Paredes et al. *Diccionario de los Papas y Concilios*. Barcelona, Ariel, pp. 351-8.

26. DE VOLTA A PERNAMBUCO [pp. 216-222]

1. Trata-se de documentação muito dispersa nos códices da WIC do Nationaal Archief de Haia, como me asseverou Lodewijk Hulsman. As ligações entre este holandês e Manoel de Moraes são evidentes, contudo, nas fontes inquisitoriais.

2. Cf. Hermann Wätjen. *O domínio colonial holandês no Brasil* (original de 1938). 3. ed. Recife, Companhia Editora de Pernambuco, 2004, p. 494 e ss.

3. Cf. Pedro Puntoni. *A mísera sorte: a escravidão africana no Brasil holandês e as guerras no Atlântico Sul.* São Paulo, Hucitec, 1999, p. 152.

4. Cf. Evaldo Cabral de Mello. *Nassau.* São Paulo, Companhia das Letras, 2006, pp. 130-59.

5. Idem, pp. 128 e 191. Sobre o conflito entre o rei do Congo, Garcia Afonso II, e o conde do Sonho, ver Charles Boxer. *Salvador de Sá e a luta pelo Brasil e Angola, 1602-1886.* São Paulo, Companhia Editora Nacional, 1973, pp. 288-91.

6. Sobre a Kahal Kadosh Zur Israel e a comunidade judaico-portuguesa no Brasil holandês, ver J. A. Gonsalves de Mello. *Gente da nação: cristãos-novos e judeus em Pernambuco, 1542-1654.* 2. ed. Recife, FUNDAJ, Massangana, 1996, caps. 3 e 4, pp. 257-365; Bruno Feitler. *Inquisition, juifs et nouveaux chrétiens dans les capitaneries du nord de l'Etat du Brésil (XVII-XVIII siecles).* Paris, EHESS, 2001, pp. 141-90; Egon e Frieda Wolff. *A odisséia dos judeus de Recife colonial.* São Paulo, Centro de Estudos Judaicos, 1975; Leonardo Dantas Silva. "Zur Israel". In: Paulo Herkenhoof (Org.). *O Brasil e os holandeses.* Rio de Janeiro, Sextante Artes, 1999, pp. 176-91.

7. Sobre estas festas nassovianas, ver Pedro Souto Maior. "Fastos pernambucanos". *Revista do Instituto Histórico e Geográfico Brasileiro,* Rio de Janeiro, 1913, tomo LXXV, parte I, pp. 311-6.

27. MANOEL BRASILEIRO [pp. 223-230]

1. Sobre a exploração do pau-brasil no período holandês, ver Hermann Wätjen. *O domínio colonial holandês no Brasil* (original de 1938). 3. ed. Recife, Companhia Editora de Pernambuco, 2004. Ver também Bernardino José de Souza. *O pau-brasil na história nacional.* Brasília, Conselho da Justiça Federal, 1999, pp. 163-88.

2. Cf. Pedro Souto Maior. "Fastos pernambucanos". *Revista do Instituto Histórico e Geográfico Brasileiro,* Rio de Janeiro, 1913, tomo LXXV, parte I, p. 292.

3. Considerando que os depoimentos de Manoel sobre seu patrimônio datam de 1646, é lícito supor que, ao estimar em 2500 cruzados o montante do empréstimo que recebera dos holandeses, estivesse ele adotando o câmbio posterior a 1642, ou seja, no qual um cruzado valia 1,9 florim.

4. Cf. Pedro Puntoni. *A mísera sorte: a escravidão africana no Brasil holandês e as guerras no Atlântico Sul.* São Paulo, Hucitec, 1999, p. 176.

5. Hermann Wätjen. *O domínio colonial holandês no Brasil* (original de 1938). 3. ed. Recife, Companhia Editora de Pernambuco, 2004, p. 441.

6. Apud José Antônio Gonsalves de Mello. *Tempo dos flamengos: influência da ocupação holandesa na vida e na cultura do Norte do Brasil* (original de 1947). 3. ed. aum. Recife, Massangana, 1987, p. 155, nota 82.

28. NHÔ MANOEL & SINHÁ BEATRIZ [pp. 231-6]

1. Cf. Gaspar Barléus. *História dos feitos recentemente praticados durante oito anos no Brasil* (original de 1647). Belo Horizonte, Itatiaia, 1974, p. 134.

2. É vastíssima a bibliografia sobre relações amorosas entre senhores e escravas no Brasil colonial. Limito-me a citar o clássico de Gilberto Freyre, *Casa-grande e senzala* (original de 1933). 16. ed. Rio de Janeiro, José Olympio, 1973. Estudei o tema em *Trópico dos pecados: moral, sexualidade e Inquisição no Brasil colonial* (1989). 2. ed. Rio de Janeiro, Nova Fronteira, 1997.

3. Depois de redigir este capítulo, encontrei Manoel de Moraes como personagem do romance de Paulo Setúbal, *O príncipe Maurício de Nassau*, publicado em 1926. A certa altura do texto, Manoel Calado, também personagem do livro, diz de Manoel: "Lá está agora nas suas lavouras, com a mulata Beatriz, a pregar a religião dos endemoniados...". Beatriz não era mulata, senão negra de Angola, mas o romancista também intuiu muito bem este concubinato. Cf. o site <www.biblio.vom.br/templates/paulosetubal/mprincipe>.

29. REGRESSO AO CATOLICISMO [pp. 237-245]

1. Manoel chamou-a de Mônica, e não de Vitória. De fato, não coube a Vitória nada no testamento de Francisco Velho, seu pai, morto em 1619. Cf. *Inventários e testamentos. Papéis que pertenceram ao Primeiro Cartório de Órfãos da capital*. Archivo do Estado de São Paulo. São Paulo, Typographia Piratininga, 1921, pp. 52-4.

2. A quinta sessão da Assembléia Geral do Sínodo da Igreja Reformada do Recife, realizada entre 18 e 26 de julho de 1644, na qual se acusa Manoel de Moraes de pregar o catolicismo, foi transcrita por Leonard Shalkwijk. "A Igreja Cristã Reformada no Brasil holandês". *Revista do Instituto Arqueológico, Histórico e Geográfico Pernambucano*, Recife, vol. LVIII, p. 229.

3. Cf. João André Antonil. *Cultura e opulência do Brasil por suas drogas e minas* (1711). 2. ed. São Paulo, Melhoramentos, 1976, p. 75.

30. CAPELÃO DA GUERRA DIVINA [pp. 246-257]

1. Para a crise do domínio holandês no Brasil, ver, entre outros, Charles Boxer. *Os holandeses no Brasil, 1624-1654*. São Paulo, Companhia Editora Nacional, 1961, caps. 5 e 6, pp. 223-346; Evaldo Cabral de Mello. *Rubro veio: o imaginário da restauração pernambucana*. 2. ed. rev. e aum. Rio de Janeiro, Topbooks, 1997, pp. 105-52; Hermann Wätjen. *O domínio colonial holandês no Brasil* (original de 1938). 3. ed. Recife, Companhia Editora de Pernambuco, 2004, pp. 222-90.

2. Diogo Lopes Santiago. *História da guerra de Pernambuco*. Recife, Companhia Editora de Pernambuco, 2004, p. 247. Manuscrito concluído nos anos finais da década de 1660. Foi parcialmente publicado em 1875 e 1943.

3. Frei Raphael de Jesus. *Castrioto Lusitano ou História da guerra entre o Brazil e a Hollanda, durante os annos de 1624 a 1654, terminada pela gloriosa Restauração de Pernambuco e das capitanias confinantes* (1679). Paris, J. P. Aillaud, 1844, p. 262.

4. Diogo Lopes Santiago. *História da guerra de Pernambuco*. Recife, Companhia Editora de Pernambuco, 2004, p. 253.

5. Manoel Calado do Salvador. *O Valeroso Lucideno e triunfo da liberdade* (original de 1648). 5. ed. Recife, Companhia Editora de Pernambuco, 2004, vol. 2, pp. 13-4.

6. Apud José Antônio Gonsalves de Mello. *Tempo dos flamengos: influência da ocupação holandesa na vida e na cultura do Norte do Brasil* (original de 1947). 3. ed. aum. Recife, Massangana, 1987, p. 155, nota 82.

31. DAS TABOCAS AO SANTO OFÍCIO [pp. 258-265]

1. Cf. Serafim Leite. *História da Companhia de Jesus no Brasil* (original de 1930-1950). Belo Horizonte, Itatiaia, tomo V, livro II, cap. II, p. 367.

32. MANOEL DELATOR [pp. 266-271]

1. Biografado por Elias Lipiner. *Isaque de Castro: o mancebo que veio preso do Brasil*. Recife, Massangana, 1992.

2. O processo de Miguel Francês encontra-se no IANTT, processo 7276.

3. Biografado por J. A. Gonsalves de Mello. *Henrique Dias. Governador dos crioulos, negros e mulatos do Brasil*. Recife, Massangana, 1956.

33. DELÍRIO DE INOCÊNCIA [pp. 272-7]

1. As informações sobre os inquisidores deste caso se encontram em Nachman Falbel. "O catálogo dos inquisidores de frei Pedro Monteiro e sua complementação por um autor desconhecido". São Paulo, *Centro de Estudos Judaicos*, n. 7, 248 pp. Inclui nominata e informações sobre a carreira dos inquisidores portugueses até 1720.

34. NA TEIA DA INQUISIÇÃO [pp. 278-285]

1. Cf. Marcelino Menendez Pelayo em sua *História de los heterodoxos españoles*. 2. ed. Madri, Librería General de Victoriano Suarez, 1911-1932, sobretudo o capítulo "Miguel de Montserrate. — ¿Fue o no protestante? Sus obras", pp. 189-91.
2. IANTT, Inquisição de Lisboa, processo 4847, fólio 113v.
3. Regimento do Santo Ofício da Inquisição dos Reinos de Portugal (1640). *Revista do Instituto Histórico e Geográfico Brasileiro*, Rio de Janeiro, 1996, n. 392, livro I, título IX.
4. IANTT. Conselho Geral do Santo Ofício, livro 249, fólio 35.

35. MANOEL PERTINAZ [pp. 286-297]

1. Jerônimo de Paiva foi quem contou ao reitor do Colégio de Pernambuco, padre Francisco Ferreira, o que Manoel de Moraes andava fazendo em Pernambuco, após bandear-se para o lado holandês. Cf. Carta de Francisco Ferreira ao padre geral Múcio Vitelleschi. ARCHIVUM ROMANUM SOCIETATIS IESU (ARSI), Códice Brasile, fotogramas 481-481v. Os benefícios concedidos pela WIC a Jerônimo de Paiva foram mencionados pela carta dos *Dezenove Senhores* ao Conselho Político do Recife, em 1º de agosto de 1635. Cf. Nationaal Archief (Haia). Carta dos *Heeren XIX* para o Conselho Político do Recife em 1º de agosto de 1635. Códice 1.01.01, inventarius 8, microfilme 46.

36. NA SALA DO TORMENTO [pp. 298-303]

1. Sobre o tormento no Santo Ofício, ver Elias Lipiner. *Terror e linguagem: um dicionário da Santa Inquisição* (original de 1977). Lisboa, Círculo de Leitores, 1999, pp. 196-9, 253-6.

37. NO AUTO-DE-FÉ [pp. 304-10]

1. Sobre o auto-de-fé e as penas costumeiramente aplicadas, ver Elias Lipiner. *Terror e linguagem: um dicionário da Santa Inquisição* (original de 1977). Lisboa, Círculo de Leitores, 1999, pp. 38-41. Ver também Luiz Nazário. *Autos-de-fé como espetáculos de massa*. São Paulo, Humanitas, 2005.

2. Este procedimento foi normatizado pelo Conselho Geral do Santo Ofício em 1641. IANTT. Conselho Geral do Santo Ofício, livro 163, fólio 231v.

3. IANTT, Inquisição de Lisboa, livro 12, mf 4989, fólio 122.

4. Cf. Regimento do Santo Ofício da Inquisição dos Reinos de Portugal (1640). *Revista do Instituto Histórico e Geográfico Brasileiro*, Rio de Janeiro, 1996, n. 392, livro III, título XVI, 2.

5. Segue a lista dos processos dos judaizantes que saíram com Manoel de Moraes neste auto-de-fé: IANTT, Inquisição de Lisboa — Diogo Henriques, processo 1770, microfilme 4895; Gabriel Mendes, processo 11362, microfilme 4889; João Nunes Velho, processo 11575, microfilme 4896; Manoel Gomes Chacão, processo 7533, microfilme 4902; Miguel Francês, processo 7276.

39. MANOEL VALENTÃO [pp. 316-24]

1. A "Resposta aos holandeses" foi descoberta por Eduardo Prado na Seção de Manuscritos da Biblioteca Nacional de Lisboa. Códice 1551, fls. 59 a 63. Eduardo Prado fê-la copiar na íntegra, sendo o texto mais tarde publicado por Afonso de Taunay nos *Anais do Museu Paulista*, São Paulo, tomo I, 1922, pp. 119-43. Há outra cópia do mesmo documento na Seção de Manuscritos da Biblioteca Nacional de Lisboa. Códice 2694, fls. 37-42.

2. Evaldo Cabral de Mello. *O negócio do Brasil: Portugal, os Países Baixos e o Nordeste, 1641-1669*. 3. ed. rev. Rio de Janeiro, Topbooks, 2003. O estudo clássico é o de Edgar Prestage. *As relações diplomáticas de Portugal com a França, Inglaterra e Holanda de 1640 a 1668*. Coimbra, Imprensa da Universidade, 1928.

3. Esta cópia encontra-se na Academia de Ciências de Lisboa, em códice relativo a obras várias (manuscritas) do padre Antônio Vieira, série vermelha, fls. 218-22. João Lúcio de Azevedo dá indicação deste documento (divulgado por Arlindo Correa em <www.arlindo-correa.com>), embora na altura não tenha descoberto que Manoel de Moraes era o autor do texto. Sugeriu mesmo que o texto não era de um jesuíta e nisto se enganou. Cf. João Lúcio de Azevedo. *História de Antônio Vieira*. Lisboa, Clássica, 1918, vol. 1, p. 126.

40. RÉQUIEM PARA MANOEL [pp. 325-35]

1. J. Azevedo Marques. *Apontamentos históricos, geográficos, biográficos, estatísticos e noticiosos da Província de São Paulo*. Rio de Janeiro, Typographia Universal de Eduardo Henrique Laemmert, 1879, vol. 2, p. 65.

2. Afonso de Taunay. "Addenda à biografia de Manoel de Moraes". *Anais do Museu Paulista*. São Paulo, tomo II, 1925, pp. 275-92.

3. Inocêncio Silva. *Diccionário bibliográphico portuguêz*. Lisboa, Imprensa Nacional, 1858-1923, vol. VI, p. 67.

4. Diogo Barbosa Machado. *Bibliotheca Luzitana Histórica, Crítica e Chronológica na qual se comprehende o temo de promulgacão da lei da Graça até o tempo presente*. Lisboa (1741-1759), vol. III, p. 317. Consultei a versão completa em CD editada pela Biblioteca Nacional de Lisboa. Lisboa, 2006.

5. Sacramento Blake. *Diccionario bibliographico brazileiro*. Rio de Janeiro, Typographia Nacional, 1883-1902, vol. 6, p. 167.

6. Consultei o original da novela de J. M. Pereira da Silva. *Manuel de Moraes: crônica do século XVII*. Rio de Janeiro, Garnier, 1866.

7. Evaldo Cabral de Mello. "Branca Dias e outras sombras". In: *O nome e o sangue: uma parábola familiar no Pernambuco colonial* (1989). 2. ed. rev. e aum. Rio de Janeiro, Topbooks, 2000, pp. 85-152. Sobre a literatura pernambucana e paraibana do século XIX relacionada a Branca Dias, Fernando Gil Portela Vieira defendeu importante dissertação de mestrado que vale citar: *O Santo Ofício da Inquisição na colônia e nas letras: as apropriações da cristã-nova Branca Dias na literatura*. Dissertação de Mestrado defendida na Universidade Federal Fluminense, Niterói, 2007.

8. A peça de Paulo Setúbal, *O príncipe Maurício de Nassau*, está contida integralmente no site <www.biblio.com.br/templates/paulosetubal/mprincipe>.

9. Vale repetir os textos pioneiros sobre Manoel de Moraes. O primeiro é de Manuel de Oliveira Lima. "O padre Manoel de Moraes". *Separata da Revista do Instituto Histórico de São Paulo*, São Paulo, 1907, vol. XII, 18 pp. O segundo é de Afonso de Taunay. "Padre Manuel de Moraes". *Anais do Museu Paulista*, São Paulo, tomo II, 1925, pp. 7-49.

10. Luis Correia de Melo resumiu as opiniões sobre a obra de Manoel de Moraes em *Dicionário de autores paulistas*. São Paulo, Comissão do IV Centenário da Cidade de São Paulo, 1954, p. 398.

11. Nelson Werneck Sodré. *História da literatura brasileira*. 6. ed. Rio de Janeiro, Civilização Brasileira, 1976, p. 93.

12. José Honório Rodrigues. *História da História do Brasil* (1963). 2. ed. São Paulo, Companhia Editora Nacional, 1979, p. 442.

13. Universitaeit Leiden. *Album Studiosorum*. Academiae Lugduno Batavae. Hagae Comitum, Typis L. van Nifterik, 1875, p. 463.

14. Marcus P. Meweuse incluiu Manoel de Moraes entre os mediadores culturais do Brasil holandês em sua recente tese de doutorado: *"For the Peace and Well-Being of the Country": Intercultural Mediators and Dutch Relations Innew Netherland and Dutch Brazil, 1660-1664*. Dissertation submitted to the University of Notre Dame. Notre Dame, Indiana, 2003. Afirma textualmente o autor: "The *Herren XIX* considered De Moraes useful because of his unique status as an intercultural mediator who had lived among the Tupis for several decades", p. 65.

15. Chico Buarque de Holanda e Ruy Guerra. *Calabar: o elogio da traição*. Rio de Janeiro, Civilização Brasileira, 1973.

Crédito das ilustrações

p. 37 *Nova et accurata Brasiliae totius*, de Joanne Blaeu, 1689. Acervo cartográfico. Fundação Biblioteca Nacional – Brasil

p. 48 *Homem tupi*, de Albert Eckhout, 1643. Nationalmuseet, The National Museum of Denmark. Reprodução: Rômulo Fialdini.

p. 71 General Research Division, The New York Public Library, Astor, Lenox and Tilden Foundations.

p. 94 *O engenho*, de Frans Post, 1668. Museu Nacional de Belas Artes/ IPHAN/ MinC.

p. 107 Acervo do autor.

p. 118 *Straat van Sevenhuysen*, de J. van Vuuren. Collectie Veluws Museum, Harderwijk.

p. 147 *De vispoort van Harderwijk*, de Klaas Zwaan, s/d. Acervo do autor.

p. 150 *Instrução materna*, de Casper Netscher, s/d. National Gallery, Londres.

p. 164 *De Dam in 1604 tijdens de laatste Leprozenommegang op Koppertjesmaandag*, de Adriaan van Nieulandt, 1633. Amsterdams Historisch Museum.

p. 219 Retrato de Maurício de Nassau, autor anônimo, provavelmente de Albert Eckhout. Coleção Particular.

p. 234 *Negra com o menino*, de Albert Eckout, s/d. Museu Real da Dinamarca, Copenhague.

p. 249 João Fernandes Vieira, c. 1675-1679. De um desenho de artista desconhecido, provavelmente colonial, em Frei Rafael de Jesus, *Castrioto Lusitano*, Lisboa, 1679.

p. 309 Gravura de François Cliché, 1724. Antonino Mongitore. *L'atto publico di fede*. Palermo, Regia Stamperia d'Agostino ed. Antonino Epiro, 1724.

Índice remissivo

Abreu, Capistrano de, 139, 140, 330, 353, 356
Actas da Câmara de São Paulo, 18
açúcar, 24, 36, 39, 59, 60, 63, 96, 183, 218, 247, 317, 318, 321
Afonso Henriques, d. (primeiro rei de Portugal), 17
Afonso VI de Leão, 17
Afonso, Thereza, d., 17
África, 17, 35, 173, 206, 218, 229, 317, 318, 339, 360
Aguero, Fernando de la Riba d., 62
Aguillar, Moisés Raphael d', 129
Alagoa Grande *ver* Aratangy
Alagoas, 29, 40, 59, 80, 89
Alagro, Tomás de, frei, 15, 79, 82, 149, 151, 181, 182, 293
Alão, Mendo, d., 17
Alba, duque de, 34
Album Studiosorum (Universidade de Leiden), 136, 332, 355, 367

Albuquerque, Antônio de, 61, 63, 64, 96, 292
Albuquerque, Diogo de, 93
Albuquerque, Duarte de *ver* Coelho, Duarte de Albuquerque
Albuquerque, Jerônimo de, 51, 112
Albuquerque, Matias de, 38-45, 52, 54-6, 58, 59, 61, 64, 69, 76, 80, 83, 86-91, 93, 95, 97, 99, 109, 113, 119, 140, 256, 287, 320, 334, 338
aldeamentos, 19, 21, 28, 29, 30, 31, 40, 49, 71, 74, 121, 141, 184
Alencar, José de, 327
Almeida, André de, 87
Almeida, Maria Regina Celestino de, 30, 347
Álvares, Ângela, 87
Álvares, Fernando Bouza, 190, 191, 359
Álvares, Melchior, 221
Álvares, Pedro, Irmão, 104
Amazônia, 112, 114, 115, 347

Amsterdã, 15, 34-5, 47, 81-2, 84, 92, 96, 104, 11-9, 121, 123-35, 138, 142, 146-9, 151-2, 156, 158, 160-1, 163, 166-77, 181-3, 186, 208, 210-1, 214, 217, 220, 228, 235, 240, 243-4, 253, 266-7, 269, 270, 276-7, 280, 288, 290-1, 293, 295, 302, 307-8, 339, 341-2, 355
Anais do Museu Paulista, 330, 345, 349, 350, 353, 354, 355, 356, 365, 366
Anais dos Feitos da Companhia Privilegiada das Índias Ocidentais (Laet), 65, 125, 141, 294, 331, 342, 349, 350
Anchieta, José de, padre, 19, 28, 128
Ângelo, frei, 170, 293
Angola, 29, 198, 246, 248, 319, 322, 328, 342, 360, 361, 362
Annes Sobrinho, Joanne, 18
Annes, Brites Rodrigues, 18
Ano biográfico brasileiro (Macedo), 17, 346
Antônio Vaz, ilha de, 220, 221
Antonio, Nicolás, 143, 331, 356
antropofagia, 31, 143
Antuérpia, 35, 104, 126, 173, 190, 348
apostasia, 176, 182, 210, 243, 305
apresadores, 19, 21, 105
Araduti, Francisco, 72
Aratangy, 222, 223, 226, 232, 233, 235, 236, 239, 250, 252, 259, 262, 289, 295, 307, 311, 341
Araújo, João, padre, 258
Archivo General de Índias, 111, 353
arminianismo, 160, 161
Arminius, Jacobus, 160
Arraial do Bom Jesus, 43, 45, 55, 59, 63, 81, 87, 88, 338
artes, 25, 136
Artichewski, Crestofle d'Artischau, 60-1, 63-6, 71, 74, 79, 81, 87-9, 91, 121, 141, 155, 200, 205, 211, 215, 261, 264, 273, 289, 293, 294, 313, 334, 338
Ataíde, Antônio de, 72
auto-de-fé, 304, 306, 307, 311, 314, 329, 334, 335, 365
Avelar, Francisco de, 260, 261
Avignon, 173
Avis, dinastia de, 192, 193

Bacellar, Francisco dos Santos, 231, 293
Bagnuolo, conde, 45, 61, 63
Bahia, 10, 22, 31, 36, 46, 51, 69, 70, 74, 78-82, 93-5, 99-100, 114, 122, 135, 158, 180, 218, 238, 240, 246-7, 260, 267, 274, 281, 308, 316, 322, 326, 333, 337, 339, 351
Bandarra, Gonçalo Annes, 192, 193
bandeirantes, 16, 18, 19, 20, 21, 346, 347
Barbuda, Júlio, 332
Barléus, Gaspar, 49, 220, 232, 362
Baro, Roulox, 50, 51, 349
Bartira, índia, 16
Beatriz, escrava, 231-3, 235-7, 240-1, 250, 261, 269, 295, 304, 311, 315, 328-30, 341, 362
Belilos, Samuel *ver* Fonseca, Baltazar da
Bellavia, Antônio, padre, 43
Ben Arroyo, Moisés, 173
Ben Israel, Menasseh, 142, 173, 174, 183, 244, 359
Benguela, 198
Bezerra, Bento do Rego, 63
Bezerra, João Pessoa, 130, 169, 276

Biblioteca lusitana (Barbosa Machado), 326, 327
Bibliotheca Hispana Nova (Nicolás Antonio), 143, 356
Blake, Sacramento, 327, 332, 366
Blau, Laurentius, 240
Boogaart, Erns van den, 50, 349
Bordeaux, 173
Botelho, Diogo, 72, 80
Boxer, Charles, 70, 331, 348, 349, 350, 352, 361, 363
Bragança, casa de, 189, 190, 195, 322
Brandão, Ambrósio Fernandes, 292
Brandão, Domingos da Costa, 269, 293
Brandão, Francisco Camelo, 292
Brandão, Jorge Lopes, 292
Brandão, Luiz, 293
"Brasil restituído, El" (Lope de Vega), 94
Brito, Francisco Machado de, 297
Brodechevius, 328
Bruxelas, 124, 288, 348
Buarque, Chico, 334, 367
Bueno, Abraão *ver* Henriques, Diogo
Burton, Isabel, 327
Burton, Robert Francis, 327

Cabo de Santo Agostinho, 29, 41, 48, 60, 64, 89, 96
Cabo Verde, 38
Calabar, Domingos Fernandes, 84-92, 94-7, 99, 102, 114, 129, 155, 158, 334-5, 338, 351, 355, 357, 367
Calado, Manoel, frei, 87, 90-1, 93, 95, 98-103, 110, 220, 228, 242, 252, 255-6, 262, 269, 290-1, 307, 329-30, 333, 351-2, 362-3
Caldas, Gregório de, 226

Caldeira, Antônio, frei, 76, 100, 101, 181
Calderón, Juan Alonso, 191
Calepino de onze línguas, 240
Calepino, Ambrogio, 240
Calheiros, Domingos Barbosa, 21
calvinismo, 12, 33, 47, 77, 84, 89-101, 111, 113, 119-20, 124, 131, 133, 145, 159-66, 169-71, 176, 180-1, 183-4, 201, 206, 217, 238, 240, 243-5, 248, 258-9, 270, 280, 283-4, 287, 295, 298, 301-2, 329, 333
calvinistas, 34-5, 49, 76, 99, 110, 112, 116, 121-2, 124, 131, 145, 155-7, 159-61, 166-8, 174-5, 177-8, 182, 220-1, 274, 276, 279, 283, 286, 296, 298, 301, 303, 328, 337, 348
Calvino, João, 11, 77, 80, 99, 161, 178, 244, 252, 256, 279, 281, 283, 295, 306
Câmara dos Escabinos, 95, 97
Camarão, Antônio Felipe, 31, 42-5, 47, 52, 55, 73, 95, 248, 254, 271, 288, 290-1, 333, 338, 347
Camassarim, 29, 41
Caminha, Antônio, 43
Candelária, 29, 41
capitanias, 21, 29, 31, 36, 37, 40, 51, 58, 59, 60, 71, 105, 106, 120, 121, 124, 127, 190, 238, 246, 247, 248, 317, 319, 338, 363
cárcere, 13, 181, 272, 273, 278, 296, 300, 304, 307, 308, 310, 311, 312, 329, 341, 342
Cardim, Fernão, 27, 140, 356
Cardosa, Ana, 89
Cardoso, Jerônimo de Oliveira, 169, 170, 212, 250, 271, 275, 289, 290, 296

Cardoso, Rafael, padre, 15, 78, 103, 181
Carlos V, imperador, 33
Carneiro, Francisco, padre, 105, 106, 241, 260, 290
Carpentier, Servatius, 79, 89, 147
Cartas Ânuas, 43, 74
Carurare, André, 73
Carvalho Júnior, Almir Diniz de, 30, 347
Carvalho, Francisco, 131, 169, 276, 289
Carvalho, Luiz de, 228
Carvalho, Sebastião de, 130, 169, 228, 276
Casa Forte, batalha da, 256, 258, 259, 313, 325
Casa negra do Rossio, 9, 11, 115, 209, 267, 272, 279, 309
Castanho, Isaac *ver* Lafaia, João de
Castela, 62, 70, 104, 192, 322, 323
Castelo Branco, Luiz Ferrão, 285, 311
Castilho, Pedro de, 14, 185, 273, 299, 312
Castrioto Lusitanoi (Rafael de Jesus), 252, 363
Castro, Francisco de, d., 9, 188, 268, 307
Castro, Isaque de, 267, 268, 308, 309, 342, 363
Castro, João de, d., 193
Castro, Manuel de, 90
Castro, Nicolás Fernandez de, d., 195
Catarina de Bragança, d., 192, 194
catequese, 31, 50, 70, 104, 121, 122, 123, 339
catolicismo, 34, 77, 80, 84, 99, 110, 113, 119, 131, 157-8, 160, 162, 165-9, 172, 174-7, 199, 201, 205, 210, 237-40, 242-5, 258, 265, 270, 284, 287-9, 307-8, 325, 333, 362

Cavaraia, Francisco, 72
Ceará, 48, 49, 51, 52, 93
Chacão, Manoel Gomes, 308, 365
Chalupa Negra, prostituta, 76, 235
Chigi, Fábio, 210
Christiana confesión de la fé (Montserrate), 163
Cícero, Marco Túlio, 25
Coelho, Domingos, padre, 28, 32, 70, 76, 77, 78, 83, 84, 103, 109, 119, 235, 334, 338
Coelho, Duarte de Albuquerque, 40, 41, 42, 43, 58, 66, 348, 349, 350, 352
Colégio da Bahia, 23, 24, 25, 26, 27, 78, 140
colégio pernambucano, 43, 78, 82
comércio, 34, 35, 38, 204, 218, 223, 224, 229, 243, 308, 354
Companhia das Índias Ocidentais *ver* WIC (West-Indische Compagnie)
Companhia das Índias Orientais, 34, 35
Companhia de Jesus, 11, 15-6, 21, 26, 30, 32, 40, 43, 45, 52, 57, 70, 77-8, 83-4, 103, 109, 121-2, 130, 170, 182-4, 253, 258, 261, 277, 304, 310, 325, 328, 334, 337-9, 346-350, 352-4, 363
Concílio de Trento, 26, 305
conquista holandesa, 36, 38, 39, 43, 62, 68, 74, 94, 99, 146, 242, 255, 263, 347, 348
Contra-Reforma, 23, 70, 161
Cordeiro Branco, igreja do, 166, 168, 169, 170, 171, 176, 243, 277
Cornelissen, Jan, 61
Corrêa, Manuel Peres, 63, 64
Correia, Gregório, 290, 296
Costa, José da, padre, 43

Coutinho, Francisco de Sousa, 316, 317
Couto, Lopo do, padre, 41
cristãos-novos, 10, 11, 94, 95, 99, 172, 173, 177, 178, 181, 182, 242, 244, 261, 266, 267, 268, 307, 308, 351, 352, 358, 359, 361
Crônica da Companhia de Jesus no Estado do Brasil (Vasconcelos), 27
Cruz, Manoel Fernandes, 213, 227, 231, 240, 262
Cucuranas, 41
Cunha, Estevão da, 185
Cunha, Manoel da, 285, 286, 294, 311, 317
Cursus Conimbricensis, 25

D'Antas, Balthazar de Moraes, 17, 18
D'Antas, Pedro de Moraes, 18
Dantas, Leonardo, 76, 152, 331, 351, 355, 357, 361
De juri pacis et belli (Grotius), 137
De Nieuwe en Onbekende Weereld (Montanus), 141, 143, 331, 354, 356
De origininibus americanis (Hornius), 142, 331
De tapuyarum moribus et consuetudinibus (Rabe), 50
Dehait, Arnoldo van, 130, 148, 151, 155
Dehait, Margarida van, 126, 130, 148-9, 151-6, 198, 224, 228, 281, 283, 291, 301-2, 324, 332, 339
Del Rey y de la Institución real (Juan de Mariana), 192
Dezenove Senhores *ver* Heeren XIX
Diálogos das grandezas do Brasil (Brandão), 292
Dias, Branca, 327, 328, 366

Dias, Cosmo, 293
Dias, Henrique, 248, 254, 271, 333, 363
Dias, Manoel, padre, 80, 81, 83, 180
Dias, Simão, padre, 176, 183, 184
Dicionário bibliográfico português (Silva), 326, 327
Dictionariolum nominum et verborum linguae Brasiliensibus maxime communis (Manoel de Moraes), 127, 128, 141, 331
Dinamarca, 321
diplomatas, 152, 170, 195, 197, 202, 206, 214, 323, 360
Do sítio e fertilidade e de outras particularidades da terra do Brasil ver *Historia Brasiliensis* (Manoel de Moraes)
Domingas, filha do chefe Janduí, 50
Dorth, Jan Van, 36
Douwaerts, Sara, 76
Drake, Francis, 111

Eckhout, Albert, 220
Elevatio relationis montezimiainae de repertis in America tribubus (Spitzel), 142
Elizabeth, a *Admirael*, 76
engenhos de açúcar, 24, 29, 59, 60, 96, 97, 183, 292, 321
escravos, 29, 95-6, 99, 198, 217-8, 222-5, 227, 229, 231-3, 236-9, 244, 256, 259, 262, 269-71, 287, 295, 311, 341
Esmirna, 173
Espanha, 9, 33-4, 36-9, 46, 52, 56, 58, 62, 70, 93, 104, 115, 117, 119, 159, 177, 184, 188-92, 197-8, 202, 247, 261, 268, 306, 314, 317, 319, 322, 337, 340
Estacour, Jacobus *ver* Stachouwer, Jacob
Estados Gerais, 34, 125, 126, 159, 160,

163, 167, 189, 246, 268, 308, 309, 317, 318, 342
Esteves, Domingos, 11, 12, 182, 284, 292, 295
Esteves, Jerônimo, 199, 200, 289
Europa, 24, 36, 50, 130, 134, 173, 174, 190, 203, 246, 317, 321, 337, 342
Exercícios espirituais (Inácio de Loyola), 24, 240

Faria, Francisco de, 270
Feliciano, capitão, 72
Felipe II, rei da Espanha, 33, 34, 190, 192
Felipe IV, rei da Espanha, 36, 56, 58, 113, 115, 117, 143, 190, 191, 202, 314, 333
Fernandes, Manoel, padre, 44
Ferreira, Cristovão, padre, 109
Ferreira, Francisco, 41, 65, 78, 82, 103, 104, 119, 126, 364
Ferreira, Gaspar Dias, 95, 96, 99, 110, 320
Figueira, João Delgado, 185
filosofia, 25, 26, 275, 333
Flandres, 35, 93, 173, 183, 348
fogueira, 13, 173, 185, 187, 235, 278, 279, 284, 287, 303, 304, 308, 317, 329
Fonseca, Baltazar da, 269, 270
Fonseca, Isaac Aboab da, 129, 174, 308
França, 112, 307, 321, 323, 365
Francês, Miguel, 11, 269, 307, 363, 365
Francisco de Jesus, frei, 211, 213
Francisco Xavier, são, 23
Freire, Francisco de Britto, 42, 348
Frísia, 33, 35, 164, 167
Furtado, Diogo de Mendonça, 36
Furtado, Tristão de Mendonça, 170, 189, 197, 198, 199, 200, 202, 203, 280, 302, 329, 340

Gago, Manoel João, 228
Galileu Galilei, 210
Gamboa, Joana, 327
García, Gregório, frei, 143, 331, 356
Garcia, Rodolfo, 330, 353, 356
Garrido, Belchior Manoel, 100
Gartsman, Joris, 50
Genealogia paulistana (Leme), 17, 346
Gomarius, Franciscus, 124, 160
Gopeka, Francisco, 72
Gouveia, Francisco, frei, 209, 211-3, 303
Grão-Pará, 114
Groningen, 33, 35
Grotius, Hugo, 137, 138, 139, 140, 160, 256, 331
Guanabara, 17, 51
Guararapes, 29, 41, 48, 59, 317, 318, 342
Gueldria (Gelderland), 33, 124, 125, 133, 148, 149, 154, 155, 276, 277, 333, 339
Guerra dos Mascates (Alencar), 327
Guerra dos Oitenta Anos, 33
Guerra dos Trinta Anos, 174, 203, 210, 337, 342
Guerra, Ruy, 334, 367
guerras pernambucanas, 45, 61, 67, 80, 84, 86, 115, 128, 158, 186, 198, 201, 258, 302, 313, 331, 333, 335
Guilherme, o Taciturno, 34
Guiné, 24, 29, 217, 218, 269, 271

Haia, 49, 126, 133, 142, 163, 197-9, 203, 206, 214, 217, 247-8, 275, 280, 282,

296, 308, 317-8, 328, 340, 353, 357, 360, 364
Hamburgo, 50, 307, 321
Harderwijk, 124, 125, 126, 133, 135, 148, 149, 151, 161, 276, 288, 293, 296, 301, 354
Harmens, Cristianazinha, 76, 235
Heeren XIX, 35, 37, 38, 49, 120, 121, 122, 202, 210, 216, 220, 229, 364
Hendrickzoon, Boudewijn, 46, 47, 120
Henrique, d., 194
Henriques, Diogo, 307, 365
Henriques, Francisco de Miranda, 185
hereges, 69, 70, 100, 104, 109, 131, 158, 162, 167, 173, 185, 230, 233, 248, 276-7, 279, 301, 303, 305, 309, 312, 322-4
heresia, 10-3, 78-9, 99, 101, 145, 161, 175, 177, 181-2, 186, 200-1, 212, 214, 233, 271, 275, 280, 283, 287, 295, 297, 301-3, 305-7, 309, 340-1
Hermann, Jacqueline, 193, 360
Heyn, Peter, 36, 37
Higino, José, 331, 354
Historia Americanorum (Manoel de Moraes), 138, 139
Historia Brasiliensis (Manoel de Moraes), 126, 127, 128, 133, 135, 137, 139, 140, 141, 142, 143, 144, 175, 331, 339, 341
História da guerra de Pernambuco (Santiago), 232, 363
História da história do Brasil (Rodrigues), 332
História da literatura brasileira (Sodré), 332
História do Brasil (Vicente do Salvador), 332

História Geral do Brasil (Varnhagen), 330, 353
Historia Naturalis Brasiliae (Marcgrave & Piso), 127, 135, 141, 331
Holanda, Sérgio Buarque de, 20, 346
Holandeses no Brasil, Os (Boxer), 331, 348, 349, 350, 352, 360, 363
Hornius, Georg, 142, 143, 331, 356
Hurd, William, 143, 331, 356

In Coena Dominis (Montserrate), 163, 282
Inácio de Loyola, santo, 24
Índia, 17, 190, 288
Índias, 10, 34-5, 49, 62, 70, 84, 92, 104, 113, 116, 145, 190, 194, 197, 205, 216, 245, 276, 277, 280, 283, 310, 337
inquisidores, 12-4, 16, 18, 22, 25, 56, 66, 75, 81-3, 111, 119, 123, 148-9, 151, 155-6, 162-3, 165, 171, 181-2, 184-6, 198, 199, 201, 203-5, 208-9, 214, 227, 231, 235-6, 238, 240, 244, 251, 260, 262, 264, 266-8, 270, 273-9, 281-4, 290-2, 294-300, 302-3, 305, 306, 308, 311-2, 314-5, 364
Instituição da religião cristã (Calvino), 161, 163
insurreição pernambucana, 10, 47, 49, 97, 169, 248, 255, 322, 341, 342
interrogatórios, 13, 168, 278
Ipojuca, 30, 41, 73
Israel, Jonathan, 166, 354, 358
Itaichama, capitão, 73
Itamaracá, 29, 31, 38, 44, 45, 55, 56, 57, 59, 60, 73, 74, 89, 168, 288, 290, 338

Jaboatão, 29, 41, 59
Jacaúna, chefe, 51

Jakuina, Francisco, 73
Janduí, chefe, 50, 61
Jansenius, 210
Javarati, João, 72
Jerônimo (Jerona), capitão, 73
Jerônimo, Manoel, 105, 106
jesuítas, 9, 17, 19, 22-3, 25, 27-8, 30, 32, 40-1, 43-4, 54-5, 58, 70, 76, 78, 80, 103-6, 108, 119, 121, 126, 136, 161, 167, 183-4, 186, 230, 237, 240-1, 256, 260, 293, 329, 338-40, 346, 359
João (Jani), chefe, 74
João de São Bernardino, frei, 307
João I, d., 192, 193
João II, d., 193
João IV, d., 9-10, 96, 108, 152, 186, 188-9, 192-5, 199, 201-2, 210, 217, 224, 230, 261, 263, 268, 291, 313-4, 316, 318, 320-1, 325, 329, 334, 340
João, frei beneditino, 260
Joressi, capitão, 73
Jornada dos Vassalos, 36, 338
Juan Caramuel Lobkovvitz, religioso de la orden de cister abbad de melrosa (Sousa Tavares), 194
judaísmo, 11, 151, 172, 173, 176, 181, 183, 242, 244, 245, 267, 307, 308, 358
judeus, 10, 35, 50, 131, 164, 172-9, 182-3, 220-1, 226, 229, 242, 261, 266-74, 280, 286, 307-8, 332, 351-2, 358-9, 361

Kahal Kadosh Zur Israel, 220, 361
Kuyasana, Maru, 73

La Bastide, 173
Laet, Joannes de, 49, 65, 72, 122-8, 132-3, 135-42, 144, 159, 202, 216-7, 243, 256, 288, 294, 331, 334, 339-42, 348-50, 354-6
Lafaia, João de, 269
Lanier, Monsieur de, 307
latim, 22, 25, 31, 50, 123-5, 127, 131, 134-5, 161-2, 178, 190, 192, 194-5, 200, 212, 240, 294, 301, 334, 339
Leal, Manoel, padre, 238, 239
Leiden, 130, 132-7, 139, 144, 151, 154, 158-61, 163, 165-6, 171, 184, 189, 197-200, 209, 229-30, 241, 244, 276-7, 288, 296, 314, 325-6, 339-40
Leitão, Francisco de Andrade, 152, 170, 202-6, 211, 216, 275-6, 281, 289, 291, 317, 329
Leite, Serafim, 25, 29, 74, 260, 346, 347, 348, 349, 350, 352, 353, 354, 363
Leme, Silva, 17, 18, 346
Lendano, Jacinto, frade, 212
Léry, Jean de, 138
Liga Hanseática, 125
Lima, Oliveira, 151, 330, 357, 366
língua geral *ver* tupi
Lisboa, 10-2, 38, 48, 70, 96-7, 99, 164, 176, 180-1, 186, 188, 195, 197-9, 203, 208, 254, 260-5, 267, 271, 273-4, 285, 291, 293, 296, 305, 308, 309, 312, 314, 316, 318, 326-7, 329, 335, 339-42, 345
Livorno, 173
Lobkowitz, Juan Caramuel, 190, 191, 194, 195, 314, 331, 359
Loncq, Hendrik Cornelioszoon, 37, 38
Londres, 117, 119, 143, 146, 148, 182, 184, 327
Lope de Vega, Félix, 94
Lourenço, João, 213, 252
Luanda, 198, 218, 318, 340
Luisa de Gusmão, d., 186

Luiz, Antônio, Irmão, 104
Luiz, João, padre, 16, 32
Lutero, Martinho, 161, 252
luxúria, 205, 235, 275, 282, 287

Macedo, Joaquim Manoel de, 17, 346
Machado, Diogo Barbosa, 326, 327, 366
Machado, José Alcântara, 19, 346
Maciel, Pedro Ortis, 212, 276, 295
Madeira, Gonçalo, 22
Madri, 38, 105, 117, 143, 191, 357, 364
mamelucos, 15-6, 18-22, 52, 75, 87, 89, 95, 109, 115, 123, 128, 130, 149, 152, 153, 328, 337, 345, 346
Manibassu, capitão, 72
Manoel João, tabelião, 213
Manuel (Manu), chefe, 74
Manuel de Moraes (Pereira da Silva), 327-30, 334, 346, 366
Maranhão, 51, 93, 114, 198, 218, 246, 248, 295, 322, 340-1
Marcgrave, George, 49, 127, 135, 141, 220, 331, 354
Mariana, Juan de, 192, 195
Marin, Andrés, 94, 95
Martines, Francisco, 104
massacres, 33, 48, 50, 106, 322
Mata do Brasil, 41, 217, 222-3, 226, 233, 239, 262, 270, 324
Maurício, forte, 93, 267, 268, 307, 309
Maurıtsstadt, 95, 221
Medeiros, Isaac Franco, 173
Medicinorum Principum Historia (Zacuto), 142, 269, 331
Mello, Evaldo Cabral de, 36, 90, 94, 197, 317, 328, 331, 348, 351-2, 355, 360-1, 363, 365-6

Mello, Gonsalves de, 92, 331, 347, 351-2, 355, 359-63
Melo, Luis Corrêa de, 332
Memória (Verdonck), 29, 40, 59, 71
Memorial (O'Brien), 82, 111, 113, 115, 353
Memórias diárias da guerra do Brasil (Albuquerque), 40, 42, 58, 65, 67, 348, 349, 350, 352
Mendes, Fernando (filho de Manoel Fernandes), 227
Mendes, Fernando, d., 17
Mendes, Francisco, 265, 293
Mendes, Gabriel, 307, 365
Menezes, Manuel de Magalhães e, 185
Menezes, Miguel Luiz de, d., 188
Mercúrio, Leonardo, padre, 43
Mesa da Consciência e Ordens, 70
mesa inquisitorial, 182, 184, 278, 306
mestiços, 94, 95, 109
Miranda, Frutuoso de, padre, 79, 81, 180
Missio Hollandica, 167, 171, 211
missões jesuíticas, 29, 49, 346
Monsanto, Manoel Rodrigues, 269
Montalvão, marquês de, 218, 247, 320
Montanus, Arnoldus, 141, 142, 143, 331, 354, 356
Monteiro, Pedro Fernandes, 317, 319
Montserrate, Miguel de, 163, 164, 165, 270, 282, 357, 364
Moraes, Ana de (mãe de Manoel de Moraes), 16, 17, 18, 20, 28, 345, 349
Moraes, Balthazar de (tio de Manoel de Moraes), 19
Moraes, Francisco de, 20 (irmão de Manoel de Moraes)
Moraes, Francisco de (filho de Manoel

de Moraes), 130, 149, 152, 199, 332, 339, 340
Moraes, Francisco Velho de (pai de Manoel de Moraes), 16, 17, 18, 20, 21, 28, 345, 362
Moraes, Gregório de, 20
Moraes, Isabel de, 18, 19
Moraes, João Pedroso de, 20, 21
Moraes, Maria de (filha de Francisco Velho), 20
Moraes, Maria de (filha de Pantaleão Pedroso), 20, 21
Moraes, Paulo de, 20
Moraes, Pedro de, 18, 21
Morais, Francisco de, padre, 43
Moreno, Diogo de Campos, 51
Moreno, Martim Soares, 11, 51-6, 61, 63, 66, 67, 93, 263, 264, 271-2, 274, 287, 288-9, 292, 341
Münster, 203, 291, 355
Muribara, 41, 59

Nassau, Maurício de, príncipe, 34, 98, 161, 362, 366
Nassau-Siegen, João Maurício de, 34, 39, 50, 69, 92, 93, 95-7, 101, 120, 127, 129, 143, 198, 206, 218, 220-1, 237, 242, 246-7, 251, 259, 270, 320, 322, 328, 333, 339
Nazaré, fortaleza de, 262, 264, 272
nederduytsch, 134, 155, 161
Negócio do Brasil, O (Mello), 317, 320, 360, 365
Negreiros, André Vidal de, 11, 248, 254, 260, 263, 264, 265, 273, 289, 333
New Universal History of the Religious, Rites, Ceremonies and Customs of the New World, A (Hurd), 143

Nhanduí *ver* Janduí, chefe
Nicolau, alfaiate, 276, 288
Nicolau, mestre, 131, 175, 213
Nierop, Henk van, 166, 357, 358
Nieuhof, Johan, 50, 220
Nieuwe Werldt ofte Beschrijvinghe van West-Indien ver *Novus Orbis seu Descriptionibus Indiae Occidentalis* (Laet)
Nobiliarchia paulistana (Taques), 17, 346
Nóbrega, Manuel da, padre, 30
Notulen van Brasilië, 49
Novo Mundo desconhecido, O ver *De Nieuwe en Onbekende Weereld* (Montanus)
Novus Orbis seu Descriptionibus Indiae Occidentalis (Laet), 124, 135, 137, 140, 294, 340

O'Brien, Bernard, 82, 111, 112, 113, 114, 115, 116, 119, 122, 147, 186, 353
Óculos, Manoel dos, frei *ver* Calado, Manoel, frei
Ogilby, John, 143
Oldenbarnevelt, Johan van, 160, 161
Olinda, 30, 31, 38, 39, 41, 42, 56, 73, 76, 87, 95, 239, 318, 322, 338, 341, 342
Oliveira, Diogo Luís de, 74
Oliveira, João Guterres de, 168, 169, 211, 212, 289
Orange, casa de, 33, 34, 124, 134, 167
Orange, príncipe de, 78, 96, 114, 268, 308, 309, 334
Origen de los indios del Nuevo Mundo (García), 143, 331
Osório, David Bento, 174

Osório, Fradique de Toledo, d., 36, 46, 338
Overrijssel, 33
Ovídio, 25

Pacificação de Gand, 34
Paes, Ana, 270
Países Baixos, 33, 34, 112, 124, 145, 157, 159, 166, 211, 337, 348, 360, 365
Paiva, Jerônimo de, 288, 364
Palácio dos Estaus ver Casa negra do Rossio
Papel forte (Vieira), 319, 320, 342
Paráfrase e concordância de algumas profecias de Bandarra, sapateiro de Trancoso (João de Castro), 193
Paraíba, 29, 31, 38, 42, 44-7, 49, 56-7, 59-65, 67-8, 72, 74-5, 79-82, 84, 89, 92, 96, 106, 113-4, 117, 119, 144, 147, 151, 154, 169, 182, 186, 237, 264, 265, 287-8, 292-3, 295, 338
Paraná, 21
Paraopaba, Antônio, 47, 48, 120
Paraopaba, Gaspar, 47
Pardo, José, 173
Parente, Estevão Ribeiro Baião, 18
Passos, Manoel de, padre, 77, 80, 82, 180
pau-brasil, 63, 214, 216-7, 223-30, 232, 236-8, 240, 242-5, 250, 253, 256-7, 270-1, 311, 321, 341, 361
Paulo III, papa, 105
"paz nassoviana", 218, 246
Pedroso, Pantaleão, 18, 20
Pereira, Bartolomeu Simões, 22
Pereira, João, 169
Pereira, Manuel, padre, 43
Periquito, carpinteiro, 276
pernambucshout ver pau-brasil

Peru, 105
Philippus prudens, Caroli V Imper, filius, Lusitaniae, et legitimus rex demonstratu (Lobkowitz), 190
Picard, Alexander, 66, 89, 90
Pinheiro, Manoel, 10, 265, 271
piratas, 52, 96
Piratininga, 16, 18, 22, 28, 158, 240, 337, 345, 347, 362
Piso, Willem, 127, 220
Policarpo, Pero, 19
Polyandro, Joahane, 135
Porto Calvo, 40, 59, 87, 89, 91, 95
Porto Rico, 47
Post, Frans, 220
Poti, Pedro, 47, 120
potiguaras, 30, 31, 41, 46, 47, 48, 49, 51, 52, 73, 93, 120, 122, 323
Prado, Eduardo, 56, 330, 349, 365
Pretto, Belchior Dias, 14, 273, 274, 299, 300, 312
Príncipe de Nassau, O (Setúbal), 329
Pronóstico y Respuesta a una Pregunta de un Caballero muy ilustre sobre las cosas de Portugal (Manoel de Moraes), 189, 191, 193, 195, 197, 202, 314, 326, 328
proselitismo, 77, 168, 267
Províncias Unidas dos Países Baixos, 33, 34, 122, 159, 160, 164, 166, 189
Pudsey, Cuthbert, 60, 87, 88, 350, 351
Pull, Daniel Gance, 217, 226, 227, 229, 253, 257
Purcell, James, 112
Purchas, Samuel, 140, 356

Rabe, Jacob, 50, 51
Rafael de Jesus, frei, 252
Raleigh, Walter, 111

Ramalho, João, 16
Ratio Studiorum, 25, 26
Recife, 38-9, 42-5, 47, 50, 56, 59-60, 66, 75-7, 81, 87, 89, 95, 100-1, 110, 114, 117, 120, 122, 129, 147-8, 174, 181-2, 210, 217, 220-3, 225-7, 229, 231-2, 238-9, 242-3, 248, 256, 267, 269-70, 281, 295, 307, 308, 318, 322, 328, 338, 341, 342
Reforma protestante, 26
Reis, Belchior dos, frei, 79, 81, 83, 180
Rembrandt, 157, 354, 357
Responsio ad Dissertationem secundam Hugonis Grotii de Origine Gentium Americanorum (Laet), 138, 139, 355
Respuesta al Manifesto del Reyno de Portugal (Lobkowitz), 191, 359
Restauração pernambucana, 11, 248, 274, 291, 318, 333
Restauração portuguesa, 9, 175, 184, 189, 190, 191, 192, 194, 197, 202, 218, 220, 226, 251, 264, 294, 322, 326, 328, 340
Revista do Instituto Histórico e Geográfico Brasileiro, 330, 345, 349, 361, 364, 365
Ribeiro, Antônio, 10, 264, 265, 271
Ribeiro, Francisco, 43, 64
Rio de Janeiro, 17, 105, 340
Rio Grande, 29, 31, 38, 41, 45, 48, 49, 51, 55, 56, 59, 60, 61, 72, 74, 89, 106, 146, 322, 338
Ro, Henrique, 111
Rocha, Luiz Álvares da, 14, 273, 274, 299, 300, 301, 312
Rodrigues, José Honório, 332, 356, 366
Rodrigues, Simão, 185
Rojas y Borgia, Luís de, d., 93
Roma, 26, 43, 101, 103, 143, 161, 165, 167, 282, 295
Roothaer, Maria, 76
Rosetti, Carlo, 210
Rovenius, Jonathan, 167

Sá, Estácio de, 17
sacramentos, 12, 26, 100, 131, 161, 162, 163, 165, 177, 211, 270, 279, 282
sambenito, 309, 312, 314
Sampaio, Pedro da Silva e, d., 69, 79, 80, 99, 122, 180
Samperes, Gaspar de, padre, 43
Santiago, Diogo Lopes, 252, 255, 363
Santos (cidade), 105, 106
São Francisco, rio, 40, 49, 74, 77, 93, 228, 267, 308
São Miguel de Muçuí, aldeia de, 29, 30, 31, 43, 44, 45, 73, 78, 184, 213, 223, 254, 290, 338
São Paulo, 15-22, 28, 51, 98, 105-6, 108, 128, 130, 315, 318, 326, 328, 330, 333, 337, 340
São Vicente, 16, 105
Saraiva, Duarte, 183, 269
Schalkwijk, Franz Leonard, 349, 355
Schama, Simon, 157
Schkoppe, Sigismund von, 39, 60, 61, 88, 89, 155, 288
sebastianismo, 193, 360
Sebastião, d., 10, 192, 194
Sequeira, Bento, 186
Serinhaém, 29, 41, 89, 92
Serrano, Francisco, 79
sertanistas, 21, 346
Setúbal, Paulo, 329, 330, 332, 362, 366
Sevilha, 111, 353
Shama, Simon, 178, 354, 357, 359

Silva, Antônio Teles da, 247, 248, 262, 267, 271
Silva, Inocêncio, 326, 327, 332, 366
Silva, João Manuel Pereira da, 327, 328, 329, 330, 334, 346, 366
Silva, Luis Álvares da, 239
Silva, Marco Antônio Nunes da, 352
Silva, Salvador da, padre, 43
Silveira, Duarte Gomes da, 63, 64, 65, 66, 68, 69, 79, 80
sinagogas, 110, 129, 172, 173, 176, 220, 221, 242, 266, 308
Sínodo calvinista (Recife), 122, 220, 243, 295, 341
Sínodo de Dordrecht, 124, 161, 166
Smetz, Adriana, 135, 151-8, 171, 178, 184, 198, 205, 208, 217, 230, 235, 236, 241, 281-4, 291, 304, 324, 333, 340-1
Sodré, Nelson Werneck, 332, 366
Soeiro, Manoel Dias, 183, 244, 245
Solis, Simão Dias, 176, 269
Sotto, José de, d., 82, 180, 181
Southey, Robert, 330, 350
Souto Maior, Pedro, d., 79, 349, 361
Souto, Sebastião, 89
Souza, Domingos Ferraz de, 11, 262
Souza, Guatasar de, 73
Spitzel, Theophil Gottlieb, 142, 331, 356
Stachouwer, Jacob, 97, 147, 288
Suécia, 321
Suma teológica (Tomás de Aquino), 25

tabajaras, 30, 31, 41, 73, 122
Tabocas, monte das, 11, 254-7, 259, 263-5, 280, 287, 289, 313, 322, 325, 341

Taborda, Manoel Antunes, 228, 239, 240
Taiasica, Melchior, 73
Talmud Torá (congregação judaica), 129, 174, 183, 220, 244, 268, 308, 342
tamoios, 17
tapuias, 49-51, 61, 65, 72, 93, 109, 221, 322, 323, 349
Taques, Pedro, 17, 21, 346
Taunay, Afonso de, 16, 326, 330, 332, 333, 345, 349, 350, 353, 354, 355, 356, 365, 366
Tavares, Antônio de Sousa, 194, 195, 199, 200, 289
Teixeira, Marcos, d., 36
Teixeira, Pedro, 111, 112
Tenreiro, Manuel, padre, 104
Teodósio, d., 186
teologia, 25, 26, 28, 135, 144, 161, 337, 340, 355
Thevet, André, 138
Tibiriçá, cacique, 16
Tomás de Aquino, santo, 25
Topinambouto, capitão, 73
tortura, 13, 297, 299, 300
Tourlon, Charles de, 270
traição, 11, 41, 64-5, 68, 78-80, 84, 86, 90, 101-2, 104, 106, 108-9, 110-1, 115, 145, 169-70, 180-1, 186, 251-2, 260, 280, 283, 287, 293, 295, 297, 302-3, 306, 334, 350, 367
Tratado de Tordesilhas, 111
Tratado de Vestfália, 203, 342
Tratados da terra e da gente do Brasil (Cardim), 27, 356
Trovas (Bandarra), 192, 193
tupi (língua), 19, 22, 28, 41, 47, 73, 74, 87, 88, 113, 114, 121, 123, 127, 128, 135, 334, 339

tupinambás, 41, 138, 141, 144
tupiniquins, 16, 20
tupis, índios, 51, 122

Uchôa, Mateus de Souza, 291
Una, 29, 30, 40
União de Utrecht, 33, 34, 159, 337
União Ibérica, 9, 34, 111, 189, 246, 273, 337, 340
Universidade de Leiden, 129, 134, 135, 136, 145, 156, 256, 332, 339, 340, 355
Urbano VIII, papa, 105, 210, 211, 360
Usselinx, Willem, 35
Utrecht, 33, 166, 167

Vaibitari, Francisco, 72
Valadares, Antônio, 63, 66, 72
Valeroso Lucideno (Manoel Calado), 87, 88, 102, 255, 352
Varnhagen, Francisco Adolpho de, 68, 69, 87, 330, 349, 350, 351, 353
Várzea do Capibaribe, 29, 41, 248, 253
Vasconcelos, Luis Mendes de, 63
Vasconcelos, Simão de, 27
Velho, Domingos, 55, 146, 181
Velho, João Nunes, 307, 365
Veneza, 173
Verdonck, Adriaen, 29, 40, 41, 59, 71, 347
Veron, Andries, 47
Vicente do Salvador, frei, 332
Vicente, Domingos, 117, 146, 147, 181
Vida e morte do bandeirante (Alcântara Machado), 19, 346
Vieira, Antônio, padre, 27, 93, 121, 193, 210, 261, 268, 317-9, 329, 339, 342, 346, 351-2, 365
Vieira, João Fernandes, 11-2, 97-8, 101, 110, 151, 169, 181, 224, 226-8, 247-8, 250-7, 259-60, 262-5, 270, 273, 275, 281, 290-1, 313, 330, 333-4, 341, 352
Vila Franca, conde de, 210
Vilhena, Francisco, padre, 44
Virgem Maria, 23, 24, 25, 116, 158, 165, 168, 176, 177, 178, 239, 255, 258, 265, 274, 312
Virgílio, 25
Vitelleschi, Múcio, padre, 78, 82, 103, 104, 126
Vitória, filha de Francisco Velho, 17
Vittelleschi, Múcio, padre, 76, 364
Vossius, Gehrard Joahann, 135

Waerdenburgh, Jonckheer Diederick van, 37, 38, 39, 88
Wätjen, Hermann, 224, 226, 229, 351, 360, 361, 363
WIC (West-Indische Compagnie), 35-8, 46-7, 49-51, 60, 68-9, 75-6, 84, 88-9, 92, 97-8, 104, 111, 113-4, 116-7, 120-6, 128-31, 134-7, 145-6, 148, 153-4, 158-9, 163, 170, 180, 198, 202, 205-7, 214, 216-8, 220-1, 223-4, 226-30, 242-4, 246-7, 250, 253, 256, 258, 282-3, 288-9, 295, 318, 324-5, 334, 338-9, 341, 353, 360, 364
Willekens, Jacob, 36
With, Gijsberth de, 270

Xavier, Francisco Pedroso, 21
Xingu, 111

Zacuto, Abraão, 142, 175, 269, 331, 356
Zelândia, 33, 35, 104, 112, 167

ESTA OBRA FOI COMPOSTA PELA SPRESS EM MINION E IMPRESSA EM OFSETE
PELA GEOGRÁFICA SOBRE PAPEL PÓLEN SOFT DA SUZANO
PAPEL E CELULOSE PARA A EDITORA SCHWARCZ EM MAIO DE 2008